沥青路面装配式
基层技术发明与应用

郭 高 董泽蛟 郭梓烁 战宏宇 著

张会权 审

中国建筑工业出版社

图书在版编目（CIP）数据

沥青路面装配式基层技术发明与应用 / 郭高等著. 北京：中国建筑工业出版社, 2025. 2. -- ISBN 978-7-112-30932-0

Ⅰ. U416.217

中国国家版本馆 CIP 数据核字第 2025ZJ6673 号

本书主要对沥青路面装配式结构从编织到编块进行论证，并介绍了装配式路面基层及块体成型工艺。全书共 8 章，包括：装配式道路发展概述；装配式基层结构的诞生；装配式基层结构探源及编块系列；装配式基层沥青路面承载能力分析及设计方法研究；装配式基层沥青路面反射裂缝原因分析及预防措施；主要研究与试验；施工工艺；发展与展望。

本书可供从事道路工程路面专业的人员阅读使用。

责任编辑：沈文帅　张伯熙
责任校对：王　烨

沥青路面装配式基层技术发明与应用
郭　高　董泽蛟　郭梓烁　战宏宇　著
张会权　审

*

中国建筑工业出版社出版、发行（北京海淀三里河路9号）
各地新华书店、建筑书店经销
国排高科（北京）信息技术有限公司制版
建工社（河北）印刷有限公司印刷

*

开本：787 毫米×1092 毫米　1/16　印张：15¼　字数：334 千字
2025 年 2 月第一版　2025 年 2 月第一次印刷
定价：**78.00** 元
ISBN 978-7-112-30932-0
（43605）

版权所有　翻印必究
如有内容及印装质量问题，请与本社读者服务中心联系
电话：（010）58337283　　QQ：2885381756
（地址：北京海淀三里河路9号中国建筑工业出版社604室　邮政编码：100037）

作者简介

郭 高 长春市人,程序员、机械工程师、道桥专业正高级工程师。现任长春市市政工程设计研究院装配式道路技术发展中心装配式技术首席专家、吉林省土木建筑学会道路专业首席专家;1975年下乡知青、1978年长春市宇光电子工厂机修车间钳工、技术员;1986年毕业于长春市职工大学机械制造专业,1997年毕业于哈尔滨工业大学计算机应用专业;1987年起在长春市市政工程设计研究院工作。1994年编写《市政工程设计CAD软件包》排水分项,获吉林省科技进步二等奖。2010年开始探索装配式路面基层,2013年任《装配式路面基层暨产业化研究》项目负责人,主编关于装配式基层的企标、地标、团标;出版《装配式路面基层的诞生》专著1部、发表论文20篇,获发明专利9项,实用新型专利50余项,是三向嵌挤块体、编块及混凝土琮的发明人、装配式基层技术路线奠基人。

董泽蛟 现任哈尔滨工业大学交通科学与工程学院院长、教授、博士生导师,交通安全特种材料与智能化控制交通行业重点实验室副主任,教育部长江学者奖励计划青年长江学者、交通运输部中青年科技创新领军人才、黑龙江省自然科学基金杰出青年基金获得者等。研究方向有多物理场下沥青路面多尺度域力学行为及损伤机理;沥青路面铺面结构响应信息监测及性能评估技术;高性能沥青复合改性机理、方法及工艺等。作为项目负责人主持国家自然科学基金5项、国家重点研发计划课题2项、国家"大科学工程"子项、省自然科学基金杰出青年基金、北京市科委重点项目课题等省部级以上项目20余项。出版学术专著3部,第一或通讯作者发表高水平学术论文100余篇(其中SCI检索68篇、EI检索38篇)。从2014年至今,开展装配式基层沥青路面结构力学分析及结构设计方法研究工作,参与编写团体标准《沥青路面装配式基层技术规程》T/CECS 769—2020及地方标准《预制装配式道路基层工程技术规程》DB22/JT 135—2015。

郭梓烁 河北石家庄人,博士研究生,目前就读于哈尔滨工业大学交通科学与工程学院,研究方向:装配式基层路面结构计算。研究生期间获国家奖学金,硕士毕业论文《装配式基层沥青路面的结构设计方法及结构优化研究》获哈尔滨工业大学优秀硕士论文。目前已发表 Optimal design of prefabricated base joint for asphalt pavement based on finite elementmethod and field deflection test、Equivalence methodology of a novel prefabricated basedasphalt pavement based on Finite Element modelling approach 等高水平论文。

战宏宇 工程师,2014年毕业于吉林建筑大学道桥专业。现任长春市市政工程设计研究院装配式道路技术发展中心主要负责人;合作开展编块的模型研制及原理探索,获专利23项、学术论文9篇;主持装配式基层的基块成型、防温缩插板、柔性涂层、沥青基灌缝料、铺装样式、路面耐久性等多项工艺试验;主编关于装配式路面基层的企标、地标及团标等6项;主持住房和城乡建设部《装配式基层产业化示范工程》课题、获吉林省土木建筑学会科技进步及勘察设计一等奖。

序　言

《沥青路面装配式基层技术发明与应用》全面介绍了新型装配式道路基层的结构原理、对实际工程的实施工艺以及实体工程的参数控制和数据跟踪。

科研团队十年磨一剑，业绩在其中。该书不仅是对阶段性工作的总结，也是长春市市政工程设计研究院有限责任公司在 70 年成长过程中设计研究和工作实践中扎实前行的一个深深的脚印，展现了长春市政院"团队、传承、敬业、创新"的精神风貌。

该书在全面分析我国传统道路基层结构特性的基础之上，由表及里细微观察、动静结合深入剖析，把杠杆原理作为索引贯穿全文，将骨架稳定性作为核心，展开多角度、多层次的研究。作者郭高以长期的经验积累，专业的工科知识基础，创新的思维能力，开世界之先河，把"银锭扣"结构巧妙地移植到道路基层结构设计中来。发明的三向嵌挤块体攻克了长期以来困扰行业发展的分散块体装配面板体性构建方法核心技术，解决骨架嵌挤由概率性变为确定性的难题，填补国内外装配式基层空白，实现装配式基层技术从无到有的突破；他还带领科研团队持之以恒、不断从实践中探索理论，通过对编织及唐代山文甲结构的观察与分析，寻根溯源完成从编织到编块的论证，从而奠定装配式基层的理论基础，而编块系列的发现使块形多样化、结构谱系化、功能差异化，实现嵌挤块体装配式基层由 1 到多的升华。

该书还全面介绍了哈尔滨工业大学通过装配式基层结构的室内缩尺寸及工程足尺寸弯沉和力学响应测试所做的基于弹性层理论的力学性能分析与研究，验证了装配式基层沥青路面结构的承载能力和力学响应规律，获得装配式基层整体性较好、各关键力学指标与半刚性基层沥青路面类似、模量变化影响主要在本层等重要结论；所做的关于装配式基层沥青路面结构设计方法及设计流程的研究，搭建起理论与应用之间的桥梁，使工程师们能利用现有的商业软件进行装配式基层沥青路面的结构计算。

自 2013 年以来，科研团队侧重产业化建设，从预制块与基层的成型工艺、灌缝材料到装备制造逐渐形成完备的建造体系，并大量用于实际工程，应用案例覆盖各等级市政道路，在公路也有实际应用。新工艺可显著缩短施工周期，提高质量保证率、延长使用寿命，还能循环利用建筑垃圾；新结构可以极大地改善施工环境，克服和减少季节冰冻地区的道路病害，极大地拓展寒冷地区全年可施工季节；新结构还使温缩应力分散化理念在实践中得到验证，在北方接近 70℃温差条件下，能显著缓解材料性能变化引起的内应力和温缩裂缝问题。

作者郭高在长期的研究工作中不仅带领出一支优秀的科研设计团队，还与吉林大学、哈尔滨工业大学、中国建筑砌块协会及当地水泥制品企业长期交流合作，探索新工艺及装备的研发与应用，拉动全产业链企业升级转型创新发展。推广应用以来积极服务道路工程，引领道路基层技术新领域，具有显著的经济、社会和生态环境效益。编块及系列结构与工艺的研究，对装配式基层未来及新质生产力的发展具有启发、引领和促进作用。该书整体思路深入浅出，给人启迪，全面总结了新结构的科学性，新工艺的可行性，也践行了一个科技工作者勇于创新的智慧与勇气和心系人类环境保护的情怀。

我不仅有幸参与由郭高组织的装配式路面基层项目的立项、各阶段评审、标准编写、科技成果鉴定工作，还为灌浆料技术研究培养多名研究生，是该项目科研及产业化全过程的见证者和参与者。在长期的交流与合作中，我与郭高已成为志同道合的朋友。今天为此书写上序言，实乃吾心声，但本人恐道其一而漏一万，不能做到"画龙点睛"，希望广大读者对原著品鉴。

程永春

2024 年 4 月

前　言

沥青路面是指包括沥青面层、基层及功能层的各结构层组合的总称。沥青路面的基层是路面的承重层，基层可分为刚性、半刚性、柔性三种类型。半刚性基层是一种在我国广泛使用的复合材料，一般由水泥、粗集料、细集料所组成，其中粗集料的作用是形成骨架结构，在石料之间相互紧密嵌挤能够有效提高混合料的内摩擦角，而细集料既能填充所有粗集料骨架的间隙又被粗集料形成的空间分隔开，有提高混合料的黏聚力并稳固骨架的作用。

碎石骨架嵌挤状态对水泥稳定碎石基层的各种路用性能有重要影响，然而基层成型使用的摊铺碾压工艺，是在现场进行的湿法作业。采用该工艺的设计与施工都不能确定具体到碎石个体的骨架嵌挤关系。一方面是碎石外形及空间姿态难以统一和确定；另一方面是基层的摊铺碾压过程会造成大粒径碎石的离析，使材料变异性增加，导致碎石嵌挤关系具有较明显的概率性；而较低的水泥含量又使骨架空隙填充物的包裹面积、密实度和粘结强度降低。受车轮的振动作用影响，碎石成为微杠杆，并因力矩不平衡出现微小撬动，引起碎石与填充物之间出现开裂，裂纹的扩展使碎石出现松动，再加上冻融循环作用的叠加，最终导致半刚性基层模量逐渐衰减，使用寿命缩短，路面不得不频频翻建。

为提高路面耐久性，科研工作从发现碎石的微杠杆效应开始，以碎石骨架嵌挤关系及稳定性为研究对象，经过从碎石、砌块到条石码垛结构杠杆效应的产生原因与影响因素的探索，到利用杠杆原理设计人工石的结构演变，发现块体嵌挤规则的密码及荷载传递路径，由此借鉴银锭扣，发明三向嵌挤块体装配的路面基层，并大量应用于实际工程。

装配式路面基层诞生至今十周年，虽然已取得专利、发布标准并发表论文，应用范围覆盖各等级市政道路，到2024年底，累计铺装面积达235万 m^2（含在建工程面积）。然而，尽管装配式基层已经解决从0到1的问题，但是人们并没有失去对装配式基层的兴趣或质疑，即三向嵌挤块体装配面有怎样的结构原理？属于哪种结构类型？三向嵌挤块体是唯一的块形，还是有其他块形也能用于基层的装配，从而实现由1到多的升级？这是装配式基层不可回避也必须给予明确答复的问题。

装配式基层的诞生，是一个从深入观察、发现窍门、提出假设、探索模型、多维度论证的完整过程。本书首先分析半刚性基层结构特点，以构建可靠的嵌挤骨架为初衷，从银锭扣演变为三向嵌挤块体开始，攻克了单层块体铺装面板体性难题，解决了铺装块嵌挤关系的确定性及稳定性，从而保证基层的板体性和承载能力。又通过对编织、唐代山文甲及其与编木拱桥结构继承性关系的分析，再利用编木穹顶做纽带实现对结构类型的论证，其原理可归类于编织结构，称之为"编块"，并可拓展出编块系列，进而形成完善的理论体系；然后侧重于产业化建设，介绍装配式路面基层及块体的多种成型工艺，最后以丰富的实际工程案例介绍该技术的应用场景。是装配式基层科学体系、设计体系和建造体系创新全过程的展示，使读者获得从概念、专利、标准，到产品及产业化成套技术的完整认知。因此，特将十年的研究成果和工程案例归纳整理，撰写《沥青路面装配式基层技术发明与应用》以飨读者。

本书分为8章，其中第1章由郭高、董泽蛟撰写；第2章由郭高、王景鹏、张旭、战宏宇、刘召起、高爽撰写；第3章由郭高、战宏宇、迟文仲撰写；第4章由董泽蛟、郭梓烁撰写；第5章由董泽蛟、郭梓烁、刘伟撰写；第6章由郭高、战宏宇、张旭、梁昌松、刘召起、刘秀丽、徐俭、张彬、赵卫霞、张东方、李敬成、田野撰写；第7、8章由郭高、杜艳韬、战宏宇、张旭、高爽、赵树志、徐鹏、孙宏亮撰写。编织、编块、编木穹顶模型制作及影像采集由郭高、战宏宇、迟文仲、丁金亮、郭思源、郭思茗完成。装配式路面基层不仅是理念创新、结构创新及工艺创新，还有科学和技术体系的创新，理论来自实践并应用于实际为道路工程服务。

目　录

1 装配式道路发展概述 ………………………………………………………… 1
   1.1 装配式道路的必要性 …………………………………………………… 2
   1.2 装配式路面 ……………………………………………………………… 12
   1.3 装配式基层 ……………………………………………………………… 18
   1.4 装配式道路的优势 ……………………………………………………… 25

2 装配式基层结构的诞生 ……………………………………………………… 27
   2.1 碎石与杠杆 ……………………………………………………………… 27
   2.2 新银锭扣及装配面 ……………………………………………………… 42
   2.3 装配式基层产品设计 …………………………………………………… 53
   2.4 井周适配组件 …………………………………………………………… 63

3 装配式基层结构探源及编块系列 …………………………………………… 67
   3.1 从编织到编块的演变 …………………………………………………… 67
   3.2 编块系列 ………………………………………………………………… 80
   3.3 评价方法 ………………………………………………………………… 94
   3.4 本章小结 ………………………………………………………………… 100

4 装配式基层沥青路面承载能力分析及设计方法研究 ……………………… 103
   4.1 试验准备 ………………………………………………………………… 103
   4.2 基层荷载传递能力分析 ………………………………………………… 109
   4.3 路面荷载传递能力分析 ………………………………………………… 112
   4.4 基于实测数据的路面力学响应规律修正研究 ………………………… 113
   4.5 装配式基层沥青路面结构设计方法 …………………………………… 120

5 装配式基层沥青路面反射裂缝原因分析及预防措施 ……… 135

5.1 开裂原因分析 ……… 135
5.2 沥青路面预防反射裂缝典型结构抗裂机理及特点 ……… 145
5.3 装配式基层沥青路面裂缝的预防与修复 ……… 153

6 主要研究与试验 ……… 157

6.1 基块及混凝土琮的预制工艺研究 ……… 157
6.2 装配式基层成型工艺研究 ……… 169
6.3 装配式基层沥青路面主要试验 ……… 176
6.4 灌缝砂浆配合比及性能研究 ……… 187
6.5 灌浆设备试验 ……… 194
6.6 基块及灌缝砂浆未来展望 ……… 196

7 施工工艺 ……… 199

7.1 施工工艺 ……… 199
7.2 典型工程案例 ……… 203

8 发展与展望 ……… 219

8.1 交通发展现状 ……… 219
8.2 经济效益评价 ……… 221
8.3 社会效益分析 ……… 224
8.4 提升民族自豪感和创新的自信心 ……… 225
8.5 科学与体系创新 ……… 226
8.6 建造与施工体系的创新 ……… 227

参考文献 ……… 231

1

装配式道路发展概述

　　道路起源于人类社会的发展，正如鲁迅所说，世上本来没有路，走的人多了也便成了路。道路是人类最早创造的构造物之一，早在 6000 年以前，中国就有了人工修筑的道路，是世界上最早有人工修筑道路的国家。据《诗经》记载："周道如砥，其直如矢"。"砥"是磨刀石，意为平整；"矢"是箭，意为顺直。适合的道路结构及交通系统能满足交通需求并适应车辆技术的进步，又极大地促进人类社会的发展。

　　最初古人在水坑或低洼段扔几块石头垫道，即人类最初使用天然材料进行的道路装配工作，后来装配材料逐渐发展到使用专门制作的石块、砖块来铺砌路面，经历从无序到有序，从随意到规则的发展历程。人离开动物愈远，他们对自然界的作用就愈带有经过思考的、有计划的、向着一定的和事先知道的目标前进的特征。人类的历史，就是不断从必然王国走向自由王国的历史，而历史前进的每一步，都要以新的创造为标志。所谓创造，即人类按照自身的意志和目的，在实践中造成自然本身未能直接提供的新东西。装配工艺便是伴随着人类历史进程逐渐发展的重要技术之一。

　　人类在实践中按照自身的意志和基于预先的目的和设想，造成自然本身未能直接提供的新东西，而这一过程体现人的主体意志。正如马克思所阐述的："最蹩脚的建筑师从一开始就比最灵巧的蜜蜂高明的地方，是他在用蜂蜡建筑蜂房以前，已经在自己的头脑中把它建成了。劳动过程结束时得到的结果，在这个过程开始时就已经在劳动者的表象中存在着，即已经观念地存在着。他不仅使自然物发生形式变化，同时他还在自然物中实现自己的目的……"，装配是区别于浇筑的一种营造方式。梁思成手绘图像的《中国建筑史》绘制的建筑物都与装配有关。古代人们最容易得到的建筑材料就是木杆、石块和藤条等从自然获得的材料，例如石料营造的洛阳桥、木杆编造的卞水虹桥、北京故宫角楼的斗栱以及竹编篱笆都是装配的结构。装配即把两个或两个以上的物件结合在一起的过程。所谓装即安装，有位置和固定两个含义，装是行为的目的，而配则有适合与恰好的意思，是一种相互的协调关系、是样式和风格及尺寸等要素与功能的匹配，配通常指适配即组合的过程。

　　《城市道路规划与设计》[1]介绍了我国市政道路的高级路面有采用水泥混凝土、沥青混凝土、厂拌沥青碎石混合料的现浇结构，还有使用整齐石块或条石的装配式结构。次高级路面有使用沥青贯入式、路拌沥青碎（砾）石、沥青碎（砾）石表面处治的半现浇结构及半整齐石块铺装的装配式结构。

　　随着社会经济的发展，人们对于基础设施建设产品功能的要求越来越高，同时，养生

1

期长、环境污染严重、质量不稳定、耐久性差等传统道路结构在建设过程表现出的缺点与经济发展之间的矛盾也逐渐暴露，相关从业人员迫切地希望找到一种能够适应现代城市化建设的新型路面结构，在此之际，装配式道路结构应运而生。装配式道路结构按照其层位的不同分为装配式面层及装配式基层。为更加直观地介绍装配式道路结构的由来及发展，本章将从装配式道路使用的必要性及装配式道路的发展两方面进行介绍。

1.1 装配式道路的必要性

路面的整体结构从上至下一般由面层、基层、底基层和垫层及必要的功能层组成。通常分为沥青路面（黑色路面）和水泥混凝土路面（白色路面），在我国沥青路面铺装面积最大。沥青路面是指在半刚性基层上覆盖沥青层的路面结构。半刚性基层是采用半刚性水硬性无机结合料组成的稳定粒料或土类铺筑的能结成板体并且有一定抗弯拉强度的基层结构，其材料包括水泥稳定碎石（砂砾）、二灰稳定碎石（砂砾）、石灰土、二灰土等[2]。路面结构在长期使用过程中，受到移动荷载的冲击作用，以及超载、低温和材料变异性的影响，基层弹性模量逐渐衰减、承载能力下降、使用寿命缩短[3][4]。在我国北方城市，每年春季，司机们艰难地熬过寒冷多雪的冬季，本该摇下车窗享受温暖的春风，此时市内道路大面积出现的翻浆使路面颠簸不平粉尘飞扬，直接导致道路交通服务等级下降，严重影响出行效率，给市民工作与生活带来困难。为改善路面行车状况，市政部门年年对路面进行大中修维护作业，而漫长的道路施工周期又使路面交通更加拥堵。

半刚性基层沥青路面的养护一般分为三种情况，第一种是路面裂缝通常采用沥青类材料填充封闭的方法；第二种是对于大面积网裂采用铣刨一层原有面层再重新罩面的方法；第三种是对道路局部的翻浆采取开挖清除损坏的结构，再重新铺设基层及路面的措施。而大面积的翻浆属于基层结构的严重损坏，必须翻建重修道路。沥青路面养护见图 1.1-1。

(a) 沥青灌缝

(b) 铣刨路面再罩面沥青层

(c) 翻建道路

图 1.1-1　沥青路面养护

半刚性基层沥青路面建设工期较长，主要原因是半刚性基层结构采用湿法施工，该施工方式主要有三个特点：第一是作业空间不变：施工所有阶段均采用分层摊铺碾压逐渐形成整体的工艺，各结构层的建造都使用同一个场地，不能分割场地作业；第二是工序串联：其中各层材料由下而上地顺序进行，上一层材料的摊铺作业必须在下一层材料成型并达到规定强度后才可进行，属于顺序作业模式；第三是需要等待养生期，筑路机械在路槽内填筑材料，碾压密实并就地养生。以上方式不仅导致半刚性基层结构施工时间较长，而且受气候影响明显。

路面材料是用少量的结合料（如沥青、水泥）将大到分米级、小到纳米级的多尺度碎石，通过搅拌粘结后压实成形，因此，路面材料的主要特征，一是多相、多尺度、多组分的一种混合料；二是各尺度、各组分材料的配合比对材料的性能影响极大；三是某些组分材料在施工过程中会发生相变，故拌和与压实工艺对材料的性能影响显著；四是由于任意两条公路的石料、结合料、拌和设备、施工机具及工艺过程都不可能完全一样，因此任意一条公路的路面材料都是专门设计的，且其结构性能和使用性能在空间分布上具有一定的随机性和非均匀性[5]。

基层处在路面结构的居中位置，一方面起承重作用，支撑面层传来的荷载，另一方面传递荷载，把荷载扩散分布于下面各层，是承上启下的关键层。最初为满足交通需求，把千百年来使用木头轮子的马车更换成胶轮；为使车辆跑得更快、拉得更多、走得更平稳，便在碎石基层上铺设碎石并喷洒沥青，再用沥青混凝土罩面。道路结构的进步反过来又会极大地促进交通运输的发展，逐渐随着交通需求的不断增长，车辆技术也因应快速进步，单车的载重量及车速不断提高，历史久远的非整体性的柔性基层在新的车辆技术面前明显不堪重负，导致路面被压坏。挖开破损的路面观察，不是铺筑基层的碎石被压碎，而是作为骨架的碎石被车轮碾压出现松散现象，使碎石空隙的填充物强度不足，无法保持碎石骨架的稳定性，因此人们认识到需要增强基层的整体性，以水泥稳定碎石为代表的半刚性基层便由此产生。

从材料角度观察，水泥稳定碎石半刚性基层是不同粒径的碎石（粗集料和细集料）和水泥浆组成的一种复合材料[2]，其中碎石是主要成分约占95%，较大粒径的碎石（粗集料）承担骨架支撑作用，较小粒径的碎石（细集料）用于填充空隙使骨架保持稳定，水泥约占5%，其作用是使集料粘结成整体并具备一定的强度。水泥稳定碎石混合料的集料一般分为四挡：0～4.75mm，4.75～9.5mm，9.5～19.0mm，19.0～31.5mm。不同的碎石粒径与级配，大粒径碎石之间所处的位置及缝隙填充物不同，视骨架之间距离的远近及空隙填充物的样式可以组成骨架密实型、悬浮密实型、骨架空隙型等嵌挤结构。实践表明骨架密实型的碎石之间距离最小、孔隙率低，承载能力强。为提高粗集料嵌挤程度，发展趋势是在设计阶段，一方面是强调增大骨料粒径，例如填充式大粒径水泥稳定碎石基层，碎石粒径级配提高到31.5～53mm、37.5～63mm、53～73mm；另一方面是进一步优化集料配合比设计，争取获得最佳骨架密实类型；碎石嵌挤关系建立在施工阶段由混合料拌和及摊铺过程实现，主要强调材料均质化，减少变异性。水泥稳定混合料的骨架结构决定路用性能，骨架的稳定性决定结构的耐久性。与混凝土相比，尽管碎石在半刚性基层及混凝土中占比最大，但半刚性基层的强度及耐久性却远低于混凝土。半刚性基层发生的结构性损坏，并非碎石被压碎，而是基层在交通荷载应力作用下碎石之间产生相对位置变化，导致碎石骨架原有的嵌挤稳定性遭到破坏，引起基层的开裂、松散，导致承载能力下降。

碎石粒径和级配所形成的骨架密实型在设计阶段是理论问题，在基层成型阶段就是概率问题。在路面基层这么薄的尺寸范围内碎石最大粒径倍数极为有限,基层厚度与碎石最大粒径的比值一般在2.5~6,况且碎石中还允许有较多的针片状颗粒（约占18%）,路面基层结构厚度太小,不足以利用概率来模糊碎石分布差异性及针片状对结构的不利影响,因此施工原因引起的混合料密实类型、碎石空间姿态及分布位置的差异性都会给碎石的嵌挤状态带来影响,从而引起基层强度产生变化。

半刚性基层路面常见的病害（图1.1-2）有网裂、坑槽、唧泥、翻浆,基层取芯件可见麻面、离析及不同的骨架密实类型。

图1.1-2 半刚性基层路面的病害

半刚性基层取芯件（图1.1-3）的病害主要有：烂顶、烂底、断层及蜂窝麻面、表面裂缝等,甚至取芯不成形,成为一堆碎石。

图1.1-3 半刚性基层取芯件

(c) 烂顶　　　　　　　　　　　　(d) 烂底

(e) 两端烂　　　　　　　　　　　(f) 中间断裂

(g) 麻面　　　　　　　　　　　　(h) 多裂缝

图 1.1-3　半刚性基层取芯件（续）

半刚性基层与水泥混凝土基层都是以碎石为主体的结构，主要区别在于碎石空隙填充物的性能。半刚性基层经常出现这些病害的原因主要是由于无机结合料的受力破坏，半刚性基层对比水泥混凝土基层，两者都是以碎石为主体的结构，主要区别在于碎石空隙的填充物性能。观察两种结构的取芯件发现，水泥稳定碎石取芯件有麻面，而水泥混凝土取芯件碎石骨架空隙的填充更加密实，水泥混凝土取芯件强度及外观质量均好于半刚性基层，见图 1.1-4。

水泥混凝土是碎石、河砂和水泥浆的混合物。对于水泥混凝土件首先是水泥浆体量充足可以完整地包裹碎石，基层不仅密实度高均匀性好，其次是水泥浆使碎石骨架的粘结强度提高使碎石骨架也更加稳定；对于水泥稳定碎石，其中碎石的抗压强度从几十兆帕到上百兆帕，在道路的服役期内为稳定值，在基层服役阶段的损坏并非碎石自身发生破裂，而是碎石骨架空隙的填充物受弯拉或剪切应力作用首先出现开裂，裂缝两侧的碎石受荷载作用产生错位现象，造成碎石骨架嵌挤稳定关系被破坏，导致基层板体性降低，承载能力下降。基层强度主要依靠碎石骨架支撑,骨架之间的细集料主要起到保持骨架稳定性的作用。即在碎石粒径与级配等参数相似的条件下,半刚性基层强度的高低,主要区别在于水泥含量和粗集料分布的均匀性。

 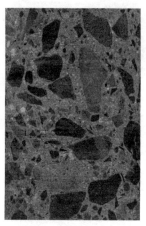

(a) 水泥稳定碎石　　　　　　　(b) 混凝土

图 1.1-4　水泥稳定碎石与水泥混凝土取芯件对比

在细集料方面,细集料的密实度会影响基层的强度。设计合理的碎石粒径与级配能够达到较大的干密度,无论混合料级配如何优化,并不改变碎石自身的密度,而是减少基层的孔隙率,最大干密度的极限即最大程度地接近原始石材的密度。碎石与周围填充的细集料之间密实度有差别,此差距越大基层抗压强度越低。比如二灰碎石低于水泥稳定碎石,水泥稳定碎石低于水泥混凝土。

道路路面结构功能要求基层作为整个路面结构层的承重层,应具有较高的承载能力和足够的强度和刚度并具有良好的水稳定性和抗冲刷能力,使之具有较长的疲劳寿命。然而实际工程资料表明,在我国广泛使用的半刚性基层沥青路面占高速公路里程的95%,路面设计寿命为 15 年,受荷载、气候、材料、工艺、管理等多种不利因素的综合影响,使用寿命难以达到设计寿命。资料表明,我国的高速公路有 60%在使用 10~12 年、17%在使用 6~8 年后需进行大中修[5]。与世界上许多国家的道路相比我国的道路处于落后位置,这与交通大国的地位极不相称,迫切需要延长路面使用寿命,提高我国交通建设水平。耐久性沥青路面的概念最早源于欧洲,是基于寿命周期内总费用最低的原则提出的[6],世界部分国家的道路设计基准期及轴载见表 1.1-1。道路工程与桥隧或民用建筑设计寿命比较更是差距明显,应该引起足够的重视并尽早解决。

世界部分国家的道路设计基准期及轴载　　　　　表 1.1-1

国家	美国 AASHTO1993	美国 MEPDG	法国	日本	英国	德国	南非	中国
设计基准期	50	99	30	40	30	30	25	15
标准轴载/kN	80	80	130	98	80	100	80	100

我国高速公路建设及研究已经有很多年，如何落实香山会议提出的到2035年将我国高速公路设计寿命提升到30年，至2045年再次提升到50年的战略发展目标，是交通科研人员所面临的不可回避的紧迫现实。然而，具体分析我国交通的特点，在资源禀赋、交通需求及运输工具、气候特点等方面与国外有明显区别。

首先我国是多山、少油，特别是道路用石油几乎全部依靠进口，每年耗费巨额外汇进口高质量石油沥青。据不完全统计，截至2022年底，高速公路通车总里程17万km，每年平均新增5000km，其中95%是沥青路面，即便都达到设计的15年寿命，高速公路每年也有1万多公里需要大中修，要消耗4000万t沥青和2亿m^3的石料。我国的石材资源储量丰富、造价低廉，从古至今都大量采用石材修筑道路，这也是半刚性基层在我国广泛应用的基础条件，因此，我国道路建造并不适合照搬国外道路工程技术。

例如尉氏至许昌高速公路2005年11月建成通车，全长64.28km。新设计采用长寿命路面结构，具体路面结构为：改性沥青混凝土面层4cm + 应力吸收层2cm；防水连接层1.5cm；水泥混凝土面层28cm；二灰碎石基层18cm；灰土或固化剂处理路床20cm；冲击压实处理路床（影响深度80cm），设计寿命预计为40年。原设计采用半刚性基层沥青路面，设计寿命为15年，在长达40年的使用期内需要二次对路面破除重建和多次的维修、养护。而长寿命路面结构在使用期内，仅需定期对表面功能进行恢复。即使按沥青路面不产生早期破坏计算，长寿命路面亦可节省再次投资11.91亿元。尉氏至许昌高速公路建成近5年统计，养护费用占通行费收入的3.5%，低于河南省同期高速公路养护费占当年通行费收入的10%～15%。近10年国内沥青价格的大幅度上涨（已从原来的2450元/t上涨到5000元/t以上），沥青路面的造价越来越高，水泥路面 + 薄层沥青的优势则愈发突出。

我国地域广阔，各地区在资源、技术优势及经济发展水平等方面差异大，需要有大量物资通过公路网运输。我国车辆轴载大、胎压高，而超载车多也是公路运输长期治理的顽症。桥梁被超载车压塌是一次性事故，有明确的肇事车辆，而且桥梁还可以设置限高栏杆，把大型车挡在外面。但是道路不能再设置限高栏，总要给大型车安排通道，哪怕是绕行道路。超载车把道路压坏，是多辆超载车多次通行逐渐积累的结果。道路与桥梁是同一个专业，工程师们作品的寿命却差别很大，桥梁设计寿命为100年，而道路则不同，设计寿命仅15年，实际还未必能达到。在百年时间段内，同一条路可以反复八次、十次地翻建，而桥梁只建设一次，即便桥梁的造价是道路的十倍，但是在长达百年的时间段内，材料及人工费会逐渐上涨，如果将桥梁与道路按全寿命建设及维护周期的总费用进行对比，道路才是财政支出的隐形吞金兽[7]。不仅如此，道路的每次翻建，都要重新开采碎石，百年时间内多次翻建将造成一次性资源的巨大耗费和碳排放量的增长。发展长寿命路面是解决这一问题的最有效的途径。为此，从20世纪末开始，世界各国竞相开展长寿命路面的研究，希望将公路路面的使用寿命提高到30～50年，以降低资源消耗，避免生态环境的破坏[5]。

在我国广泛使用的沥青路面半刚性基层的成型属于现场湿法成型工艺，质量受材料配合比、搅拌均匀性、允许延迟时间、碾压遍数、养生期及温度等因素影响导致材料变异性大，质量保障率低。半刚性基层抗压强度为3～6MPa，在施工阶段变异性的增大会破坏基层性能的一致性，在基层内出现碎石分布不均和密实度的差别，受干缩及温缩影响会产生裂缝，这些缺陷受使用阶段交通荷载的冲击振动及雨水冲刷作用，经历基层与下基层界面的断裂、基层烂顶、基层烂底的损坏过程，导致基层裂缝逐渐增多、碎石开始出现松散，使基层弹性模量从最初的 1200～1700MPa，逐渐下降到 300MPa，远低于设计值，最终造成路面使用寿命的缩短。特别是在北方寒冷地区冻融影响明显，基层弹性模量随冻融次数的增加以较快的速度衰减。辽宁省是我国冻融次数较多的省份，2018年在沈阳陵园街金山北路至观音南路之间的路段进行半刚性基层与装配式基层沥青路面的对比试验，该路在2018年9月（竣工）和2023年3月，两次对路面进行弯沉检测，在服役的第5年，半刚性基层沥青路面出现大面积网裂，基层取芯件不成型，已经完全松散，不得不对该段路面进行铣刨罩面中修维护；同样是服役第5年，检查装配式基层沥青路面，出现横缝、纵缝，但是基层取芯完整。两类基层沥青路面的竣工弯沉值与第5年的变化明显。半刚性基层与装配式基层沥青路面弯沉对照见表1.1-2。

半刚性基层与装配式基层沥青路面弯沉对照　　　　　　表 1.1-2

弯沉检测时间	2018年9月		2023年3月	
检测方法	贝克曼梁		落锤式	
基层结构类型	水稳碎石	装配式	水稳碎石	装配式
平均值（0.01mm）	16.8	5.9	24.7	3.6
标准差（S）	2.17	1.49	11.0	1.2
变异系数（%）	12.92	25.25	44.6	34.5
代表值（0.01mm）	20.4	8.1	38.9	5.2

尽管两次弯沉检测使用工具不同，检测结果有偏差，但半刚性基层衰减变化趋势十分明显。半刚性基层的强度（弹性模量）并不是恒定数值，从基层成型到服役至设计寿命末期，基层强度变化可划分为随着基层的成型与养生在短时间（几十天至几个月）内形成强度和在长期（几年至十几年）使用阶段强度逐渐降低的两阶段过程。

在基层强度形成阶段，是混合料正向重构的过程。一方面由于半刚性基层的水泥含量低，（5%左右）水泥浆量较少对碎石的包裹面积小、粘结与支撑作用弱；另一方面受水泥初凝时间的限制，其最佳摊铺碾压时间及施工阶段的气温会对水泥稳定碎石强度形成的过程产生影响，而混合料拌和的均匀性欠佳和摊铺过程的扰动也会造成碎石骨料产生离析使材料变异性增加。关键是半刚性基层成型工艺是现场湿法摊铺碾压成型，基层压实度的变化代表其刚度的变化，在基层施工阶段压路机的振动荷载可以增加基层的密实度和刚度从而形成板体性。在振动压路机压实阶段，最初随着压实遍数的增加基层塑性变形减小而弹性变形增大，之后继续压实，使得压实度逐渐增加，此时基层塑性变形及弹性变形都在减小，逐渐趋近于刚性[8]，即在基层成型阶段，碾压密实度及气温将决定半刚性基层的强度。

但在基层服役阶段，是基层强度由高到低逐渐衰减的逆变化过程。车轮的振动冲击作用使基层产生病害，基层服役的阶段即是刚度逐渐衰减的过程。沥青路面各结构层底面是路面的破坏源，各结构层底拉应力的疲劳效应是导致各结构层开裂的主要原因，各结构层底面的裂缝扩展到路面导致表面的疲劳开裂,而各结构层的开裂导致路面整体结构的刚度衰减[5]。半刚性基层成型阶段形成的病灶,在使用阶段会逐渐发展,不但难以发现也难以通过维护措施对病灶进行补救。随着使用年限的增加,交通荷载及雨水冲刷和冻融循环影响的叠加作用使基层弹性模量逐渐衰减,最终,由于基层强度降低,导致路面产生网裂、坑槽,甚至大面积翻浆,逐渐到达基层使用寿命的末期。长春市某道路结构断面可见不同时期成型的新、旧基层,各自状态明显不同,位于上部的新基层强度较高,位于下部使用多年的旧基层碎石颗粒裸露,有细集料脱落,较松散,新旧基层差别较大见图1.1-5(a)。沈阳市陵园街路段竣工仅4.5年,半刚性基层取芯查验结果是半刚性基层受冻融循环影响已完全松散,取芯不成型,见图1.1-5(b);路面已出现大面积网裂、局部翻浆,见图1.1-5(c)。半刚性基层结构性损坏不易修复,通常对路面裂缝的处理是采用沥青灌缝的方法,然而这种材料及工艺既不能将道路裂缝从上到下的地填充饱满,更不能恢复裂缝的传荷能力,对网裂也只有采取铣刨罩面,这种治标不治本的办法处理,基层无法有效维护也是导致沥青路面实际寿命缩短的原因之一。

(a) 新基层、旧基层差别较大　　(b) 基层取芯完全松散　　(c) 路面出现网裂

图1.1-5　基层受冻融循环影响

在道路建设及使役环境方面,我国地域广阔,南北方气候差异大,不同气候条件对沥青层和基层的技术要求不同,难以统一使用一个标准进行设计。通常的做法是各地区因地制宜地根据当地气候与地质条件编辑适应性更强的技术标准。

不仅如此,考虑施工阶段的气候及尽量减少道路施工对城市居民生活、店铺营业、交通运输等多因素的影响,管理部门通常采取车辆限号出行、施工划段分时、设置单行线、路口渠化、翻建改罩面、压缩工期等措施。但施工作业期间连续数月的占道时间、严重的粉尘污染也给城市交通及环境造成极大压力。即使道路建设在要求的时间段内完成,但往往受到季节的客观影响,因养生期不足、压实度欠佳、气候及超载车辆的摧残,导致道路结构不能达到设计强度而降低使用寿命,反过来又缩短道路翻建的周期,导致道路建设工期紧张、使用寿命缩短、道路维护频繁、交通服务质量差及建设投资多的恶性循环。半刚性基层建设工期长、弹性模量衰减快、使用寿命短、质量保证率低、受环境影响明显的弊端难以克服。

综合国内外道路研究成果,路面耐久性设计概念是路面结构设计的功能化,即优面层、强基层、稳土基。发展趋势是着重增加基层和底基层强度,并将承重层与传力层分开设置,形成各层弹性模量由高到低逐层递减并有合适的梯度差,使用寿命由上至下逐层增加,下层设计寿命大于上层，其中强基层是路面长寿命的重要措施[9]。为此，我国学者提出道路工程四化建设的要求：1）结构设计功能化：面层要求有抗车辙能力和抗磨耗能力，表面功能层设计寿命 10 年以上；基层可以有半刚性、刚性、白+黑等结构，提高抗疲劳能力，设计寿命达到 30 年以上；路基要提供高强、稳定、坚固和均匀的支撑，路基改善层弹性模量 $E>70\text{MPa}$，并考虑排水和冻融影响。例如在土基顶面下 $0.7\sim1.5\text{m}$ 修筑水平沥青膜隔断层与垫层、两侧用防水土工膜相接，将基层断面的四周封闭，使服役期的季节性及体积性变化降低到最小；2）设计指标均衡化：通过原材料选择、级配优化等综合措施，提高水泥稳定级配碎石的密实性、整体性、抗低温收缩性能，实现强度、弹性模量和抗疲劳性能的协调，提高质量保证率、减少材料变异性。还可以选用贫混凝土、水泥混凝土板、预拌砂浆等质量保证率更高的材料；3）施工工艺均一化：例如优化水泥稳定碎石拌和工序采用二次搅拌的工艺、预制块装配工艺等；4）质量管控过程化：在建造阶段采取逐层检测的方法，对水泥稳定碎石基层及底基层检查碾压无车辙、取芯完整、强度达标、弯沉值四个项目。在服役阶段采用智能检测的方法及时跟踪、及时发现病害及时维护路面；我国学者希望通过道路工程四化建设等积极措施提高道路工程在设计、施工、维护与管理的质量，逐步实现香山会议提出的将高速公路道路设计寿命由当前的 15 年，到 2035 年达到 30 年、到 2045 年达到 50 年的目标。

纵观历史，道路工程技术就是伴随着历史的演进和社会的进步而逐渐发展起来的。每当经济迅猛发展交通需求增加、交通运输工具的重大变化及工程材料或工艺取得重大进步，就对道路工程在载重、运营等方面提出了新的要求，由此推动了道路工程的技术进步。我国公路学者积极探索适合国情的各种长寿命路面结构[10][11][12]，其中典型结构见图 1.1-6。

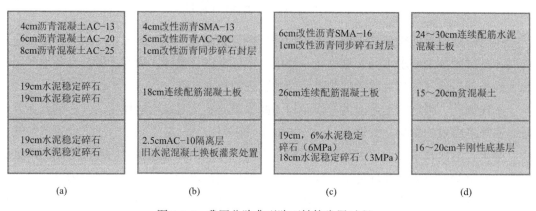

图 1.1-6 我国公路典型路面结构发展过程

图 1.1-6 从左至右表示沥青路面结构逐渐发展的过程，具体描述如下：

半刚性基层沥青路面[13]。沥青路面是在我国多年来大面积应用的传统道路结构。因筑路材料获取容易、施工工艺简单、经济性好，在公路及市政道路广泛应用。半刚性基层作为承力层抗压强度为 $5\sim7\text{MPa}$，抵抗低温环境能力差，材料变异性大，因此不得不通过增加其上的沥青层厚度来提高路面承载能力并降低沥青层底和基层底部应力以保护基层。例如有些长寿命路面的沥青层总厚度已经达到 33cm，半刚性基层及底基层总厚度为 76cm，路面总厚度超过100cm，是典型的基层强度不足，靠沥青层来补充的策略。半刚性基层作为承力层与作为传力层的底基层弹性模量差小，在动荷载条件下各层弯沉差较大，层间应变跟随性差，使结构耐久性降低。半刚性基层是建设工期长、使用寿命短、适合施工气候范围窄、质量保证率低，被广泛使用的存量面积最大的传统结构。

图1.1-6（b）为公路水泥混凝土路面白改黑[14]。新增的连续配筋混凝土板作为承力层强度高、刚度大、整体性好、寿命长。沥青隔离层具有整平、减振、防水的功能，使路面耐久性增加。原有水泥路面被利用，作为底基层，路面结构稳定，经济又耐久，适合公路旧路改造。

图1.1-6（c）为铺设有沥青磨耗层的水泥路面，白加黑路面结构。刚性基层路面强度高、刚度大、整体性好，基层弹性模量高于底基层，承载能力提高，使用寿命长，适合新建公路[15]。

图1.1-6（d）为连续配筋混凝土路面[16][17]，刚性路面，强度高、整体性好。基层弹性模量进一步提高，更适合重荷载、长寿命公路建设，全寿命周期建设及维护费更低。

国外的长寿命路面结构的组合类型差别很大，很多国家在道路建设材料、地理气候特点、车辆轴载等方面与我国差异较大，其中与我国地理位置、材料类型、车辆轴载相近的日本道路结构比较有参考意义。日本是岛国，筑路材料资源匮乏，路面普遍使用单层沥青，采用增加基层强度和厚度以提高耐久性的做法，其道路不仅使用寿命长，也相对节省沥青进口量。日本路面结构[18]见图1.1-7。

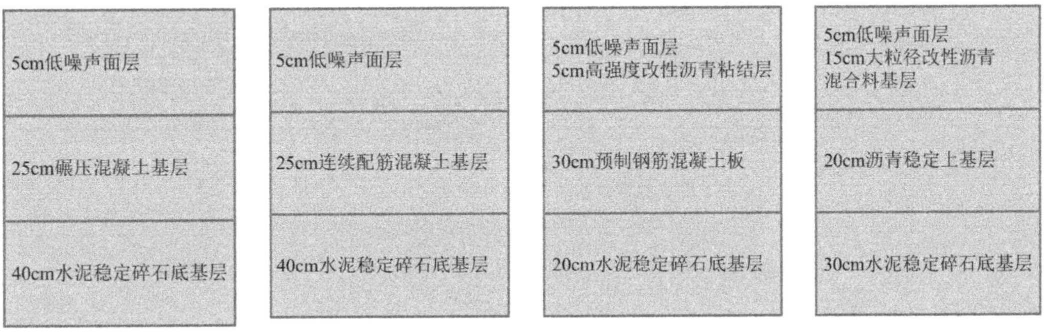

5cm低噪声面层	5cm低噪声面层	5cm低噪声面层 5cm高强度改性沥青粘结层	5cm低噪声面层 15cm大粒径改性沥青混合料基层
25cm碾压混凝土基层	25cm连续配筋混凝土基层	30cm预制钢筋混凝土板	20cm沥青稳定上基层
40cm水泥稳定碎石底基层	40cm水泥稳定碎石底基层	20cm水泥稳定碎石底基层	30cm水泥稳定碎石底基层

图1.1-7 日本路面结构

我国是交通大国，由航空、航海、铁路及公路运输四个部分组成，其中公路运输历史悠久、运量巨大且可达性最强，在货物运输中占有极其重要的地位，目前我国快递业务蓬勃发展的现状是公路系统高效运营的成功案例。仅以高速公路为例，据2022年底数据：公路运输占综合运输体系总运输量的73.4%，牵引货车增长2.2%，挂车增长0.4%；交通需求的增长必然牵引运输车辆的增加。

作为连接公路运输系统起终点的城市道路，2022年统计资料显示，我国市政道路沥青路面铺装总面积约为97亿 m^2（969802.5万 m^2），城市化率还有较大发展空间，其中三四线城市发展较快。受城市活动及气候等因素影响，路面使用寿命更加不容乐观，由于我国道路沥青路面占比最大，公路及城市道路的大量翻建，造成石料巨大的消耗及环境污染以及施工期间的交通堵塞和诱发的交通事故。

降低沥青路面资源消耗最好的办法是提高路面使用寿命，提高施工管理和维护水平，因此世界各国都注重长寿命路面的发展。国内外大量实际案例表明沥青路面并非必须适配半刚性基层，且只能有 15 年的设计寿命，采用刚性基层也是可行的，甚至是更好的组合。例如我国高速公路水泥路面在服役的后期，普遍采取白加黑改造方法。在水泥路面顶面加铺沥青层仅是为改善耐磨、抗滑及行车舒适性，提升服役水平。加铺沥青层的水泥路面继续保持原有刚性路面的大承载能力、抗雨水冲刷能力和良好的基层可维护条件，因此耐久性更佳，路面使用寿命及全寿命周期建设及维护费用也更低。

随着我国经济的不断发展，对于道路结构的需求和投入也逐年提升，使得道路行业的从业者开始寻求一种更好的方式来修筑道路结构。在此基础上，以装配施工为基本理念的装配式道路结构应运而生。

1.2 装配式路面

装配式道路历史悠久，但是，长期以来装配的道路层位都是在行车路面。路面通常包含面层、基层、垫层及必要的功能层组合结构的总称。砌块路面是近代较早使用的装配式路面，是指用一定形状的石料或人工预制砌块铺筑面层的路面。装配式道路按预制件所处层位不同，可分为路面与路基，其中路面还可细分为面层与基层。装配式道路系统图见图 1.2-1。

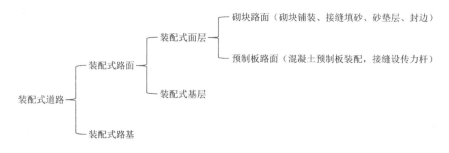

图 1.2-1　装配式道路系统图

关于装配式路面的研究，按预制块尺寸、接缝结构及材料组合方式的不同可以划分为块及板两种。使用块体铺装路面的年代最早，特点是块体尺寸较小，块体长度在几厘米至几十厘米，接缝采用填缝砂或沥青类材料填充，块体底部设置砂垫层。最初多采用天然石块，逐渐地开始使用统一规格的材料修筑路面，先后有四种材料被用于联锁块路面[19]铺筑，分别为砖，石块，木材及混凝土。在混凝土出现之后，特别是利用大型砖机压制的混凝土制品的面世，使装配式路面得以快速发展。混凝土块路面最早在荷兰被成功应用，而后立即被德国效仿。在 20 世纪 50 年代中叶，德国人在矩形混凝土块的基础上发明了混凝土异形块体（联锁砌块）。混凝土异形块铺筑而成的路面具有的结构平坦、承载能力高等特点使联锁块路面结构的整体性得到很大提升。

砌块通常是一种用于建造墙体、隔墙和地面的小型预制块，它们通常比黏土砖体型更大，砌块也用于路面砌筑，有普通砌块及联锁砌块两类。砌块路面典型结构如图 1.2-2 所示。砌块可以由混凝土、工业废料（如炉渣、粉煤灰等）或地方材料制成，这种材料的特点是设备简单、砌筑速度快。也可以用于铺砌行车路面，用于城市次干路或支路。《城镇道路路面设计规范》CJJ 169—2012 规定：砌块路面结构应包括面层、基层和垫层。砌块路面的面层包括砌块、填缝材料和整平层材料。采用砌块铺装车行道、广场、停车场时宜采用联锁型混凝土砌块，砌块接缝缝宽不应大于 5mm，应用粗砂灌实；联锁型混凝土砌块可包括四面嵌锁和两面嵌锁的长条形，最小宽度不应小于 80mm，最大宽度不应大于 120mm，长宽比宜为 1.5～2.3。砌块面层与基层之间应设置整平层，整平层可采用粗砂，厚度宜为 30～50mm。资料表明，砌块路面弯沉值大，不适合使用沥青罩面，也不能用于高等级道路。砌块尺寸：混凝土砌块平面尺寸为 200～300mm 厚度为 80～120mm，石材砌块尺寸范围较大，从 100mm×100mm，至 500mm×1000mm。资料表明砌块路面弯沉较大，砌块路面弯沉见表 1.2-1。

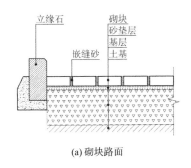
(a) 砌块路面

(b) 普通砌块

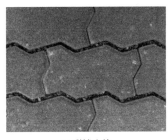
(c) 联锁砌块

图 1.2-2　砌块路面典型结构

砌块路面弯沉　　　　　　　　　　　　　　　　表 1.2-1

块体厚度（cm）	16	19	29
长宽比	1.5	1.8	1.2
临界弯沉值（0.01mm）	195	200	190
基层顶面压应力(MPa)	0.85	0.83	0.82

《公路水泥混凝土路面设计规范》JTG D40—2011，8.5.5 条规定：经综合处治后的旧混凝土路面应满足接缝或裂缝处的板边弯沉小于 0.2mm，弯沉差小于 0.06mm，方可进行水泥混凝土或沥青混凝土结构加铺。在正常的基础支撑状况下，弯沉差为 0.06mm 时，所对应的传荷系数为 75%。砌块路面弯沉差大，反映出接缝传荷能力低，不适合沥青罩面，否则会产生反射裂缝。

早期对于砌块的研究主要侧重于块体尺寸优化，例如 Knapton J 等人通过承载板试验，分析了形状、厚度、嵌挤方式等因素对联锁块路面荷载扩散能力的影响，结果表明荷载扩散能力受荷载影响较大，受块体几何尺寸、厚度等因素影响较小；Lerch 等人在德累斯顿理工大学进行室内足尺寸试验，对块体形状、尺寸、铺设方式及垫层和接缝砂对联锁块面层变形行为的影响进行了研究；英国工程师 Clark 等测出联锁块面层边缘位置所受水平力为荷载的 3.5%；Silfwerbrabd 等人系统研究了不同几何尺寸砌块的开裂性能，结果表明厚度大、尺寸小的砌块不易发生开裂破坏，并给出了砌块几何尺寸与承载能力之间的关系；哈尔滨工业大学侯相琛等人利用 ANSYS 软件分析了临界荷处，不同几何尺寸、厚度、基层材料等因素作用下小尺寸混凝土板的应力变化规律，并提出混凝土板尺寸厚度为8～12cm、宽度为10～12cm、长高比为1∶2时结构不易破坏；近年，以重庆大学王火明为代表的学者，还对砌块路面进行基于有限元的力学分析和缩比例环道试验，总结影响因素及结构计算公式与路面弯沉值的对应关系。这些研究已取得显著进展，为推动装配式路面的应用发挥积极作用。然而，尽管联锁块平面图形发生多种改变，但是块体侧面依然保持垂直面，接缝依旧通过填缝砂传递荷载，在砌块之间垂直荷载传递率及可靠性方面并没有取得关键性的突破。

社会生产对交通运输的实际需求拉动车辆运载能力及效率的提高，也相应的促进道路技术的发展与进步。随着交通需求的增长及车辆技术的进步，对路面的承载能力要求逐渐提高，使用侧面垂直的砌块铺装并在接缝填砂的方式，由于板块之间荷载传递率低、弯沉差较大，导致路面平整度降低，车辆行驶颠簸不平，渐渐难以满足交通运输对车辆运载能力和速度的追求。尽管混凝土预制板装配式路面，在结构及尺寸和装配工艺方面与传统砌块完全不同，但是，由于砌块路面历史悠久，还称之为砌块路面，近年才逐渐将其与砌块路面分离出来，装配式路面特指采用混凝土预制板装配的行车路面。

装配式路面凭借着施工速度快、维修养护方便等优势，作为一种新型的路面快速修复技术被各国深入研究和广泛应用，并形成了众多以装配式技术为基础的装配式混凝土路面系统，其内容主要包括材料、设计、结构、施工、维修与养护等为一体的路面技术。

装配式路面板使用水泥混凝土浇筑成型，板体尺寸较大，板长以米为单位，接缝处多采用传力杆或企口传递荷载，个别也有使用填缝砂。对装配式路面的研究比较成熟，比利时学者研究移动荷载作用下板块的尺寸效应，结果表明板块尺寸大于4m×4m时板块断裂破坏可能性较高，并提出行车道板块尺寸为2m×2m、2.2m×2.2m时效果最佳；英国、澳大利亚等国家规定板块尺寸不大于4.5m×4.5m；也有众多学者开展关于砌块路面设计方法的研究，例如冯志炫等人提出在沙漠地区应用装配式路面结构，利用ANSYS软件分析了装配式路面结构块体几何尺寸、各结构层材料等参数对路面结构力学响应的影响，并将其结果与典型半刚性沥青路面结构进行对比，表明装配式沥青路面结构面层层底拉应力较低，装配式路面结构承载能力较强。目前，具有代表性的装配式混凝土路面系统按板块之间结合方式主要分为传力杆、框架式及企口三种类型，在尺寸与形状、节点连接、道路组合结构设计等方面各具特色，具体介绍如下：

1. 传力杆

典型的装配式路面有Fort Miller Super-Slab System（福特·米勒超级路面板系统）美国装配式路面系统[20]。该方法的主要特征包括：①板与板之间的连接主要通过在预制路面板横向的底部界面位置预留孔槽和原路面结构预埋钢筋来实现，而孔槽和钢筋的大小、水平位置、数量则根据应用场景选择。通常在轮迹带位置布置四对（孔槽与钢筋传力杆为一对）传力杆，如图1.2-3（a）所示；②垫层材料为经破碎筛分的机制砂，起到调平层的作用，厚度通常为6～25mm；③通过预制板上的预留孔进行灌浆。该系统分别在高速公路、机场以及公路上实施了单块板和连续板的快速修复处治,施工方式如图 1.2-3(b)所示。目前已在北美地区铺筑约 36 万 m²。单个项目的修复面积超过 2.5 万 m²,修复后荷载传递效率(Load Transfer Efficiency, LTE)超过 70%,表现出优良的修复效果。

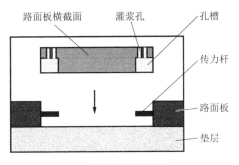 

(a) 传力杆安装立面图　　　　(b) 施工示意图

图 1.2-3　福特·米勒超级路面板结构及施工方法

该结构以预制板预留槽口、安装传力杆、槽口灌浆、底部找平工艺为基本结构,还可以有其他改变,例如传力杆安装位置[21]材料及数量的差别[22],或者是板块尺寸与样式不同[23],也有在板块接缝采用玻璃纤维增强聚合物替代传力杆嵌件嵌入锯好的薄槽中,然后使用高密度聚合物复合材料对槽进行灌浆的处理方式。见图 1.2-4～图 1.2-6。

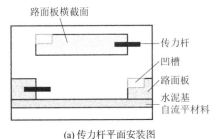 

(a) 传力杆平面安装图　　　　(b) 板块安装图

图 1.2-4　预制板传力杆位置固定的案例(美国芝加哥方法)

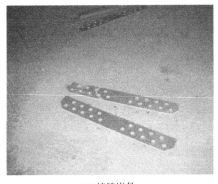 

(a) 接缝嵌件　　　　(b) 嵌件施工图

图 1.2-5　改变传力杆材料及灌浆方式的案例(美国公司)

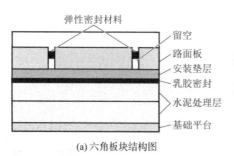
(a) 六角板块结构图

(b) 六角板块现场施工图

图 1.2-6　法国六角形预制板系统，六角预制板结构及施工示意图

2. 框架式预制路面[24]

ModieSlab 是荷兰丹麦交通部 "未来之路" 项目研发的解决软土地基问题的装配式路面系统。该系统由混凝土构件组成，梁体部分由两层沥青混凝土和一层水泥混凝土支撑层构成，整个梁体支撑在预制桩上，可以用于软土地基的路面铺设。该系统的实质是贴近地面的简支梁。①与多孔混凝土相结合具有降噪（降低 5dB 以上）、排水的功能；②设计使用年限长（100 年）。具体的构造与施工如图 1.2-7、图 1.2-8 所示。

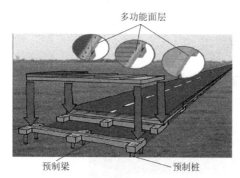
图 1.2-7　超级板示意图

图 1.2-8　超级板施工现场

3. 企口与传力杆及钢绞线连接板块

庞旭[25]、王轩[26]、翁兴中[27]对板块接缝采用企口或企口与传力杆结合的方法，见图 1.2-9。雄安某道路使用设有平面企口的预制水泥混凝土板，在平面具有联锁性能，但是接缝填充河砂结构不利于传力杆发挥传递荷载的作用，见图 1.2-10（a）、图 1.2-10（b）；苏海花[28]还尝试采用预制水泥混凝土板的纵横向张拉钢绞线的装配式路面，见图 1.2-10（c）。

(a) 企口加传力杆

(b) 单侧企口

(c) 中位企口加传力杆

图 1.2-9　板块接缝采用企口或企口与传力杆结合的方法

  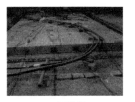

(a) 平面企口　　　　　　　(b) 传力杆　　　　　　　(c) 钢绞线

图 1.2-10　企口与传力杆及钢绞线装配式路面

4. 其他结构样式

板块之间的连接方式，还可以有螺栓连接、粘接、绑扎等，但是，这些方法或工艺复杂，或施工效率较低，暂时还不能适应道路基层大面积抢修要求。长春市长白路采用矩形小块石铺装路面使用多年，2005 年为提高车辆行驶的舒适性，在块石顶面罩沥青层，见图 1.2-11（a）；长春市人民广场环路，是采用人工手摆大块石铺装再使用砂浆填缝的路面，设计结构名称为沥青路面混合石灌浆基层，该路 2005 年竣工，至今仍在使用。见图 1.2-11（b），该基层结构采用大块石嵌挤，并在接缝处灌浆的方法成为装配式基层的参考工艺。

(a) 砌块路面直接沥青罩面　　　　　(b) 混合石灌浆基层

图 1.2-11　块石或混合石灌浆基层罩沥青层路面

从上述的装配式混凝土路面系统技术类型的归纳可以得出：路面板尺寸、组合结构设计、连接材料与荷载传递方式、施工工艺以及维修养护措施是装配式路面系统的重要组成部分，因此许多学者就装配式路面板的尺寸、材料及接缝形式等进行了更加深入的研究。

公路的路面结构有不同类型，分为柔性路面、刚性路面和半刚性基层沥青路面等。其中刚性路面是使用水泥混凝土板（普通水泥混凝土路面、连续配筋水泥混凝土路面）作为行车路面[29][30]。水泥混凝土路面虽然是现场浇筑成型工艺建造的路面并非装配式结构，但是，在水泥混凝土路面使用的后期，路面裂缝增多、表面抗滑微构造磨损严重，导致路面服务水平下降。为继续利用路面板的强度，通常在水泥路面板上罩面沥青进行"白改黑"改造，将路面板最初工作位置由行车路面下调至路面基层，因此水泥路面板原有的使用功能也随之改变，其耐磨、抗滑、防水的功能交由沥青层承担[31]。例如长春市净月大街，原来是长青公路的一段，该路 1988 年竣工，原始结构是水泥混凝路面，在使用 20 年之后改造成水泥路面白改黑结构，至今使用寿命已经达到 35 年，仍然在继续服役。见图 1.2-12。这种水泥路面白改黑结构的使用状态与装配式基层沥青路面有许多相似之处，所以，水泥路面的高承载能力、强抗雨水冲刷、优秀的板体性得到继承，而接缝处理、传荷方式、开裂修补等很多技术措施也值得参考借鉴。

(a) 水泥路面白改黑

(b) 路面取芯件

(c) 沥青层厚度

图 1.2-12　长春市净月大街水泥路面白改黑结构

装配式路面集成了水泥路面服役寿命长和装配式结构质量可靠性高及抢修工期短的优点，再使用沥青罩面又获得行车噪声小的性能。而有着悠久历史的砌块路面，原本有着制造简单、施工便捷、造价较低的巨大优势，却因技术没有跟上交通工具快速发展的步伐，其使用范围至今仍停留在步道或低等级路面，与其荣耀的历史和巨大的产业规模极不匹配。目前，全国混凝土砌块（砖）企业大约有 15000 家，如果采用创新的技术方案解决砌块接缝传荷能力，使之能够在路面基层应用，既能继续发挥砌块的优势为道路建设服务，又能借助开发新产品激活产业资源促进混凝土制品行业创新发展，是道路工程与砌块行业共同面临的难题和机遇。

1.3　装配式基层

利用板块装配的路面基层，关键在于选用何种材料及结构解决块与块之间的连接，从而保证垂直荷载应力的传递。在探索过程中，焊接、绑扎、螺栓固定、传力杆、胶粘、单侧企口等结构由于安装效率、装配工艺、造价、板体性及可靠性等多方面原因逐一被淘汰。之后把研究重点转向日常使用的榫卯。木箱子的榫卯虽然结构简单，但是并不适合道路使用；鲁班锁等工艺品结构又过于复杂，榫卯在基层应用的研究很久都没有理出清晰的思路。

2012 年 5 月工程师郭高偶然查到"银锭扣"[32]的信息，便立刻赶往北京琉璃河大桥考察银锭扣，又到首都图书馆查找资料。通过调查了解到银锭扣在我国古代桥梁及木结构建筑中广泛使用，北京的卢沟桥、河北的赵州桥都是使用银锭扣将大块石固定的典型案例，北京琉璃河大桥见图 1.3-1。银锭扣早在汉代就有应用，刘邦（汉景帝）为修建阳陵方便，开挖漕渡运输材料，又要保持两岸交通因此修建阳陵渭河桥。唐朝开元九年，重新修建此桥并改名东魏桥，东魏桥桥面宽阔，相当于现在的双向 6 车道。由于年代久远，原桥已坍塌损坏，只有银锭扣等少量料材遗存保留在陕西省西安市高陵区博物馆。

(a) 大桥侧面　　　　　　　　(b) 桥面　　　　　　　　(c) 银锭扣

图 1.3-1　北京琉璃河大桥

令人惊叹的是《清明上河图》绘制的汴水虹桥的桥台也绘有银锭扣。银锭扣属于连接紧固件，是以小端面相接的双燕尾榫结构，使用方法是将银锭扣两端的燕尾榫分别嵌入接缝两侧石料的卯槽内，限制石料分离和横向错动，因形似银锭，故称之为"银锭扣"[33]。

不同应用场所使用的银锭扣的尺寸、材料及安装方式都有差异，如图 1.3-2 所示。桥面铺装使用的银锭扣在石料顶面呈水平安装，银锭扣利用燕尾榫的斜面嵌挤作用固定接缝两侧的石料，工作在受拉应力状态；在拱桥拱圈使用的银锭扣呈侧立状，沿着弧形拱圈布置，由于拱圈主要承受压应力，此位置的银锭扣的作用是预防石料横向错位，银锭扣主要工作在受剪切状态。

(a) 东渭桥的铁铆板　　　　(b) 北京琉璃河大桥的银锭扣　　　　(c) 赵州桥

图 1.3-2　银锭扣

注：(a) 长安东渭桥初建于三国时期，唐代重建。使用的铁铆板，又名铁栓板，可能是银锭扣最初的名称；(b) 北京琉璃河大桥使用的银锭扣，距今 740 年，可见铸铁银锭扣与石料卯槽之间嵌有铁楔子；(c) 赵州桥始建于 1400 年前。

装配式基层结构最首要的是给予块体垂直方向的约束能力，因此，需借鉴传统银锭扣斜面嵌挤和轴向受力的特点，工程师郭高在 2012 年 12 月 22 日通过制作萝卜模型，将原始银锭扣的结构改造成具备三向嵌挤[34]功能的新型银锭扣，见图 1.3-3。

 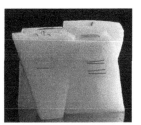

(a) 模型材料及初稿　　　　　　　　(b) 四块模型

图 1.3-3　新银锭扣的萝卜模型

以三向嵌挤块体装配和接缝使用砂浆填缝及四周混凝土封边发明装配式路面基层,并申报专利[35],这是国内外道路行业首次提出将混凝土预制块运用到基层结构。路面结构见图 1.3-4。

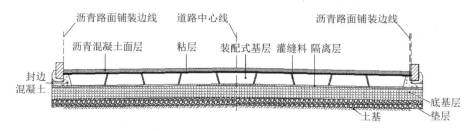

图 1.3-4　装配式基层沥青路面结构图

装配式路面基层的创新是全方位的,首先改变的是在我国广泛使用的半刚性基层的成型工艺,装配式基层在摒弃现场摊铺碾压成型方法的同时还将传统半刚性基层施工过程中造成的材料变异性及质量对气候敏感的弊端也随之抛弃,不仅如此,装配式基层的装配材料也由半成品的松散状混合料改变为预制件成品,因此在基层结构及成型工艺方面装配式基层都是全新的。然而,正是由于创新度高,不仅在理论方面需要追寻结构属性原型,研究装配式基层块体间荷载传递方法和结构特点,而在施工方面关于块体结构细节、制造工艺、装配方法的探索与实践也要从零开始。研究路线图谱见图 1.3-5。

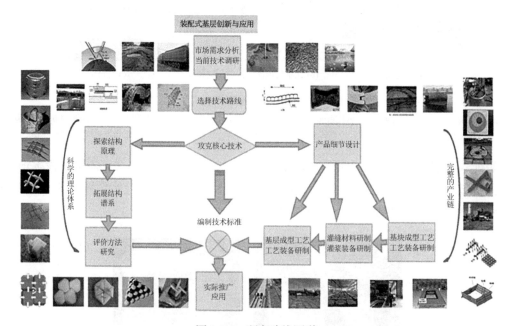

图 1.3-5　研究路线图谱

注：装配式路面基层成套技术科研项目于 2013 年立项,2015 年完成科技成果鉴定。主要结论：填补装配式基层国际国内空白,验证了嵌挤混凝土预制块路面基层的板体性,应用前景广阔,项目总体达到国际先进水平；获授权发明专利、实用新型、外观设计、商标共 50 项；构建完整产业链,实际铺装基层面积超 200 万 m^2,应用范围包含主、次干路及快速路道路工程。编写《沥青路面装配式基层技术规程》T/CECS 769—2020、《沥青路面用装配式基层混凝土基块》T/CUA 03—2021。

应用型创新的过程首先是开展大量的工程实践,这是装配式基层实践与理论的双创新,科研团队从开始构思装配式基层之初,就按系统工程学思想在科学体系、设计体系和建造体系三个方面开展工作,走上长达十年的创新之路,主要成果如下:

1. 创新思维与设计体系

面向产业化的创新项目研发,需要完成很多基础性的原创性的工作。有想法是最重要的,想法是创新工作的种子,即提出假设、研制模型、验证猜想。累计千余页的科研手稿,思路逐渐从模糊到清晰,由零散到系统。随后利用各种简便材料制作模型,验证最初的猜想。再经过更加精确、规范的试验,直到研制出产品,科研过程包括全流程各个生产环节的技术及装备的开发,最终构建系统的技术研究和成套齐全的工艺装备研制。主要科研工作如图1.3-6所示。

(a) 科研手稿

(b) 原理探索

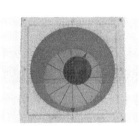
(c) 模型制作

(d) 材料试验

(e) 数据采集

(f) 方案讨论

(g) 混凝土琼结构试验

(h) 路面沉降观测

(i) 出版技术标准

(j) 灌浆车原始样机

(k) 螃蟹式装配车

(l) 新型砖机研制

图1.3-6 主要科研工作

2. 工程实践与产业化建设

2013年4月长春市建委组织召开长春市在市政工程设计、建设及维护管理过程中的重点、难点问题研究课题的立项审查会，其中长春市政院申报的《预制装配式道路基层暨产业化研究》科研项目获得批准。该科研项目由三向嵌挤块体发明人郭高担任负责人，他带领总工办、道路、桥梁、排水、化验室、经济、测绘、办公室等多部门专业人员组成科研团队积极开展工作。他们都是根据工作需要临时从各个部门选出的，科研人员一边做设计、一边搞科研，在工作中发挥出极大的热情和效率，当年即完成块体尺寸拟定、路面结构组合设计及计算、材料配合比试验、预制块产品设计及制造、铺装及灌浆工艺研究，并在飞跃中路分别取三种不同嵌挤度基块铺装试验、基块采用浇筑成型、汽车起重机配合人工铺装、现场搅拌砂浆、人工灌浆方法成型，各试验区段弯沉值均小于对比路段，优选出1/4嵌挤度为产品基块的最佳参数。

2014年，该项目列入长春市科技局《重大技术攻关项目》计划，采取产学研联合的模式，由哈尔滨工业大学交通学院承担路面结构力学分析、吉林大学交通学院承担耐久性砂浆研制。有多家混凝土制品企业参与基块及混凝土琮和灌缝料的生产并在世纪大街开展试验段的施工及检测，次年该项目通过验收。

2015年，完成文化街、百汇街试验路铺装施工、编写装配式道路基层技术规程[36]、完成科技成果鉴定，主要结论：首次开展装配式基层的研究与试验，该技术填补国际国内基层结构空白，嵌挤装配结构具有整体性，能够满足道路工程使用及施工需要；可以利用建筑垃圾；成套技术整体达到国际先进水平[37]。2016年参加长春市职工优秀创新成果展；2017年参加住房和城乡建设部组织的《装配式建筑推广项目应用示范区项目》并按期验收。

多年来相继完成长春市天波路、百汇街、海口路、柳州街、长沙路、曲靖路、同康路、民丰大街、和顺三条等支路及区间路装配式基层施工；完成菜市北街、浦东路、公平路、九台路、大连路、育民路等次干路装配式基层施工；完成北凯旋路、北人民大街、西安桥引道、双阳区北出口段等主干路装配式基层施工，其中2023年完成长春市世纪广场快速路系统的世纪大街段、净月大街段、新城大街段、卫星路段及开运街等道路工程装配式基层施工；2024年正在进行长春市南四环快速路改扩建、东南湖大路延长线，景阳大路翻建、人民大街南延长线、繁荣北街、平泉路等道路装配式基层施工。统计至2024年底，累计完成百余条道路装配式基层施工，总铺装面积达235万 m^2，其中世纪大街快速路铺装面积为45万 m^2，南四环快速路铺装面积达60万 m^2；还完成吉林市新生街、磐石市振兴大道、沈阳市南北快速通道吾爱市场门前路段、陵园街路段装配式基层施工。工程范围从支路、主次干道至快速路，覆盖各等级市政道路。在重点工程、抢修工程建设中显示出建设工期短、结构强度高、施工气候范围宽的特点，极大地满足道路工程建设实际需要。

该项目从立项开始十分注重产业化建设，在基块制造、铺装、灌浆、夹具模具、砖机研制方面积极开展创新技术研究：2016年吉林省昌固（现改为合固）水泥制品厂开展基块浇筑成型（湿法成型）批量生产、基块快速铺装及高效灌浆工艺的研究与应用；2017年长春九台玛莎砖厂使用进口砖机首次开展基块压制成型（干法成型）工艺制作基块；2023年由城投集团牵头与市政设计院、润德预制厂三家国企联合成立专门生产基块的股份制企业，并首次使用国产砖机实现基块干法成型的批量生产。多家企业通力合作，历经多年实践使产业链逐渐完善，能够为基块制造、铺装及灌浆作业提供完善的工艺及装备，满足新技术推广应用的需要。参与产业合作的协会和企业如图1.3-7所示。

(a) 行业合作团队

(b) 与砌块协会技术交流

(c) 昌固厂（合固）检测基块

(d) 长春城投再生资源厂（群峰砖机）

(e) 亚泰润德厂

(f) 长春九台玛莎厂（湿法线）

(g) 长春九台玛莎厂（干法线）

(h) 沈阳玛莎厂（干法线）

(i) 在研新型砖机

图1.3-7 参与产业合作的协会和企业

3. 科学体系探索

装配式基层是经中国古代榫卯变形获得的具有三向嵌挤功能的块体装配的平面，与传统砌块[38]的显著区别是砌块侧面均为垂直面，而用于装配式基层的块体，四个侧面均为斜面，其装配平面能够限制组合体中单个块体沿着X、Y、Z轴的移动及转动，具有三向嵌挤稳定功能[34]，从而为装配式基层板体稳定性及原理的探索奠定结构基础；砂浆的性能同样对装配式基层的整体性影响较大，2017年，马建生[39]针对新型的装配式道路基层结构，研制出填缝所用的自流平水泥基砂浆材料,并对其力学、耐久性和疲劳性能进行了试验研究。

由于装配式基层结构是一种新型的道路基层结构,所以国内外还未有相关的理论设计方法。目前,研究人员多采用有限元分析法对装配式基层结构进行理论分析;2013年,王景鹏[40]利用有限元分析软件分析了装配式基层结构中砂浆和基块在实际车辆荷载作用下的具体受力形式,获得装配式基层沥青路面结构中混凝土基块产品尺寸;2016年,姚涛[41]基于有限元的思想,对装配式路面基层的预制基块本身进行力学分析,建立混凝土单板受力分析模型,确定关键参数,研究单个预制基块自身在标准轴重下的应力应变特性;2019年,蒋帅[42]通过三维有限元分析方法,分析了装配式基层弹性模量、基层厚度、荷载大小、土基回弹模量和层间接触条件等对装配式基层接缝底部荷载应力的影响;2020年,郭梓烁[43]利用ABAQUS软件,以保障基层结构整体性及预防反射裂缝为优化目标选定影响因素及控制指标,建立不同工况下装配式基层模型,通过极差分析及方差分析进行影响因素显著性判断,最终确定基块最大剪应力及砂浆最大主应力作为装配式基层结构优化设计的主要控制指标,并给出了最佳结构设计方案;2021年,郭高通过对竹篾编织与中国编木拱桥结构继承关系的研究发明编木穹顶,并通过搭接结构和长度的转变,证明三向嵌挤块体可以由双燕尾榫变形获得,其结构原理属于编织类型,并将具有三向嵌挤结构的块体命名为编块[45],继而推演出具有相同结构的一系列块体组成的编块家族,为利用嵌挤关系构建稳定结构的装配式基层奠定理论基础。

市政设计院科研团队十分重视技术体系的建设,2015年编写《预制装配式道路基层工程技术规程》DB22/JT135—2015,这是国内外道路行业第一部关于装配式基层的标准;2018年根据实际应用情况对该规程进行适应性修编,发布吉林省地方标《装配式路面基层工程技术标准》DB22/T 5006—2018、图集《装配式路面基层构造》吉J2018—041;参编黑龙江省地方标准《黑龙江省市政通用混凝土预制件装配式路面基层工程技术导则》HLJ-LMJCGCDZ—2018;2021年,编写《沥青路面装配式基层技术规程》T/CECS 769—2020(团标)、《沥青路面用装配式基层混凝土基块》T/CUA 03—2021(团标)。

从2013年至今,装配式基层已经形成完整知识产权体系,累计获授权发明专利9项、实用新型及外观设计专利50余项,获"编块"商标一项;发表专题论文25篇、专著1部;成套技术覆盖设计、制造、施工全产业链;获第四届国际创新创业博览会优秀创新成果奖;《混凝土琼》获第21届中国专利优秀奖;2023年12月完成的《沥青路面装配式基层的力学响应分析和设计方法研究》科技成果鉴定;2024年8月完成《三向嵌挤块体装配面结构类型及编块系列研究》科技成果鉴定,实现装配式基层研究从铺装工艺及结构分析到原理论证的飞跃。

装配式基层的科研过程,从立项开始就十分重视工程技术和结构理论方面的研究,得到吉林大学、哈尔滨工业大学、吉林省工程质量监督站、造价处、建委及建管中心等部门的大力支持。该项目培养多名硕士、博士研究生,发表多篇有国际影响力的高质量论文、标准,获得多项有国际水平的科研成果。合作的大学科研团队如图1.3-8。

(a) 吉林大学团队在做砂浆测试

(b) 哈尔滨工业大学团队在测试传感器

(c) 定额站在现场采证

(d) 在哈尔滨工业大学讨论

(e) 专家在现场指导

(f) 质量监督

图 1.3-8　合作的大学科研团队

1.4　装配式道路的优势

高速公路水泥混凝土路面白改黑结构传统上也称为刚柔复合式路面[14][16]。装配式基层沥青路面是通过工厂预制成型的混凝土块，现场拼接后罩面，是装配式建筑在道路领域的延伸，可用于机场道路抢修、军用快速道路建设、矿产开采的钻前道路建设。具有以下优势：

1）工厂预制成型：预制结构使传统路面基层结构修建及养护模式发生改变，能解决道路基层结构强度增长缓慢而同时要求施工结束后快速通车这一主要矛盾。装配式基层结构成型是在预制场，在需要安装的路段按照要求分别安装，装配式路面建造速度也更快。

2）减小环境影响：与传统现场拌和修复方式相比，预制混凝土材料的拌制、成型均可在室内进行，其污染源可控；装配式基层施工在现场不会产生废渣、废水，是一种更环保的施工方法；预制拼装快速建造的现场施工受极端气候影响较小，如高低温、大风、小雨天气等，路面施工不再受制于天气因素。

3）提高交通安全：由于装配式基层技术将混凝土块的浇筑、养护等工艺均放置在工厂完成，现场只进行吊装及接缝处理，现场施工占地面积小，且修复、养护时间短，对交通影响小，可大大提高交通安全性。

4）保证建造质量：混凝土预制件质量保障率高，制作过程不受气候影响，即使在寒冷地区，只要采取蒸汽养生措施便可全年进行高质量的预制生产；在基层成型阶段，预制块铺装及灌浆受气候影响小，大量实际案例证明，在初冬有正负交替气温阶段能照常施工。

5）延长使用寿命：混凝土预制件不仅强度高于采用摊铺碾压工艺成型的基层，而且在服役阶段更是具有抵抗冻融循环的能力，因此使用寿命长，一般长达 30~50 年，甚至有 100 年的案例；预制混凝土基层类似水泥混凝土路面，可维护性强，能通过多次注浆补强的方法延长路面使用寿命。

6）材料循环利用：由于预制块强度高，在使用过程中破损率较低，板块自身的重复利用率更高，经济价值显著。

7）降低维护成本：装配式基层其所用材料为传统的硅酸盐水泥，与其他快速建造所用各种早强水泥相比，价格更低；与水泥路面相似，装配式基层能通过注浆修复裂缝，并对路面底基层进行补强，从而延长使用寿命；使用寿命的延长能摊薄路面全寿命建设及维护成本，使路面全寿命周期内每年每平方米的均摊费用降低。

8）利用建筑垃圾：预制块可作为回收材料能循环利用。预制混凝土件水泥含量高、富浆条件能有效包裹骨料，因此可按一定配合比掺加建筑垃圾；路面基层的使用条件不受阳光照射、暴雨冲刷、车轮磨损的影响，更适合收纳建筑垃圾。

9）促进低碳环保：根据我国资源禀赋特点，道路建设普遍使用碎石。采用摊铺碾压工艺成型的基层使用寿命短，普遍低于 15 年的设计寿命。导致路面频繁翻建，消耗大量碎石，使一次性资源存量锐减。而开采、破碎、筛分等加工过程也消耗大量能源，既不低碳也不环保。

装配式技术是目前道路基层建设及养护作业用时最短，对道路交通影响最小的一项实用技术，具有广泛应用前景，对装配式基层进行研究，可以获得良好的经济效益、社会效益与环境效益。

2

装配式基层结构的诞生

正如钱学森所言：洞察力是成功解决问题的关键，洞察即是透过现象看本质。犹如相同的景物每个人观察的角度不同，距离不同，季节变换，所看到的景色亦不同。世界万物耐心地等候着从不同角度去欣赏她的人们，即便是普通的碎石、榫卯、竹筐，仔细观察都会有新的发现，世间万物都是有联系的，它山之石可以攻玉，《装配式路面基层的诞生》[45]即得益于对事物的仔细观察和独立思考。

2.1 碎石与杠杆

1. 砟石与砌块

物体受冲击荷载作用产生振动是基本概念。在工程上同类材料在相似条件下具有相同或近似的属性，例如铁路轨枕下铺垫的砟石，其作用一是分散压力，承受轨枕和车辆传递的几百吨重量；二是减振，早期的钢轨长度较短，其中短轨道每节长度为25m，轨道各节之间留有间隙，火车行驶时车轮快速压过铁轨接缝造成的振动很大。道砟采用新开采的碎石，碎石外形不规则、有各种棱角，碎石之间并不完全贴合，列车通过时，压力释放到整个道砟层上，碎石受振动影响产生应变，空间姿态发生频繁的变化，碎石之间出现相互挤压、撬动和摩擦，碎石的表现不仅可以分散列车的巨大压力，还能通过碎石之间的轻微变形使道砟层像弹簧一样地收缩和拉伸。铁路基础的砟石见图2.1-1。

图 2.1-1　铁路基础的砟石

铁路道砟的材料为玄武岩或花岗岩，砟石是离散颗粒，具有非规则的几何形态，通常与颗粒的粒径、排列方式、粗糙度、破碎过程有关。砟石的力学行为可以通过建立颗粒物质球形单元和多面体单元运用闵可夫斯基和运算得到扩展多面体单元模型进行研究[46]。通过分析碎石受振动荷载时的工作状态或者可以解释其在基层的作用，例如汽车行驶在路面上同样会产生振动，路面结构以碎石为主要材料。最早道路基层采用碎石基层，后来使用碎石含量高达80%~95%的半刚性基层，其中的碎石会有怎样的表现，为便于讨论先以外形规则的砌块作为参照物，将砌块路面的工作状态仔细观察一番。

砌块路面[47]是最早使用人造块体铺装的路面，通过对砌块路面工作状态的观察，可以更好地理解块体的传荷方式和平面铺装的特点。预制块铺面使用性能试验，结果表明接缝特性对于预制块路面的使用性能起着非常关键的作用。已有研究表明：混凝土预制块路面在荷载作用下表现出明显的拱效应，即在竖向荷载作用下，块体与块体相互产生水平向的推力，这种水平向推力是通过接缝砂的嵌挤作用传递。在荷载作用下，路面结构发生变形，为了适应这种变形，块体必然会发生一个细小的位移，在某个块体位移作用下与之相邻的块体必然受到挤压，使得块体间的这种推挤力得以保存下来，形成稳定的拱效应使预制块路面能够形成整体并扩散荷载。

由于开始垫层砂未充分压实，接缝也未填充密实，使得块体还存在一定的位移空间，拱效应在路面使用初期并不是十分强。随着荷载的反复作用，砂垫层被逐渐压实，接缝间隙也逐渐减小，块体的位置也逐渐调整完成，此时在荷载作用下，块体的细小位移就会产生极大的水平推力，从而形成较强的拱效应。随着荷载作用次数的增加，下承层出现开裂，随着接缝砂的流失，导致块体间传递水平推力的作用减弱，此时块体必须发生一个较大的位移才可以传递一定的水平力，也就是说拱效应在减弱。而拱效应的产生及作用的强弱则主要取决于接缝的剪切特性。由于块体都是预制的，所以侧面一般较为光滑，且为垂直面，所以，抗剪强度是由接缝两侧的摩擦力所提供并与填缝砂的性质关系密切。要产生摩擦力需要具备两个基本条件，一是正压力，二是相对位移趋势；前者由拱效应提供，后者也已经存在，因为在竖向荷载的作用下，接缝两侧必然具有相对位移的趋势[47]。即砌块路面建成通车后，在车辆荷载的反复作用下，块体的细小位移和邻近块体的约束作用形成拱效应，拱效应呈现由弱到强再到弱的一个变化趋势。

为研究砌块路面的工作过程，取砌块路面连续三个砌块的演示模型，描述行驶的车轮从图中右侧进入路面，按顺序碾压A、B、C三个砌块的工作过程。图中方框代表砌块受力产生的微小转动；实心箭头是受荷砌块在转动过程呈现的杠杆作用对邻近砌块的撬动；空心箭头是次级受荷砌块所受应力产生的杠杆作用对邻近砌块或砂垫层及接缝填缝砂的作用力。为简单清晰地演示砌块路面的工作状况，分别以荷载作用在不同位置对砌块的影响做解释。砌块路面工作过程见图2.1-2。

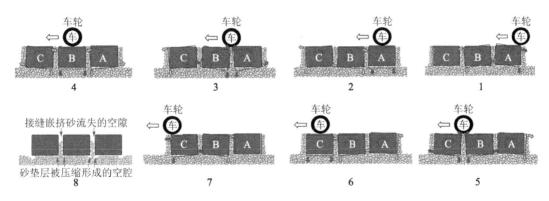

图 2.1-2　砌块路面工作过程

按车轮进入砌块路面的顺序，如图 2.1-2 所示，当车轮压在 A 块接缝处，砌块受偏心荷载，此刻砌块受力状态类似杠杆，车轮作用点为施加动力的点，砌块底部砂垫层为支撑面，砌块底部另一侧的棱角为阻力点，由此构成杠杆结构的必要条件。

砌块一侧偏心受力使底部的砂垫层在集中应力作用下被局部压缩，出现下沉现象，砂垫层对砌块支撑的不均匀导致砌块产生顺时针转动力矩，转动的砌块 A 利用左下角对邻近相邻砌块 B 的右侧面施加作用力；对于砌块 B，其右下角所受外力也为偏心受力，使该砌块产生转动力矩，砌块出现杠杆作用以左下角为支撑点发生逆时针的微小转动，并利用左上角为杠杆端部施力点，将所受车轮压力传导给前方砌块 C 的右上角；砌块 C 右上角受力产生的转动趋势，被接缝填缝砂及砂垫层的阻尼作用限制，主要表现为顺车轮前方的推力。此时砌块 A 顺时针转动与砌块 B 逆时针转动，产生类似齿轮的对转现象。见图 2.1-3。

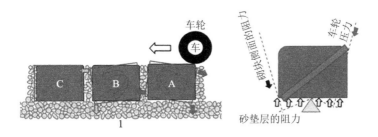

图 2.1-3　车轮压在 A 块顶面右上角

车轮继续前进，砌块 A 转动方向由顺时针转动变化为逆时针转动并在车轮到达砌块 A 正上方时，使砌块位于水平状态。此刻砌块底部均匀受压，使砂垫层出现下沉，而之前在砌块棱角处被压缩变形的垫层砂并不能恢复原状，因此出现空隙；砌块 A 的下沉使接缝处填缝砂受摩擦影响跟着下沉，从而在砌块 B 右侧施加下沉力，砌块 B 单侧受力，产生顺时针转动的趋势，转动的砌块 B，左下角对邻近的砌块 C 产生撬动作用，砌块 C 则以左下角为支撑点出现逆时针转动，砌块 B、C 产生类似齿轮咬合的对转现象，并对接缝填缝砂及砂垫层产生压应力。见图 2.1-4。

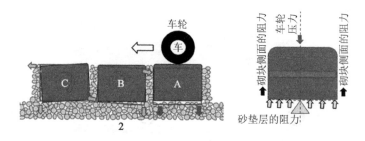

图 2.1-4　车轮压在 A 块顶面中间

当车轮压在砌块 A、B 接缝处，砌块 A 与砌块 B 受偏心荷载作用产生对转现象，而砌块 C 由于砌块 B 的撬动作用也出现对转现象，三个砌块的转动方向分别为 A 逆时针、B 顺时针、C 逆时针；砌块的转动对砌块 A、B 接缝处及砌块 C 左下角砂垫层产生压缩应力。见图 2.1-5。

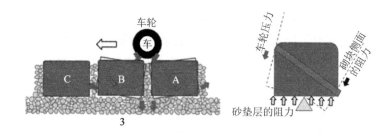

图 2.1-5　车轮压在 A、B 块接缝

车轮继续前进，砌块 B 由顺时针转动变化为逆时针转动，当车轮压在砌块 B 正中间，砌块 B 受力平衡处于水平状态，使砂垫层呈现均匀受压。砌块 B 的下沉使两侧接缝的填缝砂依靠摩擦力使砌块 A、C 单侧受力，跟随砌块 B 下沉并产生转动。见图 2.1-6。

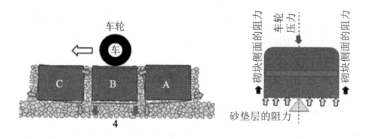

图 2.1-6　车轮压在 B 块中间

如图 2.1-7 所示，当车轮压在 B、C 块接缝处，砌块情况与车轮压在砌块 A、B 接缝相似，砌块均发生对转现象。三个砌块的转动方向分别为 A 顺时针、B 逆时针、C 顺时针；砌块的转动对砌块 B、C 接缝处及砌块 A 右下角砂垫层产生压应力。当车轮作用在砌块 C 中间及边缘位置，砌块受力及转动状态与图 2.1-4 有镜像关系，不赘述。

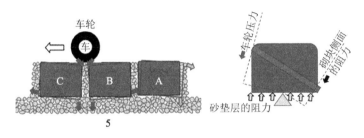

图 2.1-7　车轮压在 B、C 块接缝

砌块受到车轮荷载施加的力始终在上方，因此产生类似跷跷板的以水平轴为中线的往复摆动，受荷砌块的跷动使前后的砌块有如互相啮合的齿轮一样也发生转动。砌块以跷动方式传递应力，传递效率和受力的砌块数与填缝砂及垫层砂的密实度有关。

关于填缝砂，一方面是砌块受偏心荷载力矩作用发生转动，类似跷跷板砌块受力的一端下沉而另一端则上跷，对接缝处的填缝砂的密实度造成影响。受荷载砌块的前后都有砌块，各个砌块之间都有填缝砂，密实的填缝砂在砌块接缝处具有传递荷载的作用。填缝砂的填充越密实传荷效率越高，但是，填缝砂颗粒彼此之间粘合力弱，车轮行驶的振动和砌块杠杆反复跷动的扰动作用，使填缝砂出现松散，而填充密实度的降低又使传荷能力降低，因此填缝砂的松散使砌块传荷效率与动作的同步性降低，传递动作出现滞后现象。砌块之间利用填缝砂传递应力，当砌块路面的某一砌块发生转动，必然引起相邻砌块的受力状态发生改变，并因此形成相互搭接的杠杆之间的联锁撬动作用，砌块偏心受力和支撑面各处密实度的变异性或支撑强度不足是砌块出现杠杆作用的原因。

实际行驶的车轮与砌块之间并不是持续稳定的受力状态，而是不稳定的脉动冲击状态，车轮走过砌块先给砌块施加向前的推力，随后在离开时又给砌块施加向后的推力，使砌块与垫层砂之间反复出现静摩擦与滑动摩擦的转换，填缝砂受砌块频繁的前后推挤和杠杆撬动作用也逐渐松散，并在车轮裹挟和路面清扫及雨水冲刷多因素耦合作用下逐渐流失[47]，使砌块杠杆作用愈加明显。

另一方面是垫层砂局部密实度的变化对砌块的杠杆作用产生影响。垫层砂密实度越低，沉降越大，砌块的杠杆作用也越强。当车轮在砌块顶面行驶，施加在垫层砂的荷载作用点处于移动状态，如车轮荷载施加在砌块边缘，砌块处于偏心受力状态而发生偏转，该处的垫层砂受集中应力作用出现下沉。由于垫层砂不同位置所受压力不同，造成垫层各处的密实度产生差异及不同变形量，因此砌块接缝处砂垫层变形量比砌块中间更大，使原来铺设平整均匀的砂层变形，呈现出中间略微凸起的微型丘陵状。砂垫层如图 2.1-8 所示。

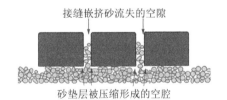

图 2.1-8　砂垫层

砂垫层的挤压变形使作为杠杆的砌块其支撑点位置也更加显著和明确。跷跷板结构遵守的是杠杆原理，有动力端，阻力端和支撑点。其中车轮作用在砌块的位置是动力端，砌块另一端即为阻力端，砂垫层是均匀分布的支撑面，其等效支撑点在砌块中心位置。当砂垫层局部出现空缺，砌块底部的支撑便不再均匀，砌块杠杆的支撑点也随之发生改变，并使杠杆的转动角度增加。即便车轮作用在砌块中心，如果砂垫层密实度出现变异，也将造成砌块力矩失去平衡而产生杠杆作用。通过红砖铺设的路面模型可观察砂垫层及填缝砂的变化。图 2.1-9（b）可见红砖接缝处的填缝砂被挤压变形与红砖的接触面出现缝隙；图 2.1-9（c）杠杆作用使红砖两端上下撬动导致下面的砂垫层被压缩，杠杆对垫层砂施加的力并不均匀，两端的应变大于中间，因此砂垫层呈现两端受挤压比较密实而中间有松散的微丘凸起样式。当红砖的杠杆作用停止，砂垫层没有板体性材料特有的弹性恢复现象，因此砂垫层并不能自行恢复到原有的状态，见图 2.1-9（d）。

(a) 砂垫层红砖铺砌路面

(b) 红砖跷动对填缝砂的挤压作用

(c) 砂垫层中心位置的微丘状变形

(d) 红砖端部砂垫层的压缩变形

图 2.1-9　红砖路面模型

杠杆作用在工程实际场景普遍应用是基本常识。各砌块经过车轮碾压，砌块两个底角位置的砂垫层受应力集中作用的影响形成局部下沉现象，而砌块下部砂垫层支撑作用的减弱或空缺，加之填缝砂的流失又使砌块的杠杆作用更加明显，最终使砌块松动，使路面平整度越来越差，车轮走过砌块时，砌块被顺序撬动，块体之间因磕碰而发出有节奏的"哐-当"声，是杠杆作用对砌块路面影响的结果。

车轮在砌块路面行驶的能量损耗方式有车轮与砌块表面的摩擦产生热、砌块发生转动消耗的能量、受加速度影响砌块与底部砂垫层及填缝砂颗粒彼此错动所消耗的能量、砌块发生磕碰声音的耗能，其中砂垫层的变形有减振作用，消耗能量也最大。联锁路面砖路面结构[19]是在砂垫层上铺装块体，并在接缝内填充填缝砂。不论路面砖平面样式如何变化，其侧面均为垂直面，荷载传递方式依靠路面砖受荷后所发生的微小转动与挤压使填缝砂颗粒传递应力给四周的路面砖，由于利用填缝砂构建的嵌挤结构可靠性差，因此应力传递方式不稳定，而砂垫层较低且并不稳定的密实度也是砌块路面弯沉数值较大的原因。

2. 碎石骨架与棋子

观察并非止步于对物体表面现象的描述与评价，而是更深入层次地探索与实践，其目的是从偶然中发现必然，进而从混沌中发现规则。组成半刚性基层的碎石与砌块路面的主要区别在于砌块路面是由统一尺寸的块体铺砌的单层平面，而半刚性基层中粒径较大的碎石称为粗集料，基层厚度为碎石粒径的数倍，在垂直方向碎石相互有重叠和错位，从而构建嵌挤骨架发挥支撑作用。粒径较小的碎石称为细集料，其功能主要是填充粗集料的空隙使骨架保持稳定。碎石的外形样式很多，不同的学者有不同的分类方法。碎石的原石类型不同，破碎方法不同，粒径不同其碎石外形也会有所区别。利用碎石外形发散的数据难以归纳出有限的嵌挤规律，因此，采取抓住主要矛盾以便从一般事物中寻找典型规律的策略，先按规则外形选择模型，然后分析碎石通过叠压形成嵌挤稳定的规则。比如以围棋棋子制作模型进行分析，见图 2.1-10。

(a) 三子底座

(b) 四子底座

(c) 五子底座

(d) 六子底座

图 2.1-10 棋子嵌挤叠压体

棋子除了能上下重叠的垂直码垛，还可以分层嵌挤式叠压。例如下层为三颗棋子环形分布成的三边形底座，其上层棋子的重心恰好落在三角形的形心。由于棋子均为相同规格尺寸，只要上层棋子直径大于底座棋子中心空隙的尺寸，即可落入底座中心的势能陷阱（凹坑），被三颗棋子支撑而处于稳定状态。在水平方向，上层棋子与底座棋子以侧面接触，给底座棋子水平推力和垂直压力，只要底座棋子与平面有足够的摩擦力而不发生水平位移，即可保持叠压体的稳定。底座棋子按 120°分布，其向心支撑作用恰好抵消水平分力，使上层棋子保持嵌挤稳定状态。从图 2.1-10（a）～图 2.1-10（c）可以看出，底座白子投影面积有被黑子覆盖的部分。底座与叠压棋子的组合高度大于单个棋子高度，在垂直方向形成嵌挤关系，在水平方向形成联锁结构。图 2.1-10（d）黑子与白子面积没有覆盖现象，黑子与白子都在同一个平面，高度均为单个棋子高度，因此没有垂直嵌挤关系。

底座棋子可以有三颗、四颗、五颗等环形组合方式，只要底座棋子环形空白处所围圆形小于棋子的直径，并且使棋子与桌面有足够的摩擦力即可构成叠压嵌挤稳定结构。底座棋子超过三颗，多余棋子便可提供支撑冗余，使结构稳定性增加。棋子叠压侧面图见图 2.1-11。

(a) 三子底座叠压　　　　　(b) 四子底座叠压　　　　　(c) 三子底座多层叠压

图 2.1-11　棋子叠压侧面图

归纳棋子叠压稳定条件：第一是棋子直径统一，底座有三颗及三颗以上棋子呈环形分布作为支撑；第二是上层棋子与底座环绕的棋子接触建立嵌挤关系；第三是底座棋子在水平方向保持位置稳定。当底座棋子仅有三颗支撑上层棋子时，结构稳定性没有冗余，从结构中抽出任意棋子，结构即崩塌。当底座超过三颗棋子时，所构建的棋子上下叠压嵌挤结构体，其稳定性增加，视冗余系数不同，抽出不相邻底座的某个棋子，结构体仍可保持稳定；第四是底座与相接触的上层棋子构成结构体稳定单元，多个结构体稳定单元按上下层棋子嵌挤叠压关系可以组成底面积和层数更大的结构体。对于三边、四边形底座的结构体叠压最大层数等于结构最下层单边棋子数减一。这种利用单件（棋子）上下层嵌挤叠压关系搭建的组合结构，能承担垂直荷载且底部必须有稳定的垂直及水平支撑，属于码垛类型。

组成基层的碎石若按此规则搭建嵌挤稳定关系，不仅要求每颗碎石外形及粒径高度一致、空间姿态符合设计要求，而且每颗碎石在基层中都有自己的确定位置。实际工程中，不论是混合料拌和过程，还是摊铺工艺都无法精确控制基层内每颗碎石的具体位置、空间姿态和相互关系，更何况还有 18%针片状碎石可能形成滑移或桥连状态，因此不能保证所有碎石都以多层碎石规则叠压形成嵌挤稳定关系。按钱学森系统工程学的观点：局部的混沌状态，是宏观有序状态的基础。即由于每颗碎石的实际位置及姿态具有概率性，因此基层内碎石嵌挤关系也具有概率性，碎石的骨架嵌挤概率是由合理的级配设计和充分均匀的混合料拌和及规范的摊铺工艺来实现的。

围棋棋子的外形及尺寸都是统一的，然而组成基层的碎石却没必要打磨成球形，所以模型还要向非球状块体逐步演变。例如探索矩形的红砖和条石模型的铺砌稳定规则。

（1）红砖墙。砖墙均采用上下层块体压缝垒砌方式，并在接缝抹灰。重力作用在砖墙顶部，砖块将荷载应力从块体两端输出到下层砖块。从上层到下层砖块，应力一分为二、上下叠压、分级传递。砌筑使用的砖块，具有平面长轴方向的一致性，这种单轴向叠压式杠杆结构常用于墙体砌筑，砌筑砂浆的作用是填充接缝并增大块体之间接触面积，厚度均匀的砂浆层使砖块石受力均匀并保持稳定。红砖砌筑及条石码垛见图 2.1-12。

 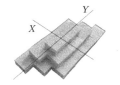

(a) 单轴向叠压骨架　　(b) 单轴向叠压横错缝骨架　　(c) 双轴向交叉叠压骨架

图 2.1-12　红砖砌筑及条石码垛

（2）条石码垛。条石可以有两种堆砌结构，一类是按各条石长度方向，上下层压缝叠压铺装。每块长条石都是杠杆，每根杠杆都将荷载分配到两端再由下层杠杆继续分配荷载，荷载分配继承砖块砌墙结构的"一分为二""上下叠压""分级传递"的特征。所有杠杆的轴向均为一个方向，能够建立平面单轴向的杠杆多层叠压稳定结构，该结构可视为多层的杠杆叠压结构；另一类是按隔层十字交叉铺装，即一层横排、一层竖排的方式码垛，可装配成四棱台。这类砌筑方法以红砖墙"一分为二""上下叠压""分级传递"的规则为基础，增加"十字交叉"的新规则，因此具备平面双轴向稳定结构。矩形条石的长度一般为宽度的数倍，能增加杠杆支撑的冗余性，使垒砌体稳定性更好。泉州洛阳桥的桥台，即是使用条石按各层横竖十字交叉、上下叠压垒砌而成，再加上有银锭扣的紧固因此能够历经数百年长期抵抗海潮的冲击保持稳定。洛阳桥的桥墩见图 2.1-13。

图 2.1-13　洛阳桥的桥墩

3. 码垛与杠杆效应

条石和砌块受偏心荷载作用会产生杠杆效应，尺寸更小的碎石也一样。碎石的杠杆效应可按对周边影响的范围及作用划分为宏观与微观两种，碎石杠杆的宏观效应是指碎石上下叠压的嵌挤骨架结构，是碎石杠杆的静态表现。碎石与砌块的区别在于外观尺寸大小及外形的变化，因此，受力状态下碎石的表现与砌块既有相似之处，也有明显区别。碎石是形成半刚性基层强度的核心，研究碎石的粒径与级配是重要的，然而还可以从另一个角度去观察，即针对碎石颗粒与周边材料嵌挤结构的形成和相互影响，以及在受力状态下的行为分析来解释碎石在基层的作用。

碎石杠杆的微观效应是动态的，指碎石尖角处应力变化及应变对相邻碎石或细集料引起的挤压、拉扯、剪切作用所造成的开裂或脱粒而导致的基层弹性模量衰减的现象。车轮荷载的冲击性（脉动），使碎石尖端的应力也出现波动性变化，类似在杠杆动力臂端部施加脉动压力，则在杠杆阻力臂端部产生频繁的撬动作用，由于车轮荷载的移动及位置的不确定，碎石尖端应变的方向也发生变化，在局部给细集料颗粒造成多向应力作用，最终，碎石尖端处的细集料随着应力疲劳次数的积累导致开裂。碎石杠杆的微观效应见图 2.1-14。

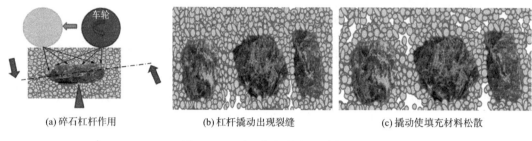

(a) 碎石杠杆作用　　　　(b) 杠杆撬动出现裂缝　　　　(c) 撬动使填充材料松散

图 2.1-14　碎石杠杆的微观效应

位于基层顶部附近的碎石，杠杆效应作用的结果是使碎石底部或侧面形成裂纹，而位于基层底部附近的碎石，由于受弯拉应力作用，填充碎石之间的细集料首先发生开裂并逐渐松散出现裂缝，发起于基层底部的裂缝使基层有效断面厚度降低，裂缝尖端应力更加集中，使裂缝由底部沿着碎石侧面逐渐向上发展，受车轮运动过程给基层带来的水平推挤作用，使侧面出现裂缝的碎石呈现出类似悬臂梁的左右摆动，从而进一步加速裂缝的扩展。而松动碎石的尖角则类似杠杆对周边细集料或邻近的碎石产生撬动作用，最终导致碎石周边细集料松散，碎石自身也从基层脱离下来。受冻融影响，半刚性基层的碎石周边逐渐发生松散现象，在使用多年的旧半刚性基层顶面再次摊铺半刚性基层补强的道路结构断面，可见新、旧基层表面状态有明显区别。见图 2.1-15。

图 2.1-15　受冻融影响的半刚性基层（下层）

实际道路工程的材料获取及摊铺工艺，既不能准确控制每颗碎石的外形，也不能控制每块碎石的空间姿态（长轴方向），更无法确定每块碎石之间上下叠压的相互位置关系，因此不能实现精确构建基于碎石的等力臂杠杆空间结构。在传统半刚性基层的设计阶段，很多参数的作用不是不清楚，而是不能进行全流程的有效控制，因此无法采用精确到碎石个体的结构设计，当前仅能在设计阶段通过规划合理的碎石粒径与级配提高碎石嵌挤的概率，进而控制碎石分布密度和嵌挤可靠性。

4. 碎石在基层的工作状态

填充碎石之间空隙的细集料的形态及密实度会影响基层的刚度，碎石周围填充的细集料和水泥浆的混合物与碎石之间密实度及强度相差很大，此差距越大基层抗压强度越低。比如二灰碎石低于水泥稳定碎石，水泥稳定碎石低于水泥混凝土。不仅如此，资料表明当针片状颗粒含量为20%时，其行车振动噪声要明显高于低针片状颗粒含量的路面，因此针片状颗粒含量过大，会降低混凝土强度，也同样会降低基层强度。

交通荷载是动荷载，是由行驶车轮引起的压力与振动。基层的振动频率与刚度有关，密实度越大，质量及刚度也越大，基层整体固有频率也越低。那些发生开裂而分离的碎石或碎石团块，由于体积比基层整体小得多，因此固有频率较高，使碎石的振动与基层整体的振动不同步便发生杠杆效应。松散碎石与基层整体之间的振动频率差、相位差使碎石尖角的接触点出现多方向的相对运动，对碎石周边的细集料造成拉裂、撕裂、扯裂，容易把周围其他碎石撬动而出现松散。

振动对碎石与细集料的影响主要有传导和吸收两种作用。碎石自身硬度高应变小，荷载振动的能量一部分被低密度填充材料的应变与塑性变形吸收，另一部分透过基层传导至下面各层。在基层内部，填充细集料的密实度会影响材料振动阻尼，车轮冲击荷载的振动使碎石骨架空隙中的细集料生产振动，假如颗粒之间的黏聚力较低，则振动能量被细集料众多的颗粒之间由振动引起的摩擦所消耗；另一方面，碎石周边填充细集料的密实度大，作用在碎石的振动能量大部分都会被传导出去，其吸收作用很弱。

碎石不但会跟随行驶的车轮一起发生振动，还会因碎石底部细集料密实度不均匀使局部支撑作用减弱，导致碎石在振动的同时还会发生小角度转动。车轮荷载给碎石带来的振动能压缩填充碎石间空隙的细集料，而小角度转动会造成集料支撑的均匀性变差，反过来又使碎石在振动产生的转角变大。车轮振动作用在碎石上方，不仅会引起填充集料密实度的变异，还使碎石顶面在行车方向两端的棱角由于转动造成对集料或相邻碎石的撬动作用，即振动引起碎石出现杠杆效应。由于车轮荷载是移动的，观察基层剖面，车轮从碎石的一侧逐渐接近，振动力由弱到强，车轮达到碎石顶部时振动力出现最大值，然后开始减弱，又逐渐远去，过程中受力作用点、角度和强度都变化，因此，振动对碎石的作用力并不固定在一点，而是按顺序经过碎石的整个上半部。如果碎石周围空隙填充的细集料密实度高，即便有车轮荷载的振动发生，碎石的振动也与基层频率相同或接近，频率差和振动的相位差减少，碎石（图2.1-16）与细集料接触处便不易出现开裂。

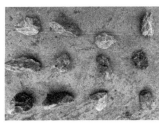  

(a) 碎石平面图　　　　　　(b) 碎石侧面图　　　　　　(c) 单个碎石

图 2.1-16　碎石

（1）碎石杠杆的形成

我国目前最常用的路面基层结构是半刚性基层，较大粒径的碎石利用嵌挤叠压构建骨架，细集料用于填充碎石骨架空隙及粘合碎石保持骨架的稳定。碎石宏观尺度一般为500～100mm，碎石有形貌特征的差异，可以用面积、周长、形距、形比来表达，也可以使用凸度、轴度、圆度、针度、片度、球度、形态因子等参数来描述。

碎石取材于岩石，岩石一般是由多种矿物掺杂的混合物，有节理特征。由于岩石成因及破碎方式或粒径不同，碎石可以有多种外形，见图2.1-17。

图 2.1-17　碎石外形分类

杠杆的特征是有三个受力点，分别为动力点、支点和阻力点。杠杆按支点位置不同可分为两类：第一类，杠杆的动力F和阻力W分别在支点 O 的两侧，当杠杆两端的力与力臂长度的乘积相等，则该杠杆为平衡杠杆，当杠杆两端受力点与中间支点的距离相等，称为等力臂杠杆；第二类，支点 O 在杠杆的一端，动力F与阻力W在杠杆的同一侧。碎石颗粒样式为非球体，粒径有长短轴之别，组成路面基层的碎石与周边碎石或填充材料接触，受车轮荷载和支撑力作用，使碎石上的力系符合杠杆结构条件，该碎石便可在偏心应力的作用下产生以支点为轴的旋转并使阻力点产生撬动作用。典型杠杆图见图2.1-18。

图 2.1-18　典型杠杆图

如果将半刚性基层结构中的碎石类比成杠杆，其中，碎石颗粒样式为非球体，表面由多个多边形的面围合而成，在各面结合处形成棱线及尖角，碎石表面三个相邻的尖角或棱线均可构成杠杆的三点受力结构关系。碎石杠杆的支点可以是碎石自身凸出的部位，也可以是与相邻碎石的接触点，不论该支点的位置在碎石的端部或中间，特点是支点位置明确、固定、接触刚度大；另一种杠杆形成的样式是碎石与周围的细集料接触，当细集料各处密实度不均匀，在密实度曲线变化处形成支点，特点是支点位置隐蔽、变化、接触刚度小。

为清晰观察碎石杠杆的形成与行为方式，将基层内的单个碎石分离出来放置在粗糙的瓷砖水平面，用于分析碎石受车轮荷载作用时的工作状态。碎石外形为非球体，碎石与瓷砖的接触由三个突出的点，或一条棱线和棱线外一个点组成三角形支撑面。为模拟外力对碎石的作用，在碎石顶面不同位置施加不同角度的压力，碎石杠杆图见图 2.1-19。

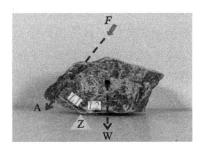

图 2.1-19　碎石杠杆图

图 2.1-20 为碎石杠杆受力图，如某点力 F 的作用线与瓷砖平面的交点 A 在支撑面三角区之内，该碎石即处于稳定状态；如果该点外力的作用线与瓷砖平面的交点 A 在支撑面三角区之外，则碎石以支撑面三角区的棱边 Z 为支点，使外力及碎石重力分别列在支点两侧，形成杠杆的三点结构关系；当外力产生的逆时针力矩大于碎石重力形成的顺时针力矩，则该碎石将以 Z 支点为轴发生转动，直到碎石的某棱角与瓷砖接触形成新的支撑面，并使交点 A 处于该支撑面范围，碎石才能重新建立稳定关系停止转动。

(a) A 点在支撑面外　　　　　(b) A 点在支撑面内　　　　　(c) A 点与重心重合

图 2.1-20　碎石杠杆受力图

为分析碎石顶部的外力作用要素对碎石所产生的效果，假设碎石与接触的刚性平面有足够摩擦系数不会发生滑动。在碎石顶部施加外力，按外力作用线分别通过碎石质心、虽偏离质心但仍位于支撑面内、偏离质心在底面积外三种情况进行分析：①外力垂直作用线通过碎石模型质心，不产生翻转力矩，碎石与接触面的压力增加，碎石保持稳定，见图 2.1-20

（a）；②外力作用线偏离碎石模型质心，但仍然处于支撑面积内，外力的水平分力小于摩擦力，垂直分力产生的力矩与重力同向，使碎石与接触面压力增加，仍然可以保持稳定性，见图 2.1-20（b）；③当外力作用线与瓷砖面的交点在碎石模型支撑面之外，外力作用线与碎石支撑点的垂直距离乘积不为零，将产生逆时针的翻转力矩，如果这个力矩大于支撑点与碎石重量产生的顺时针稳定力矩，则该碎石将发生翻转，即出现杠杆效应，见图 2.1-20（c）。

实际工程中，当碎石颗粒的下部与三个或三个以上的碎石接触时，便有了更多的接触点，三个接触点形成的凹坑，可使落于势能陷阱中的碎石处于嵌挤稳定状态，超过三个接触点，将增加碎石稳定的冗余性。碎石的多个支点由于不在同一个平面内，当受力方向改变，可构成多方向的杠杆关系。

实际工程中即使碎石外形如板砖一样四个侧面均为垂直面的六面体，当车轮压在铺有砂垫层的板砖一端，由于支撑面的密实度低，碎石顶面受到偏心荷载作用，此时板砖棱角处所受的压强大，使砂垫层局部应力集中因而发生沉降变形，板砖在产生整体下沉的同时还会出现受力的一端下沉而空载的另一端上撬的杠杆效应。碎石产生杠杆效应的条件与碎石外形、外力要素、接触面条件有关。

（2）碎石杠杆效应的作用

碎石的杠杆效应可按对周边影响的范围划分为微观与宏观两种，微观效应是动态的，指碎石尖角处应力变化及应变对相邻碎石或细集料引起的挤压、拉扯、剪切作用而造成开裂、脱粒，导致基层弹性模量衰减。车轮荷载的冲击性脉动波，使碎石尖端的应力也出现波动性变化，类似在杠杆动力臂端部施加脉动压力，则在杠杆阻力臂端部产生频繁的撬动作用，由于车轮荷载的移动及位置的不确定，碎石尖端应变的方向也发生变化，在局部给细集料颗粒造成多向应力作用。在基层平面轮迹附近的碎石，每当车轮走过一次，对于车轮迹外的碎石，碎石杠杆绕自身侧面转动约半周，把碎石周边的细集料和邻近碎石都分别撬动一遍。在垂直剖面，车轮走过，碎石杠杆也把下半部邻近的细集料或碎石撬动一遍。碎石杠杆不是一颗，往往有很多碎石相互撬动，最终，碎石尖端处的细集料随着应力疲劳次数的积累导致开裂，对基层将造成灾难性破坏。

当碎石表面与细集料的粘结因开裂而减弱，基层便出现局部的碎石脱粒或细集料松散现象。不论这种开裂或松散发生在碎石尖端的上部或下部，其结果都会降低碎石周围填充的细集料的密实度和均匀性，引起碎石应变和转动角度的增加，进而增加杠杆效应的作用。碎石被周围多方向杠杆的撬动，使接触点造成撕裂、拉结或扯裂，裂缝的扩展使碎石松动，随着碎石杠杆的数量和撬动作用影响范围逐渐增加，最终大部分碎石都发生松动，基层结构便完全失去原有的板体性，成为级配碎石甚至碎石层，其弹性模量也将从 1700 衰减到 300，承载能力也因此降低。并不是每块碎石都能出现杠杆微观效应，而是取决于碎石骨架嵌挤关系及周边细集料与水泥浆混合物的均匀性和强度。

碎石杠杆的宏观效应是指碎石上下层叠压的嵌挤骨架结构，是构建基层强度和板体性的基础，宏观效应是碎石杠杆的静态表现。与条石垒的桥墩或红砖墙不同，处于基层内的碎石不仅自身样式与尺寸不统一，而且其位置和姿态更难以得到控制，因此其宏观效应由概率决定。

5. 基层开裂与杠杆效应的关系

碎石的杠杆作用是在碎石底部的细集料出现裂缝之后才开始发挥作用的，即杠杆效应依赖于碎石支撑强度的弱化。

从基层取芯件可以观察出开裂规律及杠杆效应的作用。将取芯件按沥青层竖起来观察，裂缝多出现在顶部和底部及两层之间接缝处。由于基层受顶部荷载压力而呈向下的弯拉应力状态，使基层断面上半部分主要受压应力、下半部分主要受拉应力[48]。基层结构强度衰减过程的演变分为三个阶段：

第一阶段，碎石与细集料都处于弹性变形阶段。而碎石密实度远高于集料，因此应变小。细集料密实度低且不均匀，处于被挤压的状态。最初细集料的应变还在弹性变形区间，随着振动次数的累计，细集料产生疲劳，颗粒间粘附性降低，逐渐由弹性变形转向塑性变形。

第二阶段，细集料开始发生塑性变形，碎石出现杠杆效应阶段。由于填充碎石之间空隙的细集料的厚度及均匀性不同，碎石底部各位置细集料的弹性应变量也不尽相同，细集料密实度低的点位首先被压缩，由于各处的压缩量不同使碎石与细集料之间出现缝隙。这一阶段对于细集料是密实度均匀化的过程，但是对于碎石是支撑开始出现不均匀现象的过程。碎石由于底部细集料出现缝隙使支撑面不均匀，碎石在受到振动荷载作用，在缝隙处会出现微小的转动，该微小转动是以细集料密实度变化的突变点为支点的转动，碎石呈三点受力的典型杠杆工作状态。由于杠杆效应的影响，行车方向碎石俯视图投影的两端应变最大，对接触的细集料或邻近碎石产生撬动作用。撬动作用是双向的，即施撬碎石将被撬碎石撬动，或被撬碎石更加稳固，施撬碎石没有撬动别的碎石反而将自己撬得松动。碎石与细集料之间的裂缝绕碎石周边逐渐发展，细集料受碎石尖端集中撬动效应作用，由局部的弹性变形转变为塑性变形，局部被压垮或拉开而松散。基层取芯件侧面碎石周边出现的空洞，即为松散集料在取芯后由于松散材料的流失形成的空洞。基层出现损坏的主要部位有顶部、分层处和底部，半刚性基层的损坏发展过程见图 2.1-21。

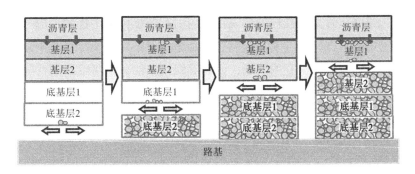

图 2.1-21 半刚性基层的损坏发展过程[10]

在基层上部，碎石及细集料承受比基层中部和底部更大的压剪应力，容易发生细集料被压缩变形的现象，随后便引起杠杆效应，因此加速裂缝的延展；在基层上下层接缝处，上下层刚度不同、应变大小不同，受荷载作用界面处粘结强度低且有缺陷，裂缝从此处出现并沿着缺陷方向发展，最终形成横向开裂，即上下基层间出现分离；在基层底部受拉应力作用，水泥稳定碎石使水泥基材料脆性大，抗拉强度低。受拉应力反复作用，首先在碎石两侧开始出现裂缝，使碎石处于悬臂状态，然后受车轮前推后挤作用，碎石产生杠杆效应由松动逐渐发展到松散脱落。

第三阶段，细集料彻底松散，碎石与周边集料分离。分离的碎石受周边细集料或相邻碎石的制约减弱，碎石杠杆在振动作用下的转动角度增大，方向多变，杠杆效应的作用也更加明显，集料也在碎石的反复碾压下更加松散。半刚性基层服役期间的病害发展过程见图 2.1-22。

(a) 底部出现裂缝

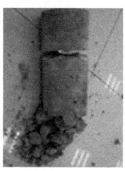
(b) 底部碎石松散

(c) 松散向上发展

(d) 基层全部松散

图 2.1-22　半刚性基层服役期间的病害发展过程

应力在碎石产生的杠杆作用是外因，基层密实度低，均匀性差是内因，外因通过内因而起作用。变化的应力是产生杠杆作用的必要条件，但不充分，只有在有缺陷存在的情况下，杠杆效应才能发挥作用。

在这些影响杠杆效应的因素中，荷载应力是不可避免的，是基层的工作模式；碎石粒径是材料承载能力对级配的要求；碎石周围细集料的填充密实度、均匀性和抗压强度才是约束杠杆效应的主要因素。碎石的杠杆效应在宏观与微观尺寸方面具有不同的作用。杠杆的宏观作用是构建嵌挤骨架，杠杆的微观作用会引起逆板体性的连锁反应。如何在道路基层结构中正确利用碎石杠杆的"宏观效应"增加结构稳定性，又尽量减少碎石杠杆"微观效应"的影响，是值得深入研究的问题，而对编织结构的分析将给出期待的答案。

2.2　新银锭扣及装配面

在我国悠久的历史文化中，众多璀璨的发明为维系人类生存和推动社会进步发挥着重要作用，其中榫卯是与百姓生活密切相关的工艺。早在新石器时代，我国先民们便用榫结构修房造屋，河姆渡遗址中发现榫卯有燕尾榫和企口等多种形式。《集韵》对"榫"有记载，"剡木入窍也"，俗谓之"榫头"，亦作"笋头"。"隼"可代指鸟。榫卯通常是在两个木构件接缝处使用的一种凹凸结合的连接方式，凸出部分叫榫（或榫头），凹进部分叫卯（或榫眼、榫槽），榫和卯咬合，起到连接作用。"榫"的制作有三个要点：榫头与卯槽尺寸准确、榫卯类型使用恰当、在多个方向保持稳固。榫卯是极为精巧的发明，中国古建筑以木构架为主要的结构方式，由立柱、横梁、顺檩等主要构件建造而成，各个构件之间的结点以榫卯相吻合，不仅使木结构更加稳固，而且允许产生一定的变形，构成富有弹性的框架，使之在地震时可以通过变形抵消一定的地震能量，减小结构的地震响应。山西省朔州市的应县木塔始建于辽清宁二年（公元1056年），至今依然巍峨矗立，堪称古代木结构建筑抗震科学领域研究的典范。

春秋时期（公元前770—公元前476年），我国开始使用铁器打造武器及农具，同时期石灰煅烧技术的发现与应用使榫卯工艺由木结构拓展到砌筑结构。赵州桥、卢沟桥、琉璃河大桥都是采用块石砌筑的石拱桥。河北赵县安济桥，现名为赵州桥，隋（公元581—618年）工匠李春所造，可称为中国工程界一绝。为使桥梁坚固耐用，在块石接缝使用糯米石灰浆勾缝，在拱圈条石之间及桥栏杆底座处用银锭扣固定。为了契合牢固，榫头一般会做成头大尾细的燕尾形状，称为燕尾榫。银锭扣是榫卯的一种，又名银锭榫，是两头大，中腰细的榫，犹如两只燕尾榫对接，又因其形状像银锭而得名。

银锭扣的固锁作用有两个，一个是利用榫卯斜面的嵌挤关系固定接缝两侧的拼板（石板或木板），使拼板不能松散分离，银锭扣受轴向的拉应力作用；另一个作用是类似企口结构的作用，防止拼板发生横向错动位移，保持拼板稳定，银锭扣受横向的剪应力作用。拱桥使用的银锭扣作为石料之间的连接件，利用其抗拉及抗剪性能建立石料之间的联锁稳定。

如何利用银锭扣连接紧固混凝土预制块作为路面基层使用，或许是见到银锭扣的人们都会想到的问题。然而，道路是扁平而窄长的曲面带状结构，车辆在路面行驶，要求基层能够承担垂直荷载，基层是路面主要承载结构，因此需在垂直方向建立稳定性。而骨架密实型是承载能力最佳的结构类型，使相邻预制块体之间构建可靠的骨架，具备在垂直方向的嵌锁紧固关系，是装配式路面基层结构研究的重点。镶银锭扣是一种键合做法，银锭扣安装在石料卯槽内，铸铁与石材都是刚性材料，难以压缩，因此不能采用在木质构件上直接挤压的方式安装榫卯，而是在银锭扣与石料卯槽之间留有窄间隙，并在间隙内嵌入薄铁楔子固定。如果利用银锭扣的抗剪能力，银锭扣就要像赵州桥的拱圈那样安装在桥梁侧面，使银锭扣横向受力。在道路基层侧面安装银锭扣连接固锁预制块使之承担垂直荷载，将遇到工艺、效率和经济方面的难题。首先，道路面积巨大，动辄以万平方米为建设单位，如块体面积为$1m^2$，为控制相邻块体在垂直方向的沉降差，需要在每个块体侧面的接缝处都安装一只银锭扣，如此既增加工艺复杂程度，又增加安装连接件的数量，还会极大地降低安装效率，提高制造成本。在古代可以用十年时间修筑一座桥梁，而当代在繁华的城市修路必须考虑工期对交通的影响；其次，将银锭扣立起来使用的场景是多层铺装，例如清明上河图中的桥台，将银锭扣竖立起来安装，用于固定上下各层石料，见图2.2-1。

(a) 山海关水长城银锭扣　　　(b)《清明上河图》桥台　　　(c) 雅典神庙石料接缝连接件

图 2.2-1　银锭扣不同安装位置图

最后从安装工艺考虑，一方面是道路基层使用的装配式结构，从铺装效率及造价考虑，单层较好；另一方面，由于路面是三维曲面，底基层的平整度与室内贴瓷砖的水泥地面没有可比性，即便如此，为避免因地面不平整使瓷砖翘动而发生断裂，瓦匠还要在瓷砖下做水泥砂垫层找平。预制块直接铺装在级配碎石或水泥稳定碎石底基层顶面，受摊铺工艺、材料配合比及离析的影响，底基层顶面的局部会有大粒径碎石凸出外露，使铺装的块体之间不可避免地出现高差或翘动。中国古代银锭扣在安装时一般使用铁楔子嵌入缝隙固定，见图 2.2-1（a），也有采用砂浆填充银锭扣与石料卯槽之间的缝隙。外国有在石料接缝镶嵌工字形铁件，并浇筑金属铅填充缝隙的工艺，见图 2.2-1（c）。如果参考砌块路面结构设置砂垫层找平，还会因变异性增大、路面弯沉值增大、接缝两侧块体的弯沉差超出规范要求而难以罩面作为基层使用。因此，既要单层铺装预制块，又不能使用砂垫层找平并避免经常性维护，传统银锭扣难以在道路基层结构使用。直接使用银锭扣用于路面基层，此路不通。必须与时俱进，从中华古典建筑中获取灵感，探寻破解银锭扣的密码，使之既具备垂直方向的嵌锁能力，又能方便快速地安装，还要节省造价。

1. 双燕尾榫的变换

装配式基层是借鉴银锭扣的创新，具体方法是将原始的参考结构以适当的方式拆分成较小的结构单元，然后通过改变这个单元的组合样式得到的新结构。既然银锭扣是两个燕尾榫的组合，可通过改变燕尾榫空间位置来改变结构组合样式，具体步骤如下：①竖立。将传统银锭扣立起来。使银锭扣中轴处于垂直状态，其上下燕尾榫的四个斜面呈现对称的垂直互锁关系。见图 2.2-2（a）；②扭转：上下燕尾榫绕中轴线（Y 轴）相互扭转呈 90°角，俯视图可见十字样，侧视图呈现倒梯形与矩形侧面及矩形侧面与正梯形组合的交叉分布，见图 2.2-2（b）、图 2.2-2（d）；③相贯：上下燕尾榫沿中轴线（Y 轴）相对移动，由两只燕尾榫的长度相贯成一只燕尾榫的长度。由于相贯关系，侧视投影图中矩形面与梯形面重叠，矩形面积包含在梯形面积内，侧视投影图只有正梯形与倒梯形，俯视图仍为十字样，见图 2.2-2（c）。

(a) 银锭扣竖立　　(b) 旋转交叉　　(c) 上下相贯　　(d) 俯视图

图 2.2-2　银锭扣双燕尾榫演变为新银锭扣的步骤

传统银锭扣经过竖立、扭转和相贯三个步骤改造，所得到的结构体称为新银锭扣。新银锭扣块体，一个侧面投影为正梯形，另一个侧面投影为倒梯形，俯视图顶面及底面均为矩形，且相互呈十字交叉样式。新银锭扣块体侧面既可看见燕尾隼，也能看到斜面，如图 2.2-2（c）所示。当把新银锭扣的燕尾隼四角利用延展斜面的方法进行填角处理，原有燕尾隼的平面便被斜面完全遮盖，燕尾隼平面与侧斜面融合成一个燕尾形斜面。见图 2.2-2（a）。新银锭扣的填角处理仅是完善工艺的措施，使块体外形更加简洁，也便于工程应用，其结构性能保持不变。新银锭扣俯视图投影的长与宽相等，为方便描述，填角处理的新银锭扣仍称为新银锭扣或简称为嵌挤块。新银锭扣顶面与底面都是平面，四个侧面都是由斜面组成的，约定从俯视图可以看见的斜面称为阳斜面，看不见的斜面称为阴斜面。新银锭扣块体是由上下矩形表面和四个梯形侧面构成的六面体。俯视图上下表面为平行的等大矩形，且相互呈 90°交叉布置；四个侧斜面均为等大的等腰梯形，且按阴阳斜面间隔排列构成（俯视图可视面为阳斜面，非可视面为阴斜面）。新银锭扣单块三视图见图 2.2-3。

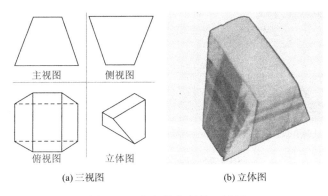

(a) 三视图　　　　　(b) 立体图

图 2.2-3　新银锭扣单块三视图

物体有 6 个自由度，分别是沿着三轴的移动和绕三轴的转动，只有当杠杆力矩不为零时，该物体才能发生绕轴转动；当外力的合力不平衡时，将发生沿着合力方向的移动。新银锭扣块体有四个斜面，分为两个输入端和输出端。外力作用在块体两侧的斜面，作用线交会于块体中心轴线。只要两个输入端和输出端外力的合力方向为同轴，且作用力大小相等，方向相反，该块体仍然可以既保持相互嵌挤关系，又处于稳定状态，新银锭扣结构的竖向互锁关系见图 2.2-4。新型银锭扣自身利用倾斜方向相反的侧斜面作为输入端和输出端，构成竖向互锁稳定结构关系，因此新型银锭扣装配面能够承受竖向荷载作用及冻胀对基层的不利影响，符合路面基层工作状态。

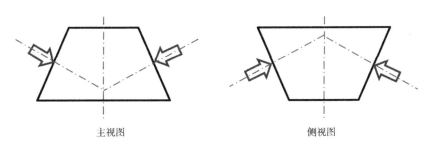

主视图　　　　　　　　　　　　　侧视图

图 2.2-4　新银锭扣结构的竖向互锁关系

原有银锭扣为水平安装方式，两只燕尾榫分别嵌入接缝两侧石料的卯槽内。银锭扣的表面由燕尾榫形平面、侧斜面及端面组成，其中银锭扣的燕尾形平面及两端面并不参与受力，受力面是燕尾榫的四个侧斜面，利用斜面与石料嵌挤稳定。新银锭扣的工作特点与传统银锭扣对比有两个主要区别：首先新银锭扣为垂直布设中轴（竖立），块体的六个面均为接触面并参与工作，其中顶面及底面首次成为承受荷载压力的主要工作面，四个侧斜面仍然利用嵌挤关系传递应力。结构特点是上下平面受荷、四个侧面传荷，竖向自锁、六面受力，新银锭扣块体装配平面见图 2.2-5；其次，古代桥梁由石料作为承载的主结构，用银锭扣作为连接件。新银锭扣不仅改变原有银锭扣的工作面和受力方式，还改变系统组成模式。由新银锭扣与新银锭扣以斜面贴合装配的平面，在此结构中新银锭扣不但是连接件，同时自身还是承担荷载的主体结构，即只使用新银锭扣一个构件即可实现平面装配（结构原理如此，实际工程在块体之间需要使用砂浆湿接）。

(a) 四联块轴侧图　　　　　(b) 四联块侧视图　　　　　(c) 四联块俯视图

图 2.2-5　新银锭扣四联块图

图 2.2-6 为新银锭扣填角块组合，将填角后的新银锭扣的侧面按阳斜面与阴斜面相互贴合排成横向一行，从侧面观察可见队列由正梯形块体与倒梯形块体交替组成。俯视图可见组成行的各个块体的矩形平面均以横竖交错排列，相邻的四块的中间有方形孔，相邻行块体之间呈齿轮啮合样，形成平面连锁稳定关系。

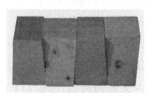   

(a) 单行排列　　　(b) 两行排列　　　(c) 三块组合图　　　(d) 四块组合图

图 2.2-6　新银锭扣填角块组合

2. 块体连接方式

常见结构其原理一般可划分为杆系、壳体、简支梁等典型结构或几类典型结构的组合。新银锭扣块体是由相等尺寸的上下矩形表面和相等尺寸的四个梯形侧面构成的六面体，其侧面具有与垂直轴对称的结构特征。新银锭扣块体燕尾榫的斜面受力状态，相对于自身可视为一根两端受力的杆件，将斜面受力按均布荷载等效为斜面中心的点，由于杆件端部受力方向与杆件轴线有偏角，外力在受力点分解为沿着轴线及横向的分力。将上下两只燕尾榫分别简化为两根杠杆，在银锭扣向新银锭扣的转变过程中，杠杆随着燕尾榫的扭转与相贯转换角度并平移，最终，两根杠杆呈十字交叉状，即将两只燕尾隼沿着中轴扭转、相贯成新银锭扣，新银锭扣的输入端与输出端可简化为两根上下叠压、十字交叉且固定在一起的杠杆，构成以交叉点作为相互支点的平衡杠杆结构。交叉杠杆结构示意图见图2.2-7。

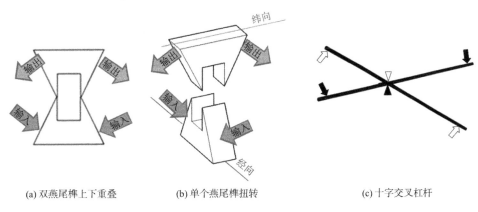

(a) 双燕尾榫上下重叠　　(b) 单个燕尾榫扭转　　(c) 十字交叉杠杆

图 2.2-7　交叉杠杆结构示意图

新银锭扣结构具有对称性，两杠杆受力方向与支点的垂直距离即为杠杆的力臂长度，因此，两杠杆是对称分布的等力臂杠杆。当杠杆端部在垂直面受力大小和方向与相交杠杆相反时，该交叉固定的两根杠杆组成的系统即处于平衡状态，见图 2.2-7（c）。传统银锭扣仅以斜面为受力面，且主要受轴向拉应力，新银锭扣不仅各个面都受力，且以受压应力为主要工作状态。

单个新银锭扣块体可简化为十字形交叉固定的杠杆结构，图 2.2-8 为十字形交叉固定的杠杆构建九宫格矩阵装配模型，用于验证其是否具有与新银锭扣相同的结构特征及荷载传递路径图。将多个十字交叉固定杠杆按端部搭接方式排成 3 行与 3 列的九宫格十字交叉固定杠杆矩阵，矩阵中的每个节点都是十字交叉固定杠杆，所有横向杠杆及竖向杠杆均为等力臂杠杆。观察九宫格平面，可见由矩形图案横竖交替排列组成的矩阵图案，在矩阵相邻行（列）之间的接缝处形成企口样凸凹交替的形状，在矩阵行与列交叉处的四个相邻矩形件之间有方形孔。

该杠杆矩阵中间的十字交叉固定杠杆（非边缘点），其"横"的端部受相邻十字杠杆约束，向下的位移被限制，其"竖"的端部受相邻十字杠杆端部的约束，向上的位移被限制，横与竖的叠压方向相互反向，使该点处于稳定状态，节点利用自身横竖交叉的杠杆结构，建立装配面的竖向互锁稳定关系，由十字交叉固定杠杆装配的平面结构属于面对称类型，即使将装配面翻转，结构也不发生改变。交叉杠杆编织中处于边缘的十字形交叉固定杠杆，只有一端与其他杠杆端部接触而受力，另一端为不受力的悬空状态，当平面受垂直荷载作用，该杠杆将因力矩不平衡发生扭转，从而使杠杆装配系统失去稳定。保持该杠杆装配平面结构稳定，还需要在边缘杠杆的悬空端增加约束，即设置边缘封闭固锁措施——封边。

(a) 正面图　　　　　　　　　　　(b) 背面图

图 2.2-8　交叉杠杆编织图

3. 荷载传递路径

装配块体之间在水平方向具备联锁关系，在垂直方向各块体之间具备互锁关系，既能避免块体出现沿着受力方向的滑移而松散，又能保持块体在垂直方向的稳定性。荷载在不同方向传递的路径也区别明显，具体分析如下：

（1）水平荷载传递：路面基层受车辆荷载作用，从基层角度分析，可将荷载分解为水平作用及垂直作用。当基层受水平力作用时，块体受水平力作用，见图 2.2-9（a）。将多个相同新银锭扣块体按相邻斜面贴合的原则组装在一起，各块体形成相互垂直的行与列矩阵图。从俯视图观察，相邻行或列，块体顶面以矩形横竖交错的齿轮啮合状，使块体的水平移动被限制。装配平面中任何单块受到沿着 X、Y 轴的水平力作用时，将产生移动趋势。新银锭扣块体不但将水平力传递给与其侧面紧密相连的基块，还通过块体之间相互的齿轮啮合作用使块体两侧 45°角方向范围内的单块参与受力，继而形成 1 个三角形受力区。该三角形受力区内受力基块数为 $S = n^2 - 1$（$n \geq 2$，且为整数）。这种力的传递形式使装配式基层组合体具备较好的抵抗水平移动能力及力的扩散特性，一定程度上提高了组合体结构共同受力的能力。受力分析见图 2.2-9（b），新银锭扣装配面水平受力荷载扩散见表 2.2-1。

该装配面的矩阵中任一单块的水平位移趋势，都会被受力影响三角区内块体阻挡，以多数块体的稳定抵抗单块的位移[34][45]。

　　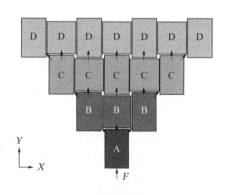

(a) 实物图　　　　　　　　　　　(b) 受力分析图

图 2.2-9　新银锭扣 5×5 无封边装配面水平受力图

新银锭扣装配面水平受力荷载扩散　　　　　　　　　　表 2.2-1

块体受力扩散级数	块编号	本级受力块数	累计受力块数
	A	1	1
一级	B	3	4
二级	C	5	9
三级	D	7	16
四级	E	9	25

（2）垂直荷载传递：在竖直的 Z 轴（垂直）方向，当其中某个单块受到垂直荷载作用时，由于每个块体都有两对阳斜面与阴斜面，因此任何单块在竖直方向的移动，都会受到相邻两个块体的限制，形成块体压着左右两个，同时也被前后两个块体压着的互锁结构，这两个块体又把压力分别向与之嵌挤的其他四个块体传递。约定压力通过斜面传递一次划分为一级，设 N 为平面中单块受压时，压力沿某路径传递的级数（单个方向途径的单块总数），竖向力在装配面内按"2^N"等比数列进行扩散传递，最后共同承担受力的基块总数为 $S = n^2$（$N \ni n$）。新银锭扣装配平面受到垂直力作用，应力经过分级传递，最终会扩散到装配面所有的块体。

使用新银锭扣按侧面阴斜面与阳斜面相互贴合的方式排列成 3×3 矩阵形的九宫格样式，见图 2.2-10，观察该矩阵平面，具有平面 X、Y 轴对称特点，因此，取出一个象限，按块体斜面贴合关系进行受力分析，当矩阵中间的(2,2)块体受到车轮荷载作用时，应力从阴斜面输出向相邻块体传递，相邻块体(2,3)以阳斜面接收应力，再转 90°，从两个阴斜面输出应力，呈"T"形。由于矩阵中所有块体均以斜面贴合方式装配，都由阳斜面与阴斜面输入和输出应力，且输入端与输出端在俯视图呈 90°交叉。约定应力在块体之间跨越接缝经历一次输出与输入即划分为一级，应力每经过一级传递，其方向都转换 90°，且由一个输入变为两个输出，因此应力将依各个块体的斜面逐次传递[45]。依此类推，在九宫格一个象限内，车轮荷载的压力从(2,2)块体出发，逐次通过→(2,3)、↓(3,3)、←(3,2)，最后回到↑(2,2)块体，经过四次传递，应力传递路径形成一个闭合的环形。矩阵第二象限块体应力传递路线图见图 2.2-11。

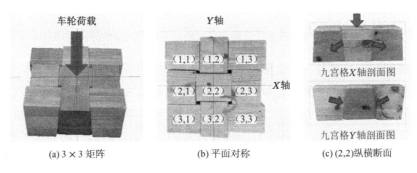

(a) 3×3 矩阵　　　　(b) 平面对称　　　　(c) (2,2)纵横断面

图 2.2-10　新银锭扣九宫格矩阵平面

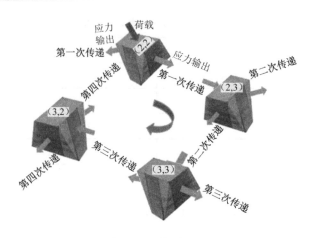

图 2.2-11 矩阵第二象限块体应力传递路线图

块体装配的九宫格，块体顶面矩形横竖交替分布，块体均由阴斜面输出应力（块体矩形顶面长度方向），块体结构在九宫格矩阵平面具有对称性及镜像关系。当车轮荷载作用在中心块体时，应力按"T"形分级传递路径，具有方向性和顺序性，因此荷载应力传递路径也具有与装配结构相同的对称及镜像关系。九宫格分为四个象限，四个象限的装配结构及应力传递路径均具有轴对称性及象限的镜像关系。短杠杆与新银锭扣九宫格矩阵应力逐级传递路径图见图 2.2-12。图中数字为应力传递级数，箭头为应力传递方向，圆弧箭头为应力绕方形孔传递的方向。

   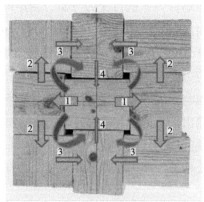

(a) 短杠杆组合　　　　　　　　　　　(b) 新银锭扣组合

图 2.2-12 短杠杆与新银锭扣九宫格矩阵应力逐级传递路径图

该块体榫卯结构外形及嵌挤装配特点能限制组合体中单块沿着 X、Y、Z 三轴的移动和转动。即处于九宫格中间的块体，单块都能与周边接触的 8 个单块直接建立互锁，与远处非接触块体通过嵌挤关系传递应力，块体的互锁与连锁关系相互限制水平及垂直移动，并以此建立组合体板体稳定性。块体依靠斜面传递应力，应力在斜面分解为水平和垂直应力，块体装配的平面需要承担垂直荷载和水平应力。为平衡块体斜面受荷，传荷的水平分力需要在周边采取封闭固定措施，保持结构稳定。当基层受垂直荷载作用时，装配块体之间具备荷载扩散能力，使块体之间有良好的变形协调性，减少相邻块体的弯沉差，是基层板体性的表现。

图 2.2-13 为新银锭扣块体 5×5 有封边结构的装配平面受力图，块体的行或列均以顶面矩形横与竖交替分布，相邻的四块之间可见方形孔。图中直箭头代表应力传递分级及传递方向；弧形箭头代表环绕方形孔的应力传递方向。新银锭扣装配面垂直受力荷载传递见表 2.2-2。

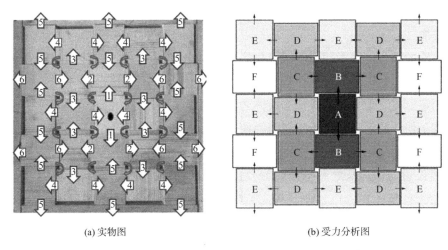

(a) 实物图　　　　　　　　　　　　(b) 受力分析图

图 2.2-13　新银锭扣 5×5 有封边结构的装配平面受力图

新银锭扣装配面垂直受力荷载传递　　　　　　表 2.2-2

块体受力扩散级数	块编号	本级受力块数	累计受力块数
	A	1	1
一级	B	2	3
二级	C	4	7
三级	D	6	13
四级	E	8	21

新银锭扣块体装配的嵌挤结构关系及应力传递路径图具有以下特征：1）节点结构：块体顶面及底面图形均为矩形，且顶面与底面矩形呈十字交叉状。每个块体有一对阳斜面与一对阴斜面，阴阳斜面间隔分布。斜面是块体的应力传递端面，以阴斜面输出应力，以阳斜面接收应力，块体输入与输出端面在俯视图呈十字交叉样式；2）装配结构：俯视图各个块体以斜面相互贴合方式装配成平面。装配平面俯视图纵横向，各块体呈矩形横竖交替排列。四个相邻块体相接处呈现方向孔；平面图对应位置的块体，上下面矩形横竖交换。装配面的底面图形平面旋转 90°，与顶面图形一致；侧视图各块体呈正梯形与倒梯形交替分布状；3）传荷路径：①定向传递：荷载应力传递特点是由阴斜面跨越接缝向阳斜面传递，应力跨越所有接缝既不重复也不缺漏；②分级传递：应力在块体间传递有顺序性，应力按

块体之间斜面叠压作用的先后顺序传递。约定应力由一个块体的阴斜面跨越接缝传递到另一个块体的阳斜面划分为一级，应力分级传递；③多路传递：应力每经过一级传递，应力传递方向转换 90°，并转换为两个应力路径输出，呈"T"形；④环绕传递：应力经过四次传递，绕方形孔形成闭合环形。在方形孔周围应力路径呈"井"形，分为环绕方形孔与向外扩散两类分支，向外扩散的应力路径分支又形成新的环绕路径。

例如块体装配 5×5 平面模型，四周有边框约束条件，即便平面底部悬空，块体装配的平面仍然可以保持稳定，具有较好的板体稳定性。

4. 嵌挤度

与步道砖的垂直侧面不同，新银锭扣块体侧面均为斜面。新银锭扣块体装配侧面的块体之间利用斜面传递应力，类似在缝隙处钉入一颗楔形钉子，钉子依靠挤压作用形成的摩擦力保持固定。在装配平面新银锭扣块体之间利用类似齿轮咬合的相互嵌入关系建立连锁稳定。嵌挤于块体的斜面，对于接缝阳斜面一侧的块体，既承受水平推力，也承受垂直压力，为描述块体之间相互嵌入挤压作用的程度，提出嵌挤度概念，嵌挤度[34]是新银锭扣块体立面单侧长边与短边长之差与块体厚度的比值（块体外悬长度与厚度的比值）。如式(2.2-1)所示：

$$K = \frac{L_1 - L_2}{2H} \tag{2.2-1}$$

式中：K——嵌挤度；

　　L_1——块体长边；

　　L_2——块体短边；

　　H——块体高度。

由于块体结构对称，因此嵌挤度也可以简化为：$K = A/H$，嵌挤角度（正切）由斜面形成，在斜面的作用力可分解为垂直和水平两个轴向分力，垂直分力用于传递并扩散荷载，水平分力对块体形成相互的挤压作用。新银锭扣块体嵌挤度见图 2.2-14。

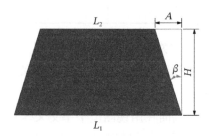

图 2.2-14 新银锭扣块体嵌挤度

对于块体的嵌挤度，以分数表示，经过工程试验和结构计算，嵌挤度范围在 1/4～1/3。随着嵌挤度增大对块体的影响：1) 嵌挤作用力的水平分力减小，垂直分力增大，应力扩散作用越强；2) 块体之间嵌入关系对结构稳定性的影响大于块体的摩擦力；3) 对块体材料的抗折能力要求越高；4）斜面面积越大，斜面承担的压强越小；5）块体之间协调应变的能力增加，接缝两侧弯沉差减小。

装配平面的结构特征是横断面任意块体都用阴斜面压住两侧相邻的块体，同时又被纵断面相邻块体的阴斜面压着，装配平面正反面结构相同，各块体之间形成竖向互锁关系，从而限制装配平面各块体在垂直方向的移动，具有类似板体的整体稳定性；装配平面结构具有轴对称性，水平轴向各块体相互嵌入具有连锁稳定性。综上所述，鉴于新银锭扣块体装配面具有在水平方向的嵌入和垂直方向的挤压作用，并因此使装配结构保持稳定，故而将该新银锭扣块体定义为三向嵌挤块体，其特有的类似板体的性能，定义为三向嵌挤块体结构板体稳定性能。

5. 封边

由于新型银锭扣的侧面均为斜面，以斜面相互贴合的装配面，使块体受垂直力和水平力作用，其中输入端与输出端的垂直分力相互平衡，形成竖向互锁。当输入端（斜面）给块体施加的水平分力小于块体底部的摩擦阻力则块体处于稳定状态，为提高结构在水平方向的稳定性，需在装配面四周设置封边。当装配面四周有稳固的约束结构，底部甚至可以悬空。

2.3 装配式基层产品设计

装配式基层是使用具有三向嵌挤功能的预制块铺装并在接缝灌注砂浆形成的基层结构。基层在路面整体结构中处于中间层位。装配式基层结构见图2.3-1。

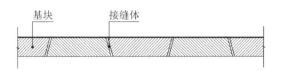

图 2.3-1 装配式基层结构

组成装配式基层的产品有两个，一个是混凝土预制块，另一个是砂浆。用于装配式基层的预制块称为基块，基块结构上下表面为等大矩形平面，四个侧斜面均为等大的等腰梯形，最后通过相邻基块以斜面相互贴合连接形成装配式基层结构。为施工方便，还需要增加亚结构满足层间接触、灌浆及吊装等与相关专业配套问题。考虑到装配式基层结构的承载要求，还需开展基块结构及灌浆结构的材料设计，并对材料的抗冻性等进行检验，以保证装配式基层结构可以在极端气候地区使用。

1. 设计原则

根据承担荷载等级的区别将基块划分为重型、标准和轻型三种块型[36]，利用有限元进行结构计算分析获得基块具体尺寸，基块荷载及尺寸见表2.3-1。

基块荷载及尺寸　　　　　　　　　　表 2.3-1

基块类型	厚度（mm）	荷载（kN）	嵌挤度	长度（mm）	宽度（mm）
重型	400	200	1/4	1060	860
标准型	300	100	1/4	1015	855
轻型	200	50	1/3	720	586

标准轴载作用下的道路结构推荐选用 30cm 厚度的基块，对有重型轴载作用下的道路结构推荐选用 40cm 厚度的基块，非机动车道路可以选用轻型基块。标准型基块具体形式如图 2.3-2 所示。

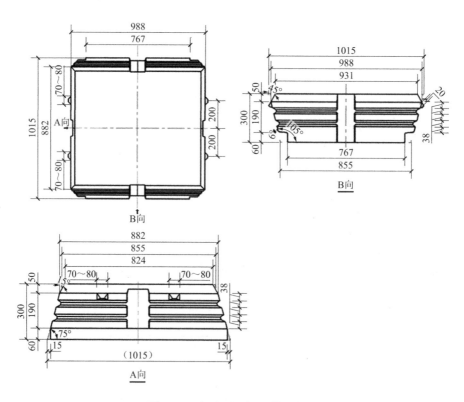

图 2.3-2　标准型基块具体形式

基块结构与道路结构组合设计有关，从工艺、层间结合、造价方面考虑，研究组装式单层薄板的基层结构设计更有实际意义。根据规范要求，为减少温度疲劳应力及混凝土干缩率的影响，基块最好为矩形，平面长宽比例不大于 1∶1.3；最大边长与厚度的比例小于 4∶1。具体比例还需要考虑混凝土材料强度、铺装工艺、道路宽度的不同。

嵌挤度不仅与基块长度、宽度及厚度相关，还受基块材料强度约束，基块边角处是应力集中位置，而混凝土材料特点决定抗拉、抗折性能较低。因此提高嵌挤度有利于发挥混凝土的材料优势，增加整体结构稳定性。

基块结构设计需要综合平衡基块强度与嵌挤度，尽量最大程度地发挥材料性能。例如：采用素混凝土 C30，当基块嵌挤斜面投影面积为定值时，受材料抗折性能限制，荷载越大时，设计嵌挤度应减小，或增加厚度；反之对于轻型车辆行驶道路所用基块，设计嵌挤度可以适当增大，并适当减小厚度；嵌挤度越大，基块组合的结构板体强度越高，但是对基块抗折强度要求也随之提高，应以基块抗折能力为限制条件选取嵌挤度。假如基块材料换成铸钢，嵌挤度会出现最大值为 1 的情况吗？答案是否定的。当嵌挤度为 1 时，即 45° 斜边时，基块底部及顶面的形状会由矩形缩成一条窄边，由六面体变为四面体，静稳定性低，码垛困难导致工艺性变差。反之嵌挤度越小，基块组合体的结构板体强度越低，像豆腐块一样的正方体，嵌挤度为零，其组装的板体稳定性也最差，例如砌块路面便是如此。随着嵌挤度的降低，对基块强度的要求也降低，还必须注意到基块嵌挤面投影宽度对基层的影响，如嵌挤度极小其投影面积也小，基块之间相互搭接的宽度降低，嵌挤作用减弱致使板体性降低，这是不允许出现的情况，因此基块的最佳嵌挤度选择有范围限制。2013 年在飞跃中路选取嵌挤度为 1/8、1/6、1/4、1/3 开展路段试验，最终根据最初结构计算成果及弯沉检测数据确定设计嵌挤度，在 1/4 附近。

基块结构还与砂浆性能有关，砂浆受材料本身性能限制，需掺加外加剂增加韧性。为保证砂浆可靠工作，基块之间的接缝宽度应有限制。砂粒的最大粒径为 4.75mm，当间隙过小，砂浆断面所含颗粒数量过少，应力应变性能差，容易损坏；间隙过大，基块嵌挤面投影宽度小，不利于荷载传递。设计控制基块间隙范围为 20~40mm。基块尺寸越最小，接缝越多，整体韧性越好，按极限概念分析，当基块尺寸缩小到粗骨料碎石粒径，并在接缝内灌入沥青，即成为传统概念的柔性基层。

基块尺寸增大会提高机械装配效率。随着基块平面尺寸的逐渐增加，单位面积内接缝的密度相应减少，基层刚度提高、变形能力减弱，基块及接缝材料承受的拉应力增加，耐久性也变差，直至在荷载作用下破坏。因此基块平面尺寸首先由嵌挤度、材料性能及荷载等级决定。基块尺寸设计是以承担标准荷载的基块与灌浆料材料强度为边界条件，兼顾装配效率及温缩应力分散为原则。

基块侧面的增阻与防滑移研究，着重研究基块的外表面。基块是混凝土材料，表面硬度高且光滑，可能有灰浆层，摩擦系数低。为提高基块之间的摩擦系数，保证嵌挤效果，预防基层反射裂缝，必须采取结构措施增加嵌挤有效性，即增加系统平行冗余设计。按混凝土断裂力学的描述，在由基相和分散相组成的二相复合材料中，其力学性能受着基相和分散相及其结合面的力学性能制约和影响。混凝土基块和接缝材料的结合面为薄弱面，该处易产生结合缝并沿着结合缝产生滑移。裂缝扩展路径取决于材料性能和应力状态，裂缝扩展一般垂直于拉应力，平行于压应力。产品设计应通过制造亚结构，使裂缝在发生绕行、钝化或分叉的过程中消耗更多能量，同时利用骨料的咬合作用约束裂缝的扩展，增强裂缝抵制能力。混凝土结构的裂缝分为张开、滑开与撕开三种类型，复合型裂缝是常见的[54]，对于基块与接缝材料的结合面，易产生滑移，即 II 型裂缝，其开裂方向与原来的裂缝平面方向的夹角在 70°~90° 变化，而不是沿着原来裂缝的方向发展。根据能量守恒和转换定律，外力做功 = 弹性应变能 + 塑性应变能 + 表面能。设计可以利用裂缝发展规律，增加裂缝路径长度，并将裂缝诱导至与压应力垂直的方向，利用压应力在裂缝过渡区形成主动闭合与阻断裂缝发展的结构。具体研究方向是制造粗糙面，途径是凿毛、设凸台、开槽等方式。

通过手工凿毛、喷丸、铣刨方式可以获得粗糙表面，但是耗费人工或机械，不可取，开槽（凹槽）是最有效的方式[56]。

2.基块亚结构设计

实际制品往往根据结构的可靠性、工艺适应性等情况以结构原型为基础，增加小于长、宽、高主尺寸的亚结构来补充完善与优化，最终才能生产出应用实际工程的产品。基块的亚结构设计还应考虑预防基层反射裂缝的结构、与上面层沥青混凝土的结合、下基层的连接、预防基块边角应力集中，以及雨水收水口及检查井的铺装配合、基块制造、装车、运输、铺砌方式等工艺要求。

（1）顶面

传统半刚性基层碾压成型的顶面平整光滑，在摊铺沥青层前，需要在基层顶面撒钉子石以增加摩擦系数。为避免沥青层在面层与基层的界面处发生推移，作为基层使用的基块顶面设置多个均匀分布的凸台，见图2.3-3。凸台尺寸及角度对凸台强度、摩擦系数、抗推移性能都有影响，具体分析如下：

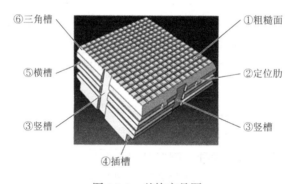

图2.3-3　基块产品图

1）凸台密度与摩擦：凸台断面为梯形，梯形顶面尺寸增大，块体顶面凸台的抗水平力剪切能力越强，凸台越稳定。但是随着凸台面积的增大，沟槽面积及分布密度减小，导致沥青层与基层顶面的摩擦力降低，容易发生沥青层推移的病害。相反，凸台尺寸减小，沥青层与基层之间的摩擦力越大，而凸台抗折、抗剪切能力降低，凸台容易受剪切发生损坏；2)凸台高度与骨料嵌挤：首先考虑沥青层与块体的嵌挤强度，沥青面层有单层或两层设置，与基层接触的沥青层一般采用AC-13到AC-25，使集料最大粒径能有1/4~1/2嵌入凸台之间的沟槽内；3）刻槽方向与沥青层推移：基块顶面刻槽对增加摩擦阻力有利，不仅与刻槽的面积及深度有关，对刻槽方向也有要求。如果刻槽方向与道路纵断一致，即横平竖直的刻槽，当车轮作用在沥青顶面，给沥青层一个向前的推力，刻槽与纵断方向一致，沥青可能沿着刻槽向前滑动。为此，也可以将刻槽方向修改为45°斜向；4）刻槽方向与成型：在基块干法成型工艺试验过程，发现基块底部设有插槽振压成型的块体，有顶面顺插槽方向出现开裂的现象。分析认为是插槽的设置，增加块体阴斜面的悬臂长度，块体在悬臂端自重的作用下，引起块体顶面受拉应力，而刚成型还没有养生的块体强度很低，此处又恰好有块体顶面的刻槽沟，因此造成应力集中出现顶面横向开裂。之后采取使刻槽位置避开与插槽重合的方法得以解决。如将块体顶面刻槽修改为斜向，即可同时解决插槽引起块体顶面开裂的问题。

（2）倒角

在水泥混凝土路面[57][58]或旧水泥混凝土路面上加铺沥青混凝土面层是改善原有路面使用性能的有效措施。一般有设置土工织物夹层，增设应力吸收层、增加沥青层厚度的方法[59]。尽管各方案适用范围不同，效果差别很大，都有全路幅无差别加固的特点。对于装配式基层由于块体尺寸确定，接缝位置确定，可能产生温缩开裂的位置固定，因此只需在确定位置（接缝）采取更有针对性的预防措施。思路是采用应力模式转化结构和自适应材料来解决反射裂缝问题，即在相邻基块之间的接缝位置设置三角槽并填充柔性材料，利用受荷载状态应力与应变的转换，缓解接缝处的温缩应力，减弱应力集中现象，从而阻隔反射裂缝的发生。

在2块相邻的基块接缝处的上边缘设置倒角（图2.3-4），接缝两侧的倒角在下方的三角形区域形成1个断面为顶角。三角区的底面与沥青混凝土面层底面接触，2个侧边分别属于相邻的2个基块，处于下方的顶角恰好在板块接缝处。在该三角区域内，先在侧边铺设聚酯玻纤布，然后在三角区填充SBS改性沥青玛蹄脂碎石，使三角区材料具有良好的韧性变形能力[60]。

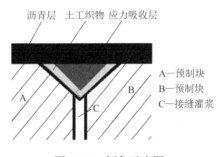

图 2.3-4 倒角示意图

当2个相邻基块因温度变化发生膨胀或冷缩，荷载产生振动或翘曲时，引起板块之间的距离、相对高度、底边角度发生变化。一方面土工织物有较好的抗拉抗撕扯能力，可减弱接缝两侧块体错动引起的裂缝尖端应力，阻挡裂缝发展的路径；另一方面三角区内的填充材料在车辆荷载的作用下始终与三角形的2个侧边贴合，当接缝两侧块体发生上下错动或因温缩而使接缝拉开，在车轮荷载作用下，三角区内的填充体将随着三角形的变形而产生应变，封闭裂缝使柔性材料紧密贴合在三角区的斜面上；此外，三角区底边与沥青混凝土接触，底边长度范围给沥青材料提供适当的拉伸、弯曲变形空间，避免由接缝处产生的反射裂缝而引起的对沥青混凝土面层的剪切应力，从而避免反射裂缝的发生。从沥青材料受力角度分析，是将在一个点位（三角形顶角）的受剪切应力改变为两个点位（三角形底边及左右角）的铰接受弯拉状态，三角形底边长度越大，在铰接点位转动的角度则越小，进而改变抗裂能力。

按在接缝宽度200mm范围设置预防反射裂缝增强层的面积估算，三角区尺寸为底边

70mm,侧边 50mm,每平方米约需要土工布 0.22m²,填充材料体积约 0.0035m³,相当于每平方米铺设 SBS 改性沥青玛蹄脂碎石材料的厚度仅为 3.5mm。需要处理的面积不足道路全面积的 5%,能够节省材料,降低造价,效果更佳,使预防措施更加具有针对性。

目前,实际施工并没有采用三角区内铺设土工布和高弹高粘沥青的做法,而是直接使用砂浆填满三角槽。经过十年的实际工程检验,尽管没有在基块四边接缝处出现明显的反射裂缝,但是,随着疲劳次数的积累,沥青层还是可能出现反射裂缝,因此这种结构及工艺设计仍然可以给未来技术拓展提供参考方案和技术储备。

(3) 横槽

基块接缝内填充砂浆形成接缝体,接缝体呈纵横网格状分布,每个网孔可视为由四片传荷板构成。倾斜的传荷板使荷载扩散过程具有方向性,网格内的块体处于单向板工作状态。砂浆网格结构示意图见图 2.3-5。

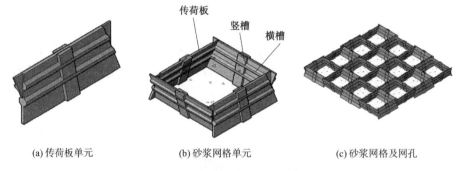

(a) 传荷板单元　　(b) 砂浆网格单元　　(c) 砂浆网格及网孔

图 2.3-5　砂浆网格结构示意图

为使受力更加合理,在传荷板两面设置横向小键槽[61],小键槽多见于建筑墙体在垂直接缝处设置的抗震连接结构,起到力的传递作用。其断面为梯形,深高比约为 3cm,键槽长度与传荷板长度相等,该小键槽可视为传力杆与斜压杆的复合构件,两个倾斜方向的斜压杆交叉设置融合为一体,小键槽与斜压杆如图 2.3-6 所示。

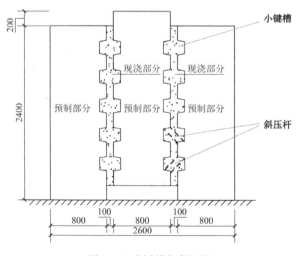

图 2.3-6 小键槽与斜压杆

网格状接缝体由填缝料凝固形成，传荷板是接缝体主结构，当左侧块体受到垂直荷载作用时，压力作用给传荷板，传荷板直接将应力传导至右侧块体。斜压杆只起到增加传荷板受荷面积的辅助作用；当右侧块体受到垂直荷载时，压力经过块体传递到斜压杆右侧的顶平面，再经过斜压杆跨越接缝传导至斜压杆左侧的下端面，实现跨缝传递荷载，作用与水泥路面的传力杆类似，传荷板两侧块体受垂直荷载时的应力传递路径见图 2.3-7。资料表明传力杆是迄今最可靠和最有效的一种接缝传荷装置，是道路横向接缝布置的杆件。当传力杆直径由 25mm 增加到 32mm 时，传荷系数由 91.5%增加到 93.1%。传力杆跨越接缝两端发挥抗剪作用[21]，可加大与混凝土的接触面积，使传荷能力提高。

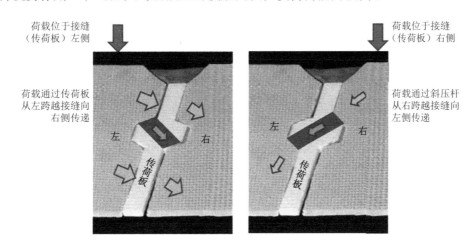

图 2.3-7　传荷板两侧块体受垂直荷载时的应力传递路径

传荷板横槽有传力杆的作用，可视为现浇榫卯式横向满铺的传力杆，能提供咬合力、摩擦力及销栓作用。横槽的作用还类似于建筑墙体的斜压杆，斜压杆凸出传荷板的两面。斜压杆断面约为 60mm×900mm，作用面积远大于传力杆，有更大的传荷能力。构成斜压杆的小键槽深度及厚度尺寸的增大，相当于传力杆直径和长度增加，对荷载传递有显著影响。传荷板横槽的优势是充分利用梯形断面的特点，两个梯形底边对接，应力由一个梯形的上斜边传递到另一个接梯形的下斜边，由此实现斜压杆的功能。

传荷板的阳斜面利用板面传荷，阴斜面利用键槽构建的斜压杆传递荷载，由此，块体的受力状态也由单向板变为双向板工作状态，使结构受力更均衡。基块四周侧面可按基块荷载等级设置多道横槽，在灌缝后形成环绕基块的斜压杆，提高传荷能力。在灌浆作业过程中，横槽还是砂浆在接缝内流淌的横向通道，横槽断面比接缝其他断面更宽大，砂浆流动的阻力减少，砂浆更容易填充饱满。

（4）竖槽

传荷板竖向还设有键槽，该键槽为矩形断面，倾斜角度与传荷板相同，竖槽宽 10cm，厚 2cm，构成传荷板竖向卯榫，增加基块之间水平抗滑能力并使纵横向基块构成联锁关系。竖槽有结构功能，同时也是工艺需要，该位置给基块铺装作业的夹具留出作业空间，还是灌浆作业的砂浆通道，竖槽具有多功能的特点。

（5）插槽

传统大型或湿法成型预制块的吊装，一般是在预制件顶面安置吊环，使用吊钩起吊。对于重量在600kg级别，又需频繁起吊的构件，安置吊环不仅数量大，成本高而且效率低。参考步道砖在施工现场的作业，一般使用小型叉车作业。在基块底部设置插槽可用于起吊和运输，既方便快捷又节省工序。

对于干法成型的块体，无法在顶面设置吊环，都是使用制品的托板起吊运输。因此，基块是否设置插槽与起吊方法有关，如果全部使用托板运输和夹具起吊，则可以取消插槽，优点是节省填缝料。对于采用接缝填充机制砂工艺的临时行车路面，还可减少块体撬动，增加铺装路面的稳定性。但取消插槽也使铺装工艺的复杂性和成本略有增加。

（6）定位肋

传统砌块定位肋的功能仅为控制砌块间隙宽度。砌块侧面是垂直面，砌块之间不能直接利用侧面传递垂直荷载，砌块之间必须借助填缝砂及砌块的微小扭转才能传递荷载，即便设置有定位肋也是如此，如受荷砌块定位肋接触面的静摩擦力小于垂直分力即产生砌块滑移（下沉）。受荷载作用装配式基层断面上部主要受压应力，基块侧面都是斜面，基块定位肋受力点作用在相邻基块的斜面，接触状态类似企口，结构关系比摩擦可靠。施加在斜面的压力可分解为水平及垂直分力，垂直分力向下将应力传递到土基；水平分力则通过定位肋再次传递给相邻基块的斜面使荷载继续扩散。定位肋不仅在基层施工阶段控制接缝宽度，还在基层工作过程发挥传递荷载的重要作用。当车辆在没有灌浆的基块铺装面上行驶时，基块并不会因车轮碾压使块体发生明显的翘动现象，其中定位肋发挥重要作用。定位肋应力扩散示意图见图2.3-8，基块侧面的定位肋可以利用斜面传递荷载，是保持基层稳定的重要结构之一，即该结构既可定位又能传荷。

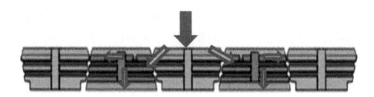

图 2.3-8　定位肋应力扩散示意图

基块装配的基层结构能大幅度缩短施工工期，基块接缝内填充的灌缝料应具有早强、大流动度、适合的初凝时间、较好的抗冻性能以及足够的应力应变性能、宽裕的温度适应性。灌缝料配合基块共同构成装配式路面基层，其综合性能将使道路建设对交通的不利影响降至最低，并为低温施工提供技术条件。

基块及灌缝砂浆所涉及的原材料主要有水泥、碎石、砂、粉煤灰、粒化高炉矿渣粉、可再分散乳胶粉等，相应原材料应符合下列规定：1）水泥应符合《通用硅酸盐水泥》GB 175—2023的规定；2）细骨料应符合《建设用砂》GB/T 14684—2022的规定；3）碎石、卵石等粗骨料应符合《建设用卵石、碎石》GB/T 14685—2022的规定；4）粉煤灰应符合《用于水泥和混凝土中的粉煤灰》GB/T 1596—2017的规定；5）粒化高炉矿渣粉应符合《用于水泥、砂浆和混凝土中的粒化高炉矿渣粉》GB/T 18046—2017 的规定；6）外加剂应符合《混凝土外加剂》GB 8076—2008 的规定；7）拌和用水应符合《混凝土用水标准》JGJ 63—2006 的规定；8）再生骨料应符合《混凝土和砂浆用再生细骨料》GB/T 25176—2010 和《混凝土用再生粗骨料》GB/T 25177—2010 的要求，总掺加量不应超过骨料总质量的 50%；9）可再分散乳胶粉应符合《可再分散性乳胶粉》GB/T 29594—2013 的规定；10）基块与砂浆使用的其他材料应符合国家现行有关标准要求。

3. 基块性能指标

以编块[36]结构制作的用于道路基层的预制混凝土产品称为基块。基块应采用预制混凝土小型构件制作工艺，长、宽约 1000mm，高度为 200～400mm，属于块类别。基块为素混凝土制作，考虑北方寒冷地区及耐久性，混凝土强度等级选用 C30。基块可以采用干法或湿法成型工艺制造。由于成型工艺不同，干法成型基块的尺寸稳定性目前要好于湿法成型；而湿法成型产品强度均匀性好，还适用于铺筑临时路面及利用建筑垃圾，方便制造衍生品。

经过大量的试验，考虑干法成型和湿法成型工艺的不同，其产品的性能特点亦有区别，通过结构验算及现场试验段研究，考虑北方寒冷地区气候特点，最终将基块的性能指标确定，基块混凝土性能见表 2.3-2。

基块混凝土性能[62] 表 2.3-2

类别	强度等级	最大冻融循环次数抗压强度损失率	最大冻融循环次数的质量损失率	抗冻融循环次数	抗渗性能
基块	≥C30	≤25%	<5%	≥D50	≥P6

采用装配式基层的优势是质量稳定性好，作为主要构件的基块在预制场完成，现场装配作业工期短，并可以避免湿法作业带来的人为干扰多、受气候影响大的弊端。为突出装配式基层施工时间短，适合快速抢修的特点，对灌缝砂浆的流动性、早期强度有着较高的要求，砂浆要充满整个缝隙，并能在施工后较短的时间提升较大的强度，使之能尽快完成罩面并顺利通车。

4. 灌缝料性能指标

灌缝料[62]的研究始终伴随着施工需求而不断的改进，从最早的低温早强灌缝砂浆到掺加可再分散乳胶粉等材料的高性能砂浆，材料与工艺的改进相伴而行。2013 年采用的工艺是将水泥、砂等所有材料都运送至现场配制，采用简易设备拌和及人工灌缝；2014 年将工艺升级为干混砂浆混合料运送到现场储罐内，在混合料输出的同时与水混合经搅拌后泵送灌缝；2016 年再次改进工艺，使用混凝土罐车远距离输送预制砂浆到现场，使用自制的配有电源、搅拌机及砂浆泵的组合式挂车进行灌浆作业。十年来，对灌浆材料及工艺的改进持续进行，不断根据设计与施工需要提升性能、改进装备、完善工艺。

超早强性能的灌缝砂浆，由于水泥含量高、干缩量大，可能引起沥青路面的低温开裂。根据目前统计数据，沥青路面开裂间距为 40～60m。施工期间温度较低或没有遇到降雨时，开裂间距较长，相反则较短。根据已有的道路观察，可以通过在开裂处灌注热沥青或乳化沥青封闭裂缝，由于基块强度高、抗水冲刷能力强且裂缝宽度小，仍能保留传荷能力。

对于高等级道路，应尽量选择正常灌缝料，保证灌缝料养生期在7d以上，使其具有耐久性，充分发挥长寿命的特点。鉴于我国地域广阔，地区气候变化差异明显，在保障工艺、结构强度、减少温缩应力产生的前提下，可根据当地气候特点经过工程试验选用更符合地区气候的灌缝料。

近年来通过持续的配合比研究与现场试验段的工程实践，结合东北地区气候特点，最终将灌缝砂浆的性能指标[62]确定，灌缝砂浆技术指标见表2.3-3。

灌缝砂浆技术指标 表2.3-3

项　目		性能指标	试验方法标准
和易性		无泌水和离析现象	《普通混凝土拌合物性能试验方法标准》GB/T 50080—2016
流动度（mm）	初始值	≥230	《水泥基灌浆材料应用技术规范》GB/T 50448—2015
	3h保留值	≥190	
初凝时间（h）		≥6	《水泥标准稠度用水量、凝结时间、安定性检验方法》GB/T 1346—2011
终凝时间（h）		≤24	
抗压强度（MPa）	48h	≥3	《水泥胶砂强度检验方法（ISO法）》GB/T 17671—2021
	28d	≥15	
抗折强度（MPa）	48h	≥1.0	
	28d	≥3.0	
抗冻性		冻融循环≥50次	《建筑砂浆基本性能试验方法标准》JGJ/T 70—2009
抗渗		≥P6	
收缩率（%）		≤0.15	
疲劳性能		200万次试验无破坏	《普通混凝土长期性能和耐久性能试验方法标准》GB/T 50082—2024

同时经过上百条道路的大量工程案例，得到了经过考验的基础灌缝砂浆配合比，以便后续开展技术迭代，早强型灌缝砂浆配合比（采用规范数据）见表2.3-4。

早强型灌缝砂浆配合比（采用规范数据） 表2.3-4

P·O42.5水泥（kg/m³）	粉煤灰（kg/m³）	砂（kg/m³）	水（kg/m³）	外加剂（%）	可再分散乳胶粉（%）	早强剂（%）
500	200	1400	260~270	1.5	2	0.1

砂最大粒径不应超过4.75mm，为保证良好的施工和易性，砂应过筛后使用，细度模数宜为2.0~2.5，细度过低会影响砂浆的流动性。根据砂的细度模数适当调整用水量且不超过规定用水量，灌缝砂浆在施工过程中应按照规定的水量拌和，不应通过增加用水量提高

流动性；外加剂由高效减水剂、缓凝剂、保塑剂等组成，推荐使用聚羧酸类型减水剂；外加剂掺量宜为整个胶凝材料用量的（水泥＋粉煤灰）1.5%，可酌情增加，以满足要求的流动性为先决条件；可再分散乳胶粉应选用刚性、中粘、与砂浆添加剂相容性好的可再分散乳胶粉；早强剂：选用 NaCl 掺量在 0.1% 为宜，在 5℃ 环境下掺量可提高至 0.2%。如灌缝 2d 后罩面，可不掺加早强剂。

2.4 井周适配组件

混凝土琮（混凝土琮）[63][64]研发技术背景是城市道路早期规划中机动车数量少，路面规划宽度较窄，路面同时也是排水、给水等公用管线的敷设位置。随着城市基础设施建设的逐渐完善，公用管线不仅品种增多，服务面积也逐年增加，路面上的检查井数量也相应增多，井周沉陷、井盖异响现象对城市交通的影响越来越大，不仅造成车辆在行驶过程中舒适度下降，还会给高速行驶的车辆带来安全隐患。

市政道路所用检查井一般由井盖、井座、井筒、井室、井底构成。检查井筒结构有砖砌检查井、模块式检查井等。检查井在使用中产生的病害主要集中体现在井圈周围，会引起井周下沉，最终导致井盖移位、倾斜，检查井筒的塌陷还连带路面出现塌陷[65]，主要原因有：1）材料问题：现场人工拌和的砂浆配合比均匀性差、砂浆强度低。砌筑砂浆在水浸泡及雨水冲刷、冲击荷载作用下会失去粘结逐渐流失。所以砖砌井筒的层数越多，质量隐患越多，各层砂浆的流失及干缩的积累作用，使井筒下沉并最终反映到井具的沉降；2）工艺问题：路基填筑过程采取随路基施工逐层增高井筒的方法。与桥台附近的路面容易发生沉降的情况相似，路面结构层施工的碾压机械（压道车）不能保证检查井周围回填料的密实度达到与基层相同的程度；3）环境问题：井筒常年处于地下水侵蚀环境，当检查井砖缝的砂浆出现松散、流失便引起井筒渗漏，井周填土遇水渗漏进入井内而流失，这种长期作用会使检查井产生整体下沉，井口倾斜等病害；4）结构问题：排水管道依靠重力流，其排水纵断面设计是一面坡，而路面坡度需根据行车要求、路面排水、周围建筑门口、相交路口高程等参数设计，即井筒的底座高程由排水专业设计，井盖高程则由路面专业控制，结果是每个井筒的高度均不相同，并且井筒的施工又只能随路基砌筑过程逐渐上升，即便是采用预制的井筒其最上段也必须有一段可调整的高度。车辆荷载通过井具、井具与井筒间隙填缝砂浆及井筒每层的砖和抹灰砂浆向下逐层传递，荷载传递路径中的任何一处的隐患都会给井具的稳定带来损害。一般处理措施是在井位增加一个设有中心孔的大面积的混凝土盖板，该结构改变原有的荷载传递路径，使井具安放在预制盖板顶面，车轮荷载先传递到盖板，再由盖板传递到路面基层，能避免井筒病害及井周回填土不密实引起的路面沉降。

1. 混凝土琮机构工作原理

装配式道路基层是使用基块按横竖排列铺装成方格状，由于圆形检查井盖的直径大于基块（标准型），铺装过程的处理办法是按预留 3×3 的 9 宫格空白地的办法将检查井置于方框内。井位占用基块 9 个方格，而每个既有井盖在九宫格内的具体位置并不固定。如果根据每个井盖的现场位置定制预制件，不仅需要逐个测绘及制造模具，最后再送现场以对号入座式的方式安装也增加工序复杂性，不能满足缩短工期的需要。因此根据减少型号的原则，制作一组专用预制套件，在现场根据井具位置经过简单组合变化即可完成适配。

这种井周适配预制组件的设计方法是借鉴太阳轮与行星轮减速机并加以改造解决问题。太阳轮与行星轮机构在生活中很常见，比如饭店的揉面机，材料试验室的砂浆搅拌机等都是利用该原理的设备，搅拌叶转动结构见图 2.4-1。

图 2.4-1　搅拌叶转动结构

具体改造方案是根据太阳轮与行星轮减速器工作原理，将摇杆虚化为偏心距的方法实现的，这就是检查井周边适配组件——混凝土琮，混凝土琮组件装配图如图 2.4-2 所示。太阳轮-行星轮机构运动原理图如图 2.4-3 所示。

图 2.4-2　混凝土琮组件装配图

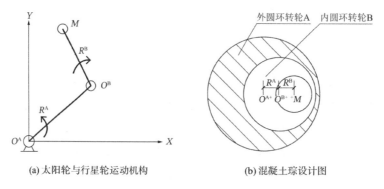

(a) 太阳轮与行星轮运动机构　　(b) 混凝土琮设计图

图 2.4-3　太阳轮-行星轮机构运动原理图

O^A、R^A为太阳轮圆心与半径，O^B、R^B为行星轮圆心与半径，行星轮外端点M为井孔心圆心位置。太阳轮与行星轮绕各自的圆心，以各自的方向旋转，当$R^A = R^B$，则M点的运动轨迹将以O^A为圆心，覆盖半径为$R^A + R^B$的圆形面积，包括圆点O^A位置，实现预制件与井筒位置的适配。

混凝土琮使用一套通用预制组件即可实现预制件与井筒适配功能，组件由3型6件组成，预制异形块结构有两个功能，其一是通过偏心圆环内、外套装与旋转实现方形构件与圆形构件的适配；其二是配合新型井具及装配工艺，混凝土琮还设置有定位肋、横槽、吊装挂钩，以满足灌浆及装配和结构整体性的需要。

混凝土琮的应用不仅解决排水专业与道路专业装配式结构配套问题、实现道路基层全面积装配化，同时还是预防检查井及周边沉降的新结构。混凝土琮组件有较大的面积，安装在既有检查井位置，使车轮荷载传递路径由依靠既有井筒改变为通过预制件直接传递到底基层，可减少多个中间传递环节并提高可靠性，因此能避免因井筒下沉引起井具沉降或塌陷。选用有围裙的井具还能使其与井筒固定，避免沥青混凝土摊铺过程井具被推移的现象。采用大流动度、早强砂浆填充井具与混凝土琮的间隙，能保证填充材料的密实度和强度，使井具安放平稳坚固。

2. 混凝土琮的变形

混凝土琮结构原理是利用内外套在一起的太阳轮和行星轮的转动来改变中心孔的位置。混凝土琮中心孔边缘距离偏心圆环边缘越近中心孔覆盖面积越大，适配率就越高。也就有圆环形与圆缺形构件两种搭配方法。

（1）双偏心圆环组合玉琮

基于太阳轮与行星轮运动结构原理，最初采用双偏心圆环组合的混凝土琮，见图2.4-4。在实际应用中发现，当既有检查井筒内孔与混凝土琮方形外框距离较近时，受两个偏心圆环最薄厚度的限制，混凝土琮圆孔无法与井孔对齐，有一小部分井孔因不能与混凝土琮实现适配，而不得不放弃混凝土琮，而改用商品混凝土填充基块预留的方形空隙，也因此降低井孔适配率。

(a) 混凝土琮组件图（原始版）　　(b) 井筒顶部预制环形盖板

图2.4-4　混凝土琮组件图

（2）双新月组合玉琮

从提高适配率角度分析，混凝土琮内外环均采用新月形组合能最大程度地实现适配。

但是，一个具体结构问题的修改策略，总会涉及两面性难题，即双新月形混凝土琮的优点虽然是能解决井孔适配问题，但是在月牙豁口位置，井具底座不能完全与混凝土琮顶面接触，即便填充砂浆也可能出现灌填不饱满或干缩导致豁口处井具底座悬空的现象，使用过程中容易引起井具因受力不均而失去稳定，造成跳车等病害。平衡多方面因素考虑，双新月形混凝土琮组合被淘汰。

（3）偏心圆环与新月形组合玉琮

为解决提高适配率的问题，将原有的偏心圆外环修改成新月形的圆缺，保留偏心圆环内环，如此，既能增加井孔与混凝土琮圆孔的适配率，还能保证井具底座与混凝土琮接触面的平整度和强度。偏心圆环与新月形组合混凝土琮见图 2.4-5。

图 2.4-5　偏心圆环与新月形组合混凝土琮

3. 井具与混凝土琮的安装

在基块铺装过程中遇到既有检查井，应将基块按 3×3 预留空位。先安装混凝土琮新月形件（外环），并转动新月形件使内圆弧与井孔边缘距离最小。然后安装混凝土琮的偏心圆环（内环），使混凝土琮圆孔与井孔上下对齐。井具的安装顺序是，先安装井具底座，调平、调高、对齐。使用自流平砂浆填充井具底座与混凝土琮的间隙。如果井具底座与混凝土琮间隙过大，可以使用橡胶圈进行密封，防止砂浆流入井口。井具安装工艺示意图如图 2.4-6 所示。

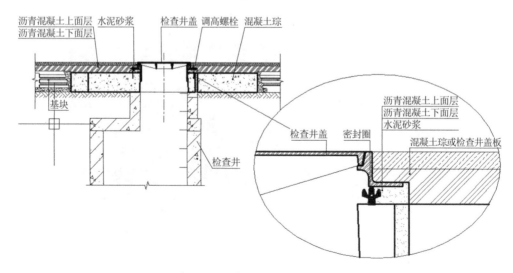

图 2.4-6　井具安装工艺示意图

3

装配式基层结构探源及编块系列

科学认知是一个由个别到一般，又由一般到个别的反复过程，达到归纳和演绎的统一。事物常有两个方面，一个是事物的结构，另一个是其属性。人的认识，主要地依赖于物质的生产活动，逐渐地了解自然的现象、自然的性质、自然的规律性、人和自然的关系。人类最依赖的第一感官是视觉，即辨认和识别。自从借鉴银锭扣发明出具有三向嵌挤功能的块体，装配式基层是什么结构类型、为什么会具备这样的性能的问题始终困扰着人们，就像发现一个新的物种，却不知道它属于哪一类，是仅有的物种，还是有一个属于自己的家族，因此难以准确分类和命名。科研人员将常见的梁、板、壳等结构与装配式基层进行一一对比，所列举的结构与新银锭扣装配面都差异太大。结构探索的范围深入生活中常见物品，经过仔细观察发现竹篾编织的鸡蛋筐具有杠杆互别的明显特征，因此展开一番思绪跨越千年，继承与创新融合的探索之路。

3.1 从编织到编块的演变

观察判断的过程可以分为仔细观察，提出假设，模型演示、验证猜想。首先分析作为对比的假设原型结构—编织。生产生活的实践经验是科学的敲门砖或是"前科学"[49]。生活中对于杠杆的使用非常普遍且历史久远。利用杠杆结构制作的物品其原型甚至可以追溯到数千年前使用竹篾编织的箩筐及使用竹竿或木杆编制的篱笆［图3.1-1（a）］，唐代使用的山文甲也是通过编联的片状结构［图3.1-1(b)］，甚至四个手臂相连也能结成编花篮承台［图3.1-1(c)］，虽然各自使用的材料不同，但都是利用杠杆之间的叠压互别建立的稳定关系。

(a) 竹篾编织的筐　　(b) 唐代山文甲　　(c) 编花篮手势

图 3.1-1　编织物件图

1.竹篾编织结构分析

编织结构最基础的技法是经纬法"十字"平编，竹编工艺大体可分为起底、编织、锁口三道工序。在编织过程中，竹丝篾条长度大且富有良好的弹韧性，采用挑压交织，被挑压的蔑称为"经",而编织的蔑称为"纬"。中间留有空隙,可编织成"井"字纹理,生成一个个精致的方形孔[50][51]。编织结构图见图3.1-2。

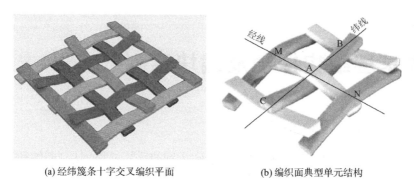

(a) 经纬蔑条十字交叉编织平面　　　　(b) 编织面典型单元结构

图 3.1-2　编织结构图

竹蔑编织材料是蔑条,蔑条横竖交叉相互叠压编织成平面矩阵,横向蔑条与纵向蔑条交叉点为矩阵的节点。编织面典型单元结构是6根蔑条按三横三竖编织的平面,其中任意蔑条都有两端及中间三点受力,两端点受力方向与中间点相反,呈三点别压杠杆状态,见图3.1-2(b)。蔑条的每个受力点均由横向与竖向蔑条上下交叉叠压形成,共有9个节点。中间节点,由横向蔑条CB,与纵向蔑条MN组成,横向蔑条呈凹形,纵向蔑条呈凸形,纵横蔑条在A点位置呈平面直角交叉、竖向上下叠压结构,两杠杆共同利用A点作为杠杆的支撑点。由编织典型单元推广到整个编织面,其结构特点为:编织面的经向蔑条与纬向蔑条以平面直角交叉、上下叠压方式形成编织节点,节点俯视图呈十字形;每根经(纬)向蔑条都采用上跨与下穿交替的方式与所有纬(经)向蔑条交叉;同一根蔑条与交叉蔑条的连续三个节点,构成杠杆三点别压结构关系,处于中间的节点受力方向与两端点相反,见图3.1-2(b)所示。

典型"十字"经纬编织结构在节点构成、蔑条之间相互连接关系、荷载应力传递路径方面具有以下特点:

（1）节点构成

取编织的节点作为研究对象,其构件是蔑条,蔑条在节点处上下重叠、平面交叉,俯视图呈十字形。处于节点上部的蔑条输入应力,位于节点下部的蔑条输出应力。同一根蔑条沿线每经过一个节点,与交叉蔑条的上下叠压位置及输入与输出功能均同步发生转换。编织面的经向蔑条与所有纬向蔑条交叉形成节点,纬向结构亦然,编织面总节点数等于经向与纬向蔑条数的乘积,编织节点结构图见图3.1-3。

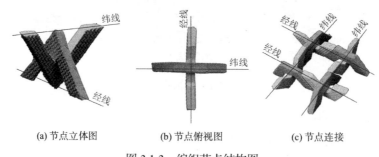

(a) 节点立体图　　　(b) 节点俯视图　　　(c) 节点连接

图 3.1-3　编织节点结构图

（2）连接方式

在短篾条上下交叉相互叠压组成的编织面中，可见矩形条图案按经纬相互交替形成横竖交叉排列的矩阵面，矩阵面横竖条之间有方形孔[50]。经纬交叉形成编织面的节点，多个节点相连组成编织平面，其中九节点组合具有典型特征。九节点组合面有三横三竖、四孔、六条、九节点特征，编织面的顶面可见矩形条图案横竖交替排列，同一个节点的顶面与底面，矩形条段的长度方向相互转换。组成编织面的篾条（非边缘节点）利用十字交叉的三点别压杠杆关系相互支撑，杠杆处于等力臂、等力矩的平衡稳定状态，使编织面结构保持固锁稳定。编织节点十字交叉杠杆关系示意图见图 3.1-4。

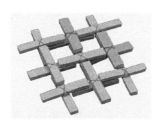

图 3.1-4　编织节点十字交叉杠杆关系示意图

篾条断面有宽度与厚度，编织面的节点处上跨篾条从侧上方叠压被交篾条，使被交篾条产生水平推力。在编织面的非边缘点，由于篾条在节点处的弯曲形状为两侧对称，因此篾条的叠压作用在节点处产生的水平推力相互抵消。而篾条在节点处的弯曲所产生弹性变形提供的摩擦阻力使编织面的各篾条位置及相互叠压关系保持固定。对于边缘节点，由于节点外侧的篾条端部悬空，叠压形成的水平推力有使篾条产生滑移的趋势，当编织面承受荷载时因篾条产生滑移造成编织面的松散而失去结构稳定性，因此需要在编织面四周锁边固定。

（3）传荷路径

编织面经纬交叉叠压形成节点，当垂直荷载作用在经纬篾条中间节点时，应力传递给纬向篾条 1，纬向篾条将应力由节点处向两侧分流传递到边缘的纬向篾条 2。作用在编织中间节点的应力按 1→2→3→4 的顺序环绕方形孔一周，又回到出发节点。应力路径显示，每经过一个节点，应力由一个方向的输入变为两个方向的输出，呈"T"形分级扩散，点荷载利用"T"形分级传递逐渐扩散到编织全面积。在编织网孔处形成闭合环绕路径，四网孔环绕路径显示茴蓿叶样图案。经纬编织结构荷载传递路径图见图 3.1-5。

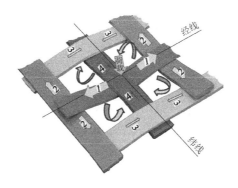

图 3.1-5　经纬编织结构荷载传递路径图

(4) 编织紧密度

当竹篾材料及尺寸为定值，竹篾编织面的刚性取决于篾条编织的紧密程度。即当篾条宽度 B 与厚度 H 为定值时，篾条编织得越紧密，篾条的间距 L 越小，导致篾条弯曲变形增大，储备的变形能越多，上下篾条叠压面压力和摩擦阻力增加，节点稳定性提高，即编织结构更稳固。编织节点篾条交叉结构图见图 3.1-6。

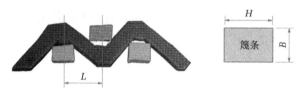

图 3.1-6　编织节点篾条交叉结构图

(5) 封边

篾条通过经纬交叉、上下叠压与交叉篾条形成的杠杆别压结构，在经纬篾条交叉的节点处，篾条弹性变形给接触面的压力形成的摩擦力使组成节点的篾条避免滑移从而保持编织面的稳定。当编织面承担垂直荷载，节点受垂直力和水平力作用，编织面非边缘节点，上下篾条之间的垂直力相互抵消，水平力由相邻的外侧节点阻挡形成平面联锁关系保持稳定。编织面周边的节点需要设置封边结构避免篾条滑移而失稳。

2. 编织面与新银锭扣装配面的对比

前面章节已经对新型银锭扣装配面与编织面在节点、连接方法、传荷路径，以及编织紧密度（嵌挤度）、封边五个方面进行各自的论述，下面将通过编织与新型银锭扣装配面各要素的对比，分析确认两结构的内在联系并探寻新型银锭扣的结构原型及分类。

关于竹篾编织与新型银锭扣结构相似性的识别过程分为三步，第一步是表象识别：竹篾编织网格与新型银锭扣装配面在视觉上"撞脸"并非偶然。首先利用视觉辨识方法，通过图案排列的规则对比编织与新型银锭扣装配面的共性；第二步是基因判断：借鉴生物 DNA 分析方法，归纳组合结构特征；第三步是行为分析：总结荷载传递路径及规律，分析力学行为与工作状态，如此才能由表及里地揭示结构原理及类型特征。

结构的寻根溯源，好似给新动物分类，按照表象基因遗传学的思路先看它长得像谁，再看基因排列，最后还要看它的行为习惯，通过由表及里的对比分析，最后才能做出所属类型的科学判断。

(1) 表象识别

竹篾编织面与新型银锭扣装配面图形单元排列规律相同，编织面与新银锭扣装配面对比图见图 3.1-7。观察竹篾编织与新银锭扣装配面，均可见经纬篾条或新银锭扣的矩形顶面形成横竖交叉排列的矩阵面，经纬篾条或新银锭扣顺序搭接组成方形孔[50]。经纬篾条或新银锭扣交叉形成编织面（装配面）的节点，多个节点相连组成编织（装配）平面。其中九节点组合面具有典型特征。九节点组合面有三横三竖、六条、四孔、九节点。组合平面的顶面可见矩形横竖交替排列，同一个节点顶面与底面的矩形的长度方向相互转换。组成编织（装配）面的各篾条（矩形顶面）均利用十字交叉的三点别压杠杆关系相互支撑，杠杆处于等力臂、等力矩的平衡稳定状态，使编织（铺装）面结构保持固锁稳定。

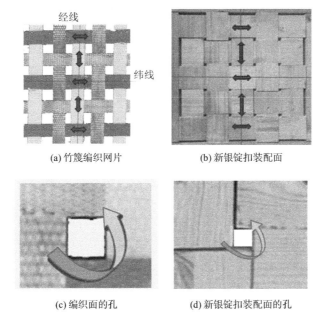

图 3.1-7　编织面与新银锭扣装配面对比图

（2）基因判断

编织面与新银锭扣块体节点构成及功能对比，见图 3.1-8。均取节点作为研究对象，编织面在经纬篾条交叉处形成节点，以篾条为杠杆，两端为杠杆应力输入或输出的受力点，两根篾条交叉叠压的接触面为两根杠杆共同的中间支撑点，由此构成编织节点，篾条节点与篾条两端的距离为杠杆力臂长度，其结构与十字交叉的杠杆相同。

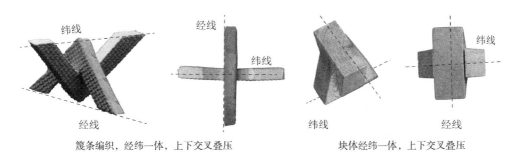

图 3.1-8　竹篾编织与新银锭扣节点结构对比图

新型银锭扣由两只燕尾榫构成，燕尾榫十字交叉点是两杠杆共同支撑点，斜面是杠杆端部受力面，斜面受力点至支撑点的垂直距离是杠杆的力臂。经过编织与新型银锭扣节点对比，发现篾条编织的经纬篾条有十字交叉、上下叠压的结构特征；新银锭扣块体的双燕尾榫同样具有十字交叉、上下叠压的结构特征，二者节点结构相同。编织与新银锭扣节点变换过程见图 3.1-9。

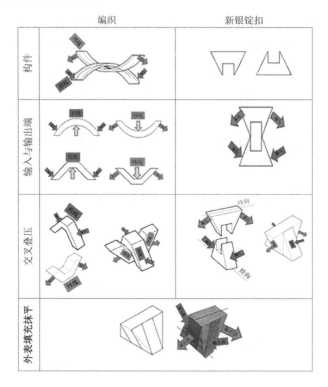

图 3.1-9　编织与新银锭扣节点变换过程

其中，每四个节点的矩形围成方形孔，方形孔四周的各篾条与被交篾条呈上下叠压关系。编织与新银锭扣的叠压方式相同。例如施压篾条从侧上方叠压被压篾条，叠压有方向性。新银锭扣同样以侧面的阳斜面叠压被压块体侧面的阴斜面，叠压方向一样有确定性，从平面观察，在方形孔周边的叠压顺序有顺时针或逆时针的区分。编织与新银锭扣装配结构对比见图 3.1-10。

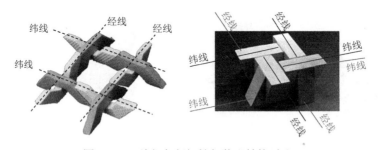

图 3.1-10　编织与新银锭扣装配结构对比

编织与新银锭扣铺装结构边界条件相同。编织面的篾条从侧上方叠压交叉篾条，使被交篾条产生水平推力。编织面的非边缘点，由于节点四周有相邻节点，篾条叠压作用的水平推力所产生的滑移趋势被节点的摩擦力约束，篾条位置及相互叠压关系固定使编织面结构保持稳定。对于非边缘节点，由于节点外侧的篾条悬空，叠压形成的水平推力可能使篾条产生滑移，而导致编织面松散失去结构稳定性，因此需要在编织四周锁边固定。对于新银锭扣装配面，荷载作用到块体顶面，块体利用斜面输出应力的同时，也使块体获得水平推力，如果装配面外侧的四周没有固定，块体会在水平力推动下产生滑移，导致结构松散而失去稳定。因此新银锭扣装配面同样需要设置稳固的封边结构。

（3）行为分析

编织面经纬交叉叠压形成节点，编织面经纬篾条交叉组成同一个节点的输入与输出端，当荷载作用在编织面中心节点时，4号条叠压1号条，1号条向两侧输出到2号条，2号条同样向两侧输出到3号条，如此类推，作用在编织中间节点的应力按1→2→3→4的顺序环绕方形孔一周又回到出发节点。应力路径显示，每经过一个节点，应力由一个方向的输入变为两个方向的输出，呈"T"形分级扩散路径，并在编织网孔处形成闭合环绕路径，四网孔环绕路径显示苜蓿叶样图案。

编织面荷载传递路径图与新银锭扣装配面一一对应，荷载扩散方式是以受荷点为中心向四周按折线路径扩大逐渐覆盖到全面积。编织与新银锭扣荷载传递路径对比见图3.1-11。

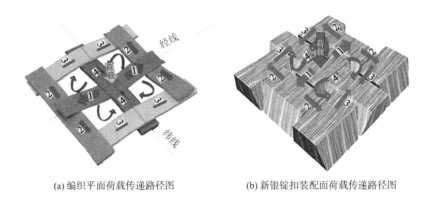

(a) 编织平面荷载传递路径图　　(b) 新银锭扣装配面荷载传递路径图

图 3.1-11　编织与新银锭扣荷载传递路径对比

（4）紧密度与嵌挤度对比

当篾条弹性相同时，编织结构的紧密程度与交叉篾条的间距与厚度形成的斜率有关，与此类似，新银锭扣的嵌挤度也是块体的厚度和悬臂长度决定的。编织紧密度与新银锭扣嵌挤度关系对比见图3.1-12。

综上所述，经过对编织面节点输入与输出端交叉结构、编织面外观特征、三连节点杠杆别压关系及荷载传递路径和封边的对比，可见编织面与新银锭扣装配面具有相同的结构特点。依据从竹篾编织到编木拱桥的命名规则，由银锭扣的燕尾榫经过竖立、扭转、相贯得到的新银锭扣块体可称之为编块[36]。

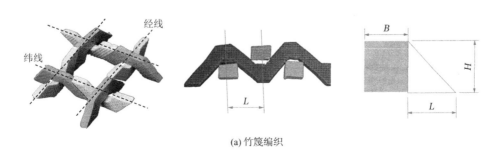

(a) 竹篾编织

图 3.1-12　编织紧密度与新银锭扣嵌挤度关系对比

 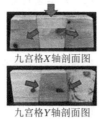 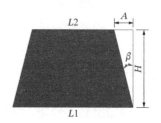

(b) 新银锭扣

图 3.1-12　编织紧密度与新银锭扣嵌挤度关系对比（续）

编织结构通常采用草编及竹编，材料细长且柔韧，篾条长度可超过其直径的百倍，每根篾条都可组成多段杠杆结构关系。尽管银锭扣与编织面具有相同的结构特性，但是，在柔韧的篾条编织与刚硬的块体装配面之间缺少过渡结构，即一座连接编织和银锭扣结构之间的桥梁。如果将编织材料换成刚度及断面尺寸更大，且长度更短的木材是否仍然能够编织呢？古代工匠已经给出答案，它便是中国编木拱桥。

3. 编织结构的进化

编织结构是利用杠杆原理建造的，最初是草编，从使用柳条、藤条开始编织，逐渐拓展到竹编，再发展到木杆编织，选用的编织材料逐渐变得更硬、更短、断面尺寸更大，承载能力也更强。因经年久原木构难以永固，又频遭雷击战火损毁，实物留存有限。现在只能从古代书籍中寻找编织的痕迹，宋代画家张择端在其名画《清明上河图》中所描绘的是汴京（今河南开封）的虹桥。使用木杆编织的桥梁称为"中国编木拱桥"[52]。中国编木拱桥见图 3.1-13 所示。

编木使用的木杆分为纵杆及横杆，其长度均为直径的数十倍，刚度比篾条大得多。纵杆受长度及刚度限制，每根纵杆均以搭接在两端部及中间位置的横杆作为支撑点组成一个杠杆结构，仍符合编织构件三点别压杠杆关系的特征。编木结构的纵杆自身已经演变成节点，输入与输出端为木杆自身结构，节点之间通过木杆两端部及中间位置与横杆交点处的接触面传递应力，节点在外观只有一根杠杆。节点的输入端是搭接在纵杆中部的横杆接触面，节点的输出端是纵杆两端部的接触面，仍然保持每一编织节点的输入端和输出端各有两个且相互交叉成一体的结构关系。与竹篾编织比较，编木拱桥的变化在于十字交叉杠杆，其中的一根杠杆长度已经明显缩短，处于隐含状态。

(a) 汴水虹桥　　　　　　(b) 清明上河图　　　　(c) 编木拱桥三点别压杠杆结构

图 3.1-13　中国编木拱桥

1987 年，唐寰澄在《中国古代桥梁》对汴水虹桥的承重结构进行了分析。他认为，虽然不同时期画作所呈现的汴水虹桥略有差异，但汴水虹桥式木拱桥的主拱结构一般由两个系统组成，两个系统通过横梁交叉搭置、相互承托形成整体的拱形结构，并通过拱上建筑的传递，承担桥面传下来的荷载。从桥下往上看，最外边一组拱骨由2根长拱骨和2根短拱骨构成，叫做第一系统；里面一组是由三根等长的拱骨构成，叫做第二系统。如此排列下去，整座桥的承重结构由11组第一系统和10组第二系统构成。第一系统和第二系统不能脱离，否则任一系统都将成为不稳定的机构。为了增强整体稳定性，两个系统之间设置有五处横梁，以此加强其横向连接形成整体，共同承担桥面荷载。汴水虹桥结构如图 3.1-14 所示。

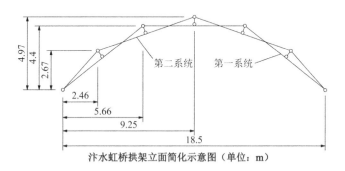

图 3.1-14　汴水虹桥结构

当桥上作用荷载时，荷载通过桥面板，传递到桥面纵梁，之后通过桥面纵梁分别传递到第一系统和第二系统拱肋，两个系统分别通过横梁共同承担荷载，再把荷载传到拱角处，最后把桥承受的所有荷载传递到基础。由此可见，汴水虹桥式木拱结构是一种特殊的桁架拱，第一系统与第二系统相互约束，立面就形成一个拱形。第一系统和第二系统的每个构件都处于以受压为主的受压弯状态。

对于编木拱桥结构的分析，还可以用编织结构来解读。编木拱桥由纵杆与横杆组成，编木拱桥木杆搭接示意图见图 3.1-15。其中拱圈立面由多根纵杆组成，纵杆的中间为杠杆的支撑点，两端为杠杆的受力点，杠杆两端的受力方向相同，与中间支撑点的受力方向相反，横杆与纵杆交叉作为纵向杠杆的支撑点，由此构成纵杆的杠杆三点别压关系。各纵杆均以相邻纵杆中间支承点作为自己端部的受力点，各纵杆均按三点别压关系与前后纵杆相互以半杆重叠搭接组成桥梁拱圈。拱圈一般有两组及两组以上平行排列使用，各组纵杆之间有横杆连接，同一根横杆为多组相同位置的纵杆提供支撑，横杆与多组纵杆上下夹持保持稳定，拱圈与横杆共同组成编木框架。由于木杆直径大、刚度大，又有横杆夹在前后纵杆之间，因此使前后搭接的纵杆之间形成折角，各纵杆之间均呈折线状，拱圈即由多段折线组成，以较短的构件形成较大的跨度和拱圈高度，并将拱桥的垂直荷载沿着拱架纵向木杆逐次传递至两侧桥台基座上。

见图 3.1-15 为四根纵杆与四根横杆组成的四联杠杆编木拱桥模型。各编号拱圈的纵杆均与横杆为支撑点构成三点别压关系，前后纵杆相互以半杆重叠方式组成桥梁拱圈。横杆的作用有两个，一是使相邻编号的拱圈之间建立横向联系；二是各横杆作为同序号纵杆的中间支撑点及前后序号纵杆的端部支撑点。具体结构方式以 A 号拱为例：

（1）1z 纵杆左端与桥台固定，中间被横杆 1h 叠压，右端与横杆 2h 搭接，构成三点别压杠杆结构；

（2）2z 纵杆左端与横杆 1h 搭接，中间被横杆 2h 叠压，右端 3h 搭接，构成三点别压杠杆结构；

（3）3z 纵杆左端与横杆 2h 搭接，中间被横杆 3h 叠压，右端 4h 搭接，构成三点别压杠杆结构；

（4）4z 纵杆左端与横杆 3h 搭接，中间被横杆 4h 叠压，右端与桥台固定，构成三点别压杠杆结构。

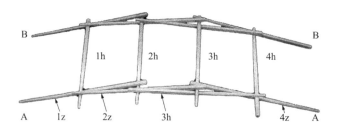

图 3.1-15　编木拱桥木杆搭接示意图

注：图中 A、B 代表拱编号；1z、2z、3z、4z 代表纵杆排列顺序；1h、2h、3h、4h，代表横杆排列顺序。

编木拱桥的立面应至少有两个拱圈，各拱圈按复制结构的方式在桥的横向平行分布。拱圈之间使用横杆连接并承担杠杆支撑点的作用，横杆水平布置被纵杆多点夹持，其受力与拱圈的纵杆不同，不能传递轴向力。尽管编木拱桥的拱圈结构符合编织三点别压杠杆关系，然而其荷载传递路径与编织不同。首先，桥面受车辆荷载，由荷载所在横杆将荷载横向分布到横杆搭接的各拱圈同编号纵杆，实现应力的横向分布。随后本级受力的纵杆将应力向纵杆两端传递至搭接的次级横杆，再由该横杆向下一级纵杆传递，即荷载沿着纵杆逐次分级向拱圈两侧传递；其次，尽管在编木拱桥平面仍然可见方形孔，但是荷载应力传递路径与竹篾十字编织面比较，既没有"T"形路径，也没有环绕方形孔的路径，而是荷载每次扩散都是以受荷点为中心沿纵杆向两侧延伸使受力面积扩大，受力面积为矩形边长的增加，矩形短边为横杆的长度（固定值），每侧以纵杆半长为尺度逐渐增加，最终扩散到全桥面，这是由编木拱桥定向杠杆三点别压关系决定的。编木拱桥模型见图 3.1-16。

(a) 编木拱桥立面图　　(b) 编木拱桥平面图　　(c) 编木拱桥节点图

图 3.1-16　编木拱桥模型

拱桥立面，纵横杆交叉点的横杆（非边缘点），两根纵杆以端部分别从左右叠压横杆，第三纵杆以中间位置支撑横杆使横杆处于稳定状态。拱桥两侧边缘横杆只有单侧有纵杆叠压，使横杆产生水平分力，为保持横杆稳定，需要设置固定结构。例如安置顶杆或在横杆外侧设置榫卯固定，即有封边结构。

编织与编木拱桥结构对比：编织结构由经纬篾条交叉叠压组成节点，节点靠经纬篾条在交点处的摩擦面连接，节点之间由篾条连接。竹篾十字编织是双向十字交叉杠杆关系，具有平面结构两个方向互换不改变性能，竖向结构正反面互换不改变性能的特点；编木拱桥以木杆作为节点，输入与输出端为木杆自身结构，节点之间通过木杆两端部及中间位置与横杆交点处的接触面传递应力。编木拱桥平面，拱桥纵横杆荷载传递路径及功能不同，只能沿着纵杆组成的拱圈延伸，最终传递到两侧桥台。而横杆不满足杠杆工作条件，也不传递轴向力。因此，编木拱桥纵向与横向结构不能互换，相当于单向板工作状态，类似于简支梁；编木拱桥在立面，只有纵杆符合杠杆三点别压关系，拱圈呈折线状向上凸起有方向性，只能承担垂直向下的荷载，而不能使拱圈反过来向下呈凹陷状使用，因此，编木拱桥竖向结构没有对称性。根据编木拱桥平面及立面结构特点，该类桥梁仅具备编织的部分特征，属于不对称的编织结构，或是不完全编织结构。

4. 编块诞生

编织结构已经发展到使用木杆组建结构，与编织最初使用的竹篾比较，木杆更加粗大且刚硬，现有的木杆编织结构物最典型的是中国编木拱桥，但是它有拱起状架构，且荷载传递具有单向性，因此不属于完全编织结构。

（1）编木穹顶

编木拱桥是不对称的编织结构，只能在桥台方向传递荷载，类似于简支梁。如果要获得与编织完全相同的结构特征，必须使杠杆按一分为二、十字交叉、上下叠压的规则组织结构。编木穹顶结构的每根木杆都有两端及中间三点受力，杠杆以端部作为荷载输出，以杠杆中间的两侧作为荷载输入端相互搭接，且杠杆之间顺序交叉叠压形成闭合环绕网孔的空间网架。例如使用牙签制作的编木穹顶模型，见图3.1-17。

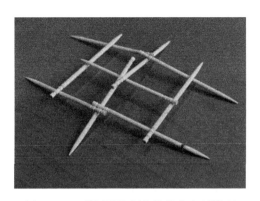

图3.1-17 利用牙签制作的编木穹顶模型

完全按编织方法构建的结构是编木穹顶，属于平面对称编木结构。例如使用25根木杆（筷子）可编成由5×5节点和4×4网孔构成的编木穹顶状结构，见图3.1-18。

(a) 编木穹顶俯视平面图　　(b) 编木穹顶荷载传递路径图　　(c) 编木穹顶立面透视图

图 3.1-18　编木穹顶结构模型

在编木穹顶的平面，各节点均由纵横杆交叉形成，节点处两侧木杆以端部搭接在下方的交叉木杆的中间位置。原有编织十字杠杆中的一根，其长度缩短至木杆直径，使搭接面移至交叉杠杆轴线附近，从穹顶平面观察，节点下方的木杆在平面呈横竖间隔分布样式。凡是拱圈的两端部纵杆与基座固定的为主拱圈，而拱圈两端部的纵杆与最外侧横杆搭接的拱圈为辅拱圈。编木穹顶正立面及侧立面各拱圈均按主辅拱圈交替分布排列，只有主拱圈才能与基座固定。对于辅拱圈两侧边缘的纵杆由于没有基座固定，纵杆端部的应力利用所搭接的横杆传递到主拱圈，再经主拱圈的纵杆传递至基座。

编木穹顶由纵杆与横杆共同组成编木穹顶的框架，横杆与纵杆均满足杠杆三点别压关系，编木穹顶的两个立面与编木拱桥相同均呈折线拱起状，拱圈由多段折线组成，以较短的构件形成较大的跨度和拱圈高度，并将编木穹顶的垂直荷载沿着拱架纵横木杆逐次传递至四周基座。

编木穹顶荷载传递路径与竹篾编织完全相同。见图 3.1-18（b），在典型的九宫格网孔图中，节点数、网孔数相同，荷载应力仍然按"T"形分级传递，同样有方形孔环绕路径，四网孔环绕路径显示首蓿叶样图案。

穹顶的纵（横）向杆以横（纵）向杆为支点构成十字交叉三点别压杠杆结构，前后相连的纵（横）杆共同使用端部的横（纵）杆作为支撑。编木穹顶与编织面均为十字交叉杠杆在平面相互支撑组成的结构，纵横杆结构方式及作用相同，穹顶不但具有编织面的平面对称性，同时还保留拱圈的折线拱架特征，见图 3.1-18（c）。编木穹顶具有与编织相同的节点双输入端与双输出端相互交叉的特征；纵横杆十字交叉杠杆关系及荷载传递路径。尽管编木穹顶在节点结构、荷载传递路径方面与编织相同，但是穹顶典型的拱状凸起与编织面有明显差异，需要将穹顶进行扁平化处理。

（2）编木穹顶扁平化处理

编木穹顶的拱起结构由纵横木杆之间搭接关系决定，改变搭接方式即可消除穹顶的拱起状态，并仍然保持编织结构特征。从长条状弹韧的竹篾编织到刚性点状的块体的演变，中间需要有一座连接的桥梁，这座桥梁即是编木穹顶。

1）搭接变企口

编木穹顶与典型的十字编织比较，编木穹顶还保留有与编木拱桥一样的立面拱起的特征，这是由于节点处杆件搭接方式不同造成的。

取长木方编造穹顶，并将编木穹顶节点（木杆）的两个输入端和两个输出端上下搭接关系改变为企口咬合方式，使纵、横木杆之间均以企口连接，仍可保留编织面节点结构的特征、十字交叉杠杆稳定关系及荷载传递路径；区别在于企口结构将木杆上下搭接的显性关系隐含在了木杆的断面内，使折线式编木拱圈变成与编织竹篾一样的平面。也可其称为"平穹顶"。由于是半企口，在接触面一个企口上部凸出，另一个企口是下部凸出，上下企口相互咬合。编木平面企口搭接模型如图3.1-19所示。

2）企口变斜面

为提高企口节点处的抗剪、抗折能力，再将企口修改成斜面，接触面变成斜面贴合，编木平面斜面搭接模型如图3.1-20所示。

由于斜面贴合仅是搭接关系的变形，因此将编木穹顶木杆的输入及输出接触面改为企口或斜面，编木穹顶的拱圈便变为平面。而该平面结构的十字交叉杠杆结构及方形孔仍然存在，而"平穹顶"仍然可以保持编织结构特征。

图 3.1-19　编木平面企口搭接模型　　图 3.1-20　编木平面斜面搭接模型

3）长杆变短杆

将接触面改成斜面的编木平面，"平穹顶"木杆的长径比缩短至 1∶1，长木杆可演变成为近似方形的六面体，顶面及底面为矩形，相转 90°；四个侧面均为斜面，按正梯形与倒梯形间隔分布，编木长度缩短、接触面以斜面搭接的模型如图 3.1-21 所示，从编织到编块的演变过程如图 3.1-22 所示。

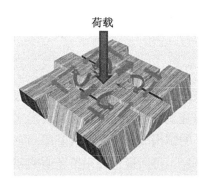

图 3.1-21　编木长度缩短、接触面以斜面搭接的模型

从新银锭扣装配面到编块结构论证过程，经过编木穹顶的交叉杠杆之间的接触结构的变化而得到，先由搭接变为企口、再经企口到斜面、最后长杆缩短成短杆实现。编块来自编木穹顶、编木穹顶来自编木拱桥、编木拱桥来自编织，由此证明，三向嵌挤块体装配面的结构属于编织类型。

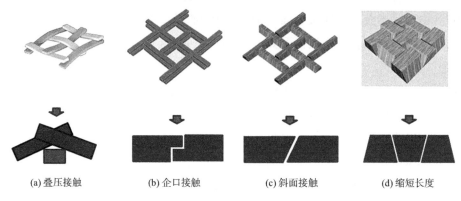

(a) 叠压接触　　(b) 企口接触　　(c) 斜面接触　　(d) 缩短长度

图 3.1-22　从编织到编块的演变过程

对于新银锭扣装配面，荷载作用到块体顶面，块体利用斜面输出应力的同时，也使块体获得水平推力，如果装配面外侧的四周没有固定，块体会在水平力推动下产生滑移，导致结构松散而失去稳定，因此新银锭扣装配面与编织面一样需要设置稳固的封边结构。

综上所述，利用杠杆关系经过对编织结构特征的分析、编织与新银锭扣装配面结构及工作性能的对比、编木拱桥与编织继承关系的讨论、编木穹顶的模型的创建、最后通过编木穹顶的扁平化处理获得与新银锭扣装配面完全一致的结构。即无论组成交叉杠杆节点的是富于弹韧性的细长竹篾、短粗刚硬的木杆，还是块状的燕尾榫；也不论节点之间的接触是叠压互别、企口，还是斜面，都可以演变成新银锭扣装配面。因此，证明由双燕尾榫改造而来的三向嵌挤块体装配面具有编织面杠杆十字交叉、上下叠压、四周封边的结构特点和输入与输出端间隔分布，荷载应力传递路径有定向、分级、外延及环绕的特征，属于编织类，按编织结构命名规则，可以称之为编块。

3.2　编块系列

装配式基层已经诞生十年，虽然累计铺装面积达 235 万 m^2（含在建工程面积），然而，人们并没有失去对装配式基层的兴趣或质疑，一方面是因为尽管装配式基层已经解决从 0 到 1 的问题，但是，广大道路建造者十分期盼能够对装配式基层结构原理及类型有一个理论方面的解释，为什么是这样的结构能用于装配式基层，它是自成体系，还是属于那种已知的结构类型？这是装配式基层不可回避也必须给予明确和肯定答复的问题；另一方面的原因是，现在装配式基层使用四边形嵌挤块，是否还有其他外形的块体具有相同的结构特征也能用于基层的装配，从而能实现从 1 到多的升级，这是大家共同关心的问题。

目前的块体俯视图为四边形，四边形未必是唯一满足编织特征的块形，可能还有其他块形共同组成编块系列。为此，按块体侧面均为斜面的嵌挤块类型，以俯视图边数最少的三边形块体开始（包含对奇数边块体的研究），逐渐增加块体边数，然后用编块的节点结构、具有全部编织特征的基本组合单元、单元的装配结构及荷载传递路径这些要素进行对比和甄选，检验预选块体是否满足编织面荷载传递路径，并使应力传递路径跨越每一条接缝，从而做出是否属于编织系列的判断。

1. 奇数边块

从块体拼接完整性与功能性两个方面进行分析，三角形内角为60°，可以被360°整除，可以拼接成完整的平面，满足可拼接面的要求；从功能性分析，编织特点是输入与输出端数量相等且间隔分布。而三边形块体边数为奇数，输入端与输出端数量不相等，因此不能间隔分布。三边形块体的三个角，有两个角能够组成阳斜面与阴斜面组合角，第三个角可以组成双阳角或双阴角两种结构形式。见图3.2-1（a）、图3.2-1（b）。具体对比分析如下：

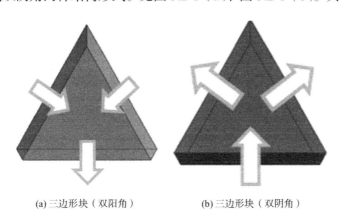

(a) 三边形块（双阳角）　　(b) 三边形块（双阴角）

图 3.2-1　三边形块最小组合单元

（1）单块结构：三边形块体是奇数边，阳斜面为输入端、阴斜面为输出端，每两条边能组成一个角。由于侧边阴斜面与阳斜面数目不相等，因此有两个亚型，即全阳角与全阴角。一个是全阳角三边形，三边形中有两个角是阴阳结合角，一个角是全阳角，三角形有一个输出端、两个输入端；另一个是全阴角三边形，有一个输入端、两个输出端。三边形块体，不能形成输入端与输出端间隔分布样式，从而构成节点处多杠杆交叉等力臂对称关系，因此不符合编织结构特征。简单的解释是当荷载作用在三角形双阳角（或双阴角）位置，三角形不能构成垂直互锁的结构关系而处于偏心受力状态。

（2）装配结构：

1）双阳角单元：三边形嵌挤块基本组合单元是六块组合的六边雪花形，雪花形中的三边形都是两个输入端，一个输出端。三角形顶角为60°，其雪花样图案的应力扩散方式可视为有三根相互呈60°的放射线样的轴向和一条环绕路径。见图3.2-2。

双阳角组合基本单元为雪花形，网孔中心有逆时针环绕路径，外围均为输入路径。环绕剖面符合编块顺序叠压规则。但是，外延路径剖面不满足正梯形与倒梯形间隔分布的规则，单元不能构成垂直互锁结构关系，因此不属于编块系列。

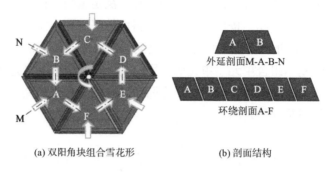

(a) 双阳角块组合雪花形　　　　(b) 剖面结构

图 3.2-2　双阳角斜面嵌挤三角形块组合图

2）双阴角单元：三边形嵌挤块基本组合单元也是由六块组合的六边雪花形。图形是双阳角三边形嵌挤块组合图案的反面。双阴角斜面嵌挤三角形块组合图见图 3.2-3。

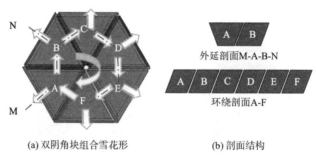

(a) 双阴角块组合雪花形　　　　(b) 剖面结构

图 3.2-3　双阴角斜面嵌挤三角形块组合图

双阴角组合基本单元为雪花形，应力扩散方式为网孔中心有顺时针环绕路径，外围均为输出路径。环绕剖面符合编块顺序叠压规则。但是，外延路径剖面不满足正梯形与倒梯形间隔分布的规则，单元不能构成垂直互锁结构关系，因此不属于编块系列。

3）双阴角与双阳角组合三角形块单元：该单元图案仍为六边雪花形。双阴角与双阳角斜面嵌挤三角形块组合图见图 3.2-4。

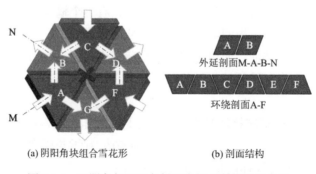

(a) 阴阳角块组合雪花形　　　　(b) 剖面结构

图 3.2-4　双阴角与双阳角斜面嵌挤三角形块组合图

双阴角与双阳角组合基本单元的网孔中心不能形成闭合的环绕路径，外围为输入与输出间隔分布。尽管其外延路径满足正梯形与倒梯形间隔分布的规则，但是环绕剖面不符合编块顺序叠压规则，例如 B、D、F 块位于雪花图案中心的角没有支撑，因此不属于编块系列。

即便是将该单元扩大，形成多个单元组合图案，仍然不能满足所有块体均以斜面相贴合装配的规则。嵌挤三角形块扩大组合图见图 3.2-5。

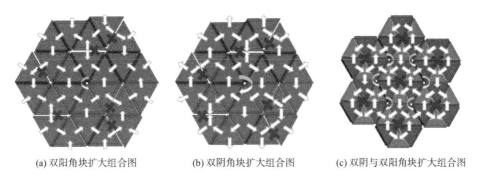

(a) 双阳角块扩大组合图　　(b) 双阴角块扩大组合图　　(c) 双阴与双阳角块扩大组合图

图 3.2-5　嵌挤三角形块扩大组合图

（3）荷载传递规律：三边形块体的六块组合单元内，三角形嵌挤块有双阳角、双阴角及两单元组合三种样式，都不能满足编织面荷载传递路径要求的应力跨越每条接缝、不重复、不遗漏以及应力在网孔顺序叠压、闭合环绕的规则。

结论：三角形嵌挤块节点结构不对称，没有杠杆对称交叉关系，不能保持块体竖向嵌挤互锁稳定、不满足编块应力传递路径具有的定向、分级、外延及环绕，跨越所有接缝的规则，因此不属于编块系列。

（4）其他奇数边嵌挤块体：

五边形块体。从拼接面要求分析，正五边形块内角为 108°，不能相互拼成面。不等边五边形可以拼接成面，几何特点是由两条长边和三条短边组成的五边形，长边被短边分隔开，长边长度是短边的两倍。装配方法有两个尖相贴"A"形、两个尖向外撇"Y"形、两个尖劈开"V"形、两尖一左一右"Z"形、三竖一横"山"形等，各形还可以按半撇相互重叠组合形成多种样式的拼图，对于隐蔽工程，变化的拼图花样不仅徒增装配的复杂性，也难以与矩形的道路基层图案匹配。不等边五边形块见图 3.2-6

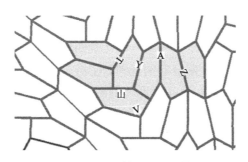

图 3.2-6　不等边五边形块

即便是按不等五边形制作块体，并按规则装配成面。但是，从功能性分析，类似于三角形块装配面，不可避免会出现两个阳斜面（阴斜面）相遇的情况，不符合编织输入与输出端数量相等、间隔分布的规则。因此，五边、七边等奇数边块体，其阴斜面与阳斜面数目不相等，装配结构的基本组合单元组合图周边不符合输入与输出端间隔分布的规则，不能构成垂直互锁关系；不满足编块应力传递路径具有的定向、分级、外延及环绕，跨越所有接缝的规则，因此不属于编块系列。由此做出推论：奇数多边形嵌挤块体由于块体存在两个相同功能端结合构成的角，不符合输入与输出端间隔分布规则，不能构成多杠杆交叉等力臂对称关系，从而不能形成垂直互锁稳定。因此，淘汰奇数边块体，不再讨论。

2. 偶数边块

偶数边嵌挤块的最小块形从四边形开始。嵌挤块体边数越多，外形越接近于圆形，受力边的面积减小，模具制造复杂度提高，因此，在工程实际应用中，其偶数边嵌挤块的边数会也受到多种因素的限制。本次期望对嵌挤块体结构进行扩展性的验证，因此只讨论到十二边形。

（1）四边形嵌挤块

图3.2-7为四边形嵌挤块组合图，四边形嵌挤块应力的输入与输出方向互呈90°角，应力在向外输入的同时，还环绕网孔闭合传递。

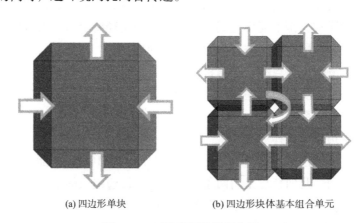

(a) 四边形单块　　　　(b) 四边形块体基本组合单元

图 3.2-7　四边形嵌挤块组合图

1）单块结构：四边形块体是偶数边，阴斜面与阳斜面数目相等。所有角均为阴阳结合角，输入与输出端间隔分布，有90°夹角。块体作为节点，输入端与输出端间隔分布，具有多杠杆交叉对称结构，符合编织节点十字交叉叠压特征。

2）装配结构：四边形嵌挤块的基本组合单元是四块组合。多块组合面内的块体能够满足X、Y轴剖面正梯形与倒梯形间隔分布的规则；在相邻块体结合处有拼接网孔，网孔周围有顺序叠压的环绕路径；剖面图可见正梯形与倒梯形交替排列的规则，荷载扩散分级传递，四边形嵌挤块组合面各级荷载扩散范围受力块数见表3.2-1。

3）荷载传递规律：四边形块体四块组合图，具有荷载应力定向、分级、外延与环绕四个特征。应力流分为网孔环绕与外延两类，其中环绕应力流按相邻节点处块体斜面贴合顺序，闭合环绕网孔；外延应力流从受荷中心出发向外扩散，有多条折线状放射线应力传递路径，应力跨越每条接缝，不重复，不缺漏，将应力由点荷载逐级扩散到全面积，四边形嵌挤块组合荷载传递路径图见图3.2-8。

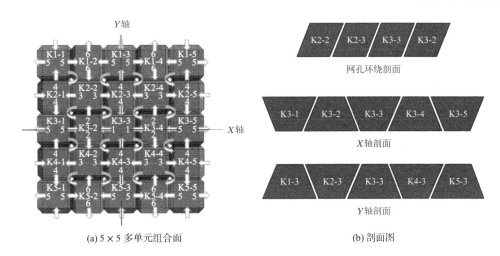

(a) 5×5 多单元组合面   (b) 剖面图

图 3.2-8 四边形嵌挤块组合荷载传递路径图

四边形嵌挤块组合面各级荷载扩散范围受力块数   表 3.2-1

荷载扩散级数	本级受力块数	累计受力块数
0	1	1
一级	2	3
二级	4	7
三级	6	13
四级	8	21

四边形嵌挤块体的基本组合单元，为全对称编织结构。剖面结构对称在垂直方向构成互锁关系；平面结构对称构成联锁关系。

结论：四边形嵌挤块体基本组合单元及多单元组合面完全满足编织规则，属于编块系列。

（2）六边形嵌挤块

六边形嵌挤块组合图如图 3.2-9 所示。

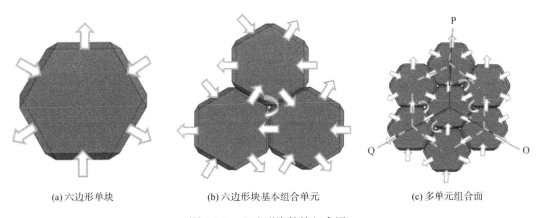

(a) 六边形单块   (b) 六边形块基本组合单元   (c) 多单元组合面

图 3.2-9 六边形嵌挤块组合图

1）单块结构：六边形块体是偶数边，阴斜面与阳斜面数目相等。所有角均为阴阳结合角，输入与输出端间隔分布，单块具有多杠杆交叉等力臂对称特征。

2）装配结构：六边形嵌挤块的基本组合单元是品字形。品字形的组合面内的块体能够满足输出端与输入端间隔分布；在品字形块体结合处有拼接孔；多个品字形块体可任意组合，形成蜂巢样，均符合编织结构特征。

3）荷载传递规律：六边形块体组合的品字形，荷载传递具有应力定向、分级、外延与环绕四个特征。多个品字形组合成蜂巢样结构，应力流分为网孔环绕及轴向外延两类，其中网孔环绕应力流按相邻节点处块体斜面贴合顺序闭合环绕网孔；轴向外延应力流传递有三个互呈 120°角，轴向外延流以块体贴合面顺序叠压，从受荷中心出发沿着轴线向外扩散，荷载在该方向沿着轴线连续传递；当荷载顺着路径主轴方向垮缝移动，主轴方向并不发生改变；当荷载沿着横切路径向主轴方向移动，主轴方向不发生改变，只是主轴受力块随荷载移动发生更换；环线剖面仍然保持正梯形与倒梯形间隔分布样式；应力跨越每条接缝，不重复，不缺漏，将应力由点荷载逐级扩散到全面积。荷载经过三次传递，受力块体数量为 19 块，比四边形的 13 块更多；且沿着网孔环绕一周仅需三次传递，比四边形块体少，显示出更优的荷载扩散能力和相邻块体应变协调性。六边形嵌挤块组合荷载传递路径图见图 3.2-10。六边形嵌挤块组合面各级荷载扩散范围受力块数见表 3.2-2。

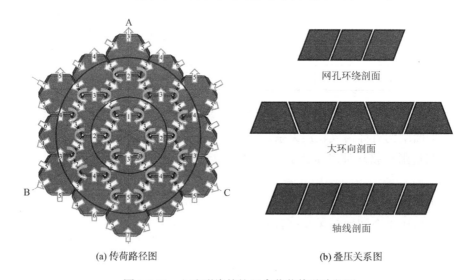

图 3.2-10 六边形嵌挤块组合荷载传递路径图

六边形嵌挤块组合面各级荷载扩散范围受力块数表　　表 3.2-2

荷载扩散级数	本级受力块数	累计受力块数
0	1	1
一级	3	4
二级	6	10
三级	9	19
四级	12	31

4）六边形嵌挤块体的基本组合单元,在垂直方向构成互锁关系。平面结构以轴线对称。

结论:六边形嵌挤块体基本组合单元及多单元组合面满足编织规则,属于编块系列。

由于六边形嵌挤块体的荷载传递路径具有明显的轴对称特点,因此,可以利用六边形嵌挤块的轴对称特点,将 A 轴向作为道路纵断方向进行铺装,使块体顺道路向前叠压装配,更适合方向性强的交通荷载。六边形嵌挤块组合变化图见图 3.2-11。

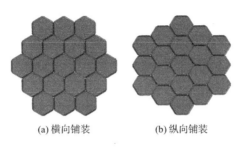

(a) 横向铺装　　　　(b) 纵向铺装

图 3.2-11　六边形嵌挤块组合变化图

六边形嵌挤块体可以有两种铺装方法,即横向铺装和纵向铺装,纵向铺装可以使铺装面荷载扩散图的扩散主方向与车辆行驶方向一致,更有利于基层工作。四边形及六边形嵌挤块组合面属于同形块体组合,仅需单一块形即可实现平面装配。

现在再来观察山文甲,古人所描述的山文甲是采用独特的"错扎法",其甲片均为"Y"形,中间凸起,Y 形外端边角上翘通过甲片与甲片之间互相枝杈咬错,相互叠压配搭编联成片,除甲胄边缘需锁边,大面的编联并不需一钉、一缕。按编块结构原理分析,山文甲单片呈 Y 形,其外凸枝杈是输出端,内凹缺口是输入端,输入与输出端数量相等且间隔分布,各甲片之间以企口交叉叠压组合并设有封边的编织结构。不论是甲片的节点构成、甲片之间的搭接方法还是装配面特征及荷载传递路径,竟然与六边形嵌挤块的装配结构一一对应。以甲片编织的甲胄,其中各甲片均可活动,即使单片受到打击,甲片的联锁便可将力量分散而减弱被打击力的伤害。甲胄又可适度弯曲使将士肢体更加灵活,便于战斗。原来早在唐代的工匠即已掌握使用分散甲片利用编织联锁形成整体的关键技术,即使今天看到,其巧思与工艺仍令人惊叹不已。

(3) 八边形嵌挤块

四边形及六边形的偶数边块装配面各块的拼接角度之和为 360°,可以拼接成完整的面。因此八边形需与四边形相配才恰好等于 360°,制作成组合图案拼接面。即八边形+四边形嵌挤块组合 (图 3.2-12) 面是异形块组合类型,需要两种不同外形的块体搭配才能实现平面装配。

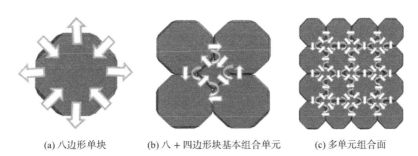

(a) 八边形单块　　　(b) 八 + 四边形块基本组合单元　　　(c) 多单元组合面

图 3.2-12　八边形 + 四边形嵌挤块组合图

1）单块结构：八边形嵌挤块体是偶数边，阴斜面与阳斜面数目相等。所有角均为阴阳结合角，输入与输出端间隔分布，有135°夹角。

2）装配结构：八边形嵌挤块的基本组合单元是田字形。田字形中心存在一个正四边形空缺，使用四边形嵌挤块体将该空缺填补，各块体侧斜面均以阴阳斜面交替分布，符合编制结构特征。

3）荷载传递规律：八边形块体与四边形嵌挤块体共同组合的田字形，荷载传递具有应力定向、分级、外延与环绕四个特征。应力跨缝传递，八边形单块有一个输入端和四个输出端的特点。应力跨越所有接缝，不重复，不缺漏，可将应力由点荷载逐级扩散到全面积。沿着X、Y轴及对角线做剖面，均可获得正梯形与倒梯形间隔分布样式，具有全面积块体嵌挤特性；尽管如此，虽然八边形＋四边形嵌挤块体组合符合编织结构特征，但是，从实际应用角度考虑，由于制作模具过于复杂，导致生产效率降低，湿法成型工艺尚可一试，干法成型工艺则不可行，应用范围受限。八边形＋四边形块组合面荷载传递路径图见图3.2-13。八边形＋四边形嵌挤块体组合面剖面图见图3.2-14。八边形＋四边形嵌挤块荷载扩散见表3.2-3。

4）八边形嵌挤块体的基本组合单元，在垂直方向构成互锁关系。平面结构对称，断面结构对称，平面翻转不改变结构特征。

结论：八边形＋四边形嵌挤块体基本组合单元及单元组合面完全满足编织规则，属于编块系列。

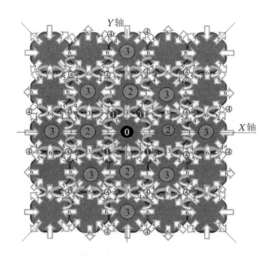

图 3.2-13　八边形＋四边形嵌挤块组合面荷载传递路径图

注：圆圈中数字为荷载传递次数所受荷载块标记

图 3.2-14　八边形＋四边形嵌挤块体组合面剖面图

八边形＋四边形嵌挤块荷载扩散表　　　　表 3.2-3

荷载扩散级数	本级受力块数	累计受力块数
0	1	1
一级	（4）	1+（4）
二级	4	5+（4）
三级	8	13+（4）
四级	（20）	13+（24）

注：表中括弧中数字为小块

八边形＋四边形嵌挤块体组合面，各个轴向剖面均满足正梯形与倒梯形间隔分布规则、网孔环绕剖面符合顺序叠压规则；与六边形嵌挤块组合图比较，每级传递受力块数量低于六边形块体组合图、网孔环绕块数与六边形嵌挤块相同，而略高于四边形嵌挤块。因此八边形＋四边形组合嵌挤块组合面完全满足编织规则，且传荷效率略高于四边形。由于八边形＋四边形嵌挤组合装配面的四边形尺寸偏小，优势并不显著，两件组合装配影响铺装效率，不仅荷载扩散面积增加有限，还使模具的复杂性随之增加，因而限制成型工艺的扩展。

（4）十边形、十二边形嵌挤块

十边形与十二边形嵌挤块体组合面荷载传递路径图见图 3.2-15。

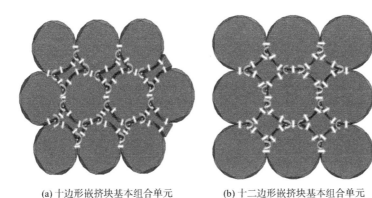

(a) 十边形嵌挤块基本组合单元　　(b) 十二边形嵌挤块基本组合单元

图 3.2-15　十边形与十二边形嵌挤块体组合面荷载传递路径图

通过观察十边形、十二边形块体可发现，块体之间阴阳斜面交替分布且数量相等，但如果组成完整平面，则应在主块（大块）其间插入不同形状的填充块（小块）来填补空缺，插入的小型块体形状统一、侧面阴阳斜面均交替分布且数目相等，可以起到将应力由点荷载逐级扩散到全面积的作用。属于异形块体组合类型，均需要大小不同外形的块体相互搭配实现平面装配。但是，一方面是主块十边形与十二边形中间空隙填充块的外形复杂且出现锐角，有明显的应力集中；另一方面是块体边数越多，每侧边接触面积则越小，逐渐趋近于圆形而不利荷载传递。所以超过八边形的嵌挤块虽然仍符合编块规则，但是并不适合作为道路基层使用。

编块的荷载扩散方式有两种，一种是从受荷中心向外以放射线扩散，第二种是网孔环绕路线。四边形、六边形、八边形+四边形，三种块形均符合编织规则。即四边形嵌挤块并非是唯一具有编织规则的块体，而是属于编织的一个系列。

对各块形铺装面比较，如图3.2-16所示，一方面编块边数的变化，影响荷载输出路径数量。四边形为2个输出端，六边形为3个输出端，八边形+四边形为4个输出端。输出端的增加不仅使荷载扩散到更多的块体、增大受荷面积，进而增加基层整体的板体性，也减少接触面的应力集中，减少对基层下面层的压力；另一方面网孔环绕路径越短（应力闭合环绕跨越接缝的次数少）块体之间应变协调性越强，相邻块体应变差减少，有利于预防接缝处两侧块体弯沉差引起的反射裂缝。以侧斜面作为应力传递端的嵌挤块体的边数并非越多越好，块体边数越多，其外形就越接近圆形，块体面积不变边数增加，单个边的长度会减少，受力状态未必更佳；而且还增加块体成型模具的复杂性，增加制造难度。实际工程选用编块的边数，还应综合考虑单块受力及工艺性确定，编块体积比砌块大，又比一般混凝土预制件小，编块体的高效率生产和铺装才是工艺选择的重要参数。

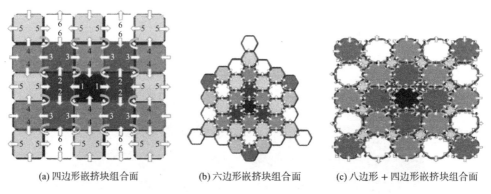

(a) 四边形嵌挤块组合面　　(b) 六边形嵌挤块组合面　　(c) 八边形+四边形嵌挤块组合面

图3.2-16　四边形、六边形和八边形+四边形嵌挤块扩散面积对比图

虽然编块系列中各个块体侧面均为斜面，由于斜面是由企口转变而得，因此将斜面换成企口仍然保持编织规则。

采用编织工艺设计的块体未必是唯一可以扩散荷载的块形，目前的块形仅适合素混凝土小尺寸预制件并采用灌浆湿接成为整体的基层。

从结构继承关系分析，编块是由编木穹顶演变获得，完全符合编织结构特征。而编木拱桥是特殊编织，仅具备编织的部分特征，属于不完全编织。

3. 其他变形块

以上讨论可知输入与输出端数量相等且间隔分布是编块基本特征。然而，编块未必一定是规则的多边形，也可以有很多变化。例如将斜面换成企口是利用等效替换关系，将直线边换成弧线边，增加水平方向的限位功能[53][54]。等边长编块是普遍情况，不等边或上下层转角错位块，便是普遍中的特殊，仍然符合编块输入与输出间隔分布、上下交叉的规则。嵌挤块的其他变形结构图见图 3.2-17。

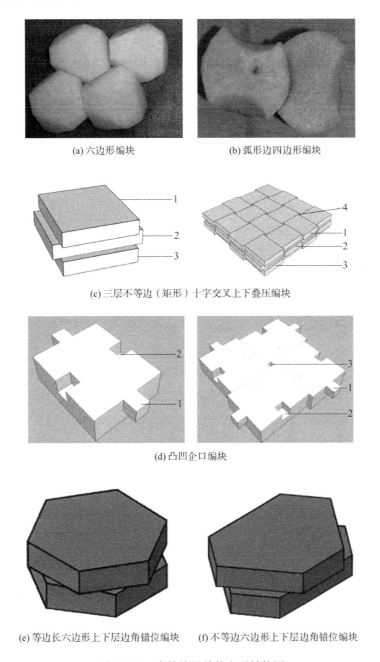

图 3.2-17　嵌挤块的其他变形结构图

综上所述，通过对三边形、四边形、五边形直至十二边形的侧面为斜面的嵌挤块体进行分析辨识，其中四边形、六边形、八边形＋四边形嵌挤块体具有相同的结构特征，符合编织节点、装配结构及传荷规则，同属于编块系列。

编块的块形可有很多分类方法，例如按同块形组装，有四边形和六边形；按异形块组装分类，有八边形＋四边形、十边形＋双燕尾形、十二边形＋菱形等；按块体边数分类，有四边形、六边形、八边形、十边形等；按传荷面样式可分为企口、斜面、弧形、错位等亚结构。众多编块类型，可为工程提供块形多样化、结构谱系化、功能差异化的多种产品。

为研究碎石在基层的作用，经过对棋子、条石码垛叠压稳定规则的探索，识别出编织结构具有杠杆的"十字交叉""上下叠压"的结构特征及"一分为二"的荷载传递路径，特别是通过对编织、编木拱桥、编木穹顶直至新银锭扣继承关系的对比分析和演变过程的论证，获得具有三向嵌挤结构的块体属于编织类型的结论，编块是一个由多边形嵌挤块及其变形块体共同组成的一个庞大的家族所构成的编块系列，编块系列具有如下特征：

（1）节点结构特征：三向嵌挤块体侧边均为斜面（或企口），且阳斜面（输入端）与阴斜面（输出端）数量相等并间隔分布，由此构成编织节点杠杆交叉叠压的特征。

（2）装配平面特征：块体之间以斜面（或企口）相互贴合（咬合）的方式装配成平面，装配平面顶面与底面图案相同；装配结构侧视图呈上下叠压关系（如正梯形与倒梯形）交替分布；装配面各块体相邻处有规则孔，块体沿着孔周边顺序叠压；装配平面四周需要封边固定；断面结构对称，垂直方向构成互锁关系，平面结构对称，水平方向形成联锁关系。

（3）荷载传递特征：应力跨越装配面每条接缝，无遗漏、不重复。荷载传递规律有定向、分级、外延及环绕四个特征，最终使应力由点荷载逐级扩散到全面积。

装配式路面基层预制块的结构原理属于编织类型，称为编块。编块的产品是混凝土预制件，称为基块。路面基层是用基块铺装并在接缝灌浆和封边形成的平面，其结构符合编织结构的特征。对装配式基层结构类型的探索，可进一步理解块体结构与荷载传递的关系及对工作性能的影响，增加对块体之间接缝传荷能力、变形协调性及板体性的认知，有利于推动装配式基层的研究和发展，对促进高质量、长寿命道路新结构技术研究与应用有积极意义。

4. 验证方法

类似于解析几何题，对同一个问题可以通过不同的方法进行验证。编块结构还可以通过单向企口水泥混凝土板的演变进行验证。单向企口混凝土板铺装结构，断面呈"Z"形（图3.2-18），只能单向传递车轮荷载，而且不连续。为此将其改造成矩形块上下交叉叠压的结构，断面为"T"形。见图3.2-18（b）；该结构是上梯形与下梯形交叉叠压组合体，其俯视图呈"十字"样式，见图3.2-18（c）；将该"T"形块按3×3组合，见图3.2-18（d），其X轴，Y轴剖面见图3.2-18（e）；

位于中间的块体，在X轴向是正梯形，在Y轴向则是倒置的梯形，该块体处于垂直自锁状态，与编块结构特征相同。如果将矩形上下叠压块的企口改变为斜面，则与编块结构完全一致，符合一分为二、十字交叉、上下叠压、网孔环绕的规则。

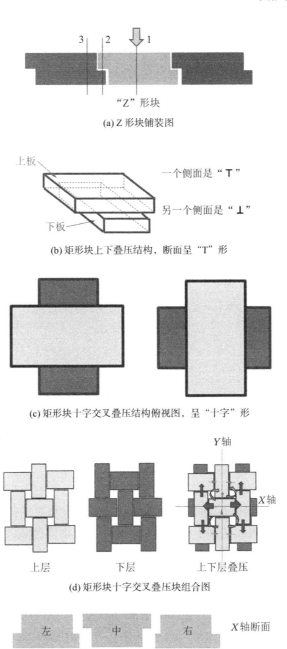

图 3.2-18　由单向企口到编块的演变

图 3.2-19 为砌块与燕尾榫演变为编块的过程图。上行图是砌块经由"Z"形块、"T"形块，最后变成四个侧面均为斜面编块的演变过程。下行图是双燕尾榫经历竖起、扭转、相贯演变成编块的过程。证明编块结构可以由不同技术路线演变而来。

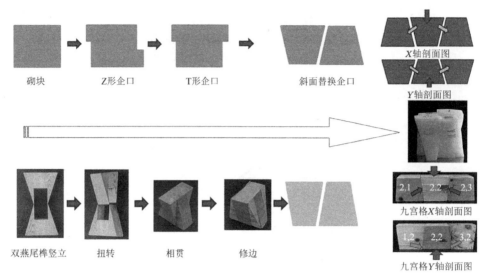

图 3.2-19　砌块与燕尾榫演变为编块的过程图

3.3　评价方法

既然编块可以有多种样式，就需要对不同的编块进行比较与评价，选择适合的编块服务于实际工程。得益于编块嵌挤结构的确定性，其荷载传递方向、斜面叠压顺序均为确定关系，因此可以通过嵌挤块装配面的板体性指数、相邻块体的应变协调性指数、受力面积的动态图进行编块工作性能指标的判断与评价。

1. 编块的板体性指数

毫无疑问，使用分散块体装配的基层平面，板体性是最重要的指标。用于荷载在限定传递次数时，对不同样式编块面共同承担荷载的块体数量（承担荷载的面积）的对比。板体性指数越高，代表该块体铺装面受到点荷载作用，相同传递次数下应力被传递的面积越大，对下基层的压强也相对减轻，证明板体性也越强。由于编块装配面点荷载扩散应力达到相同面积时，其应力传递次数越多，远端受荷块实际受力越小，为使评价更公平，将传递次数均限定到第三次结束。即板体性指数是指编织面某块受荷载时，当应力仅跨越接缝3次，荷载传递扩散的范围。编块板体性指数用 $B(N)M$ 表示，其中 B 代表板体性、N 代表嵌挤块边数、M 代表第3次传递累计的受力块数。荷载传递路径及扩散表见图3.3-1、图3.3-2、图3.3-3。

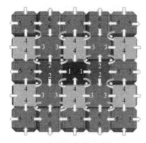

荷载扩散级数	本级受力块数	累计受力块数
0	1	1
一级	2	3
二级	4	7
三级	6	13
四级	8	21

(a) 四边形编块组合面　　(b) 各级荷载扩散范围受力块数表

图 3.3-1　四边形编块

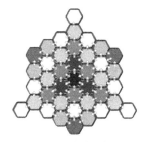

荷载扩散级数	本级受力块数	累计受力块数
0	1	1
一级	3	4
二级	6	10
三级	9	19
四级	12	31

(a) 六边形编块组合面　　(b) 各级荷载扩散范围受力块数表

图 3.3-2　六边形编块

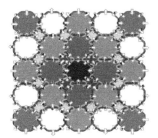

荷载扩散级数	本级受力块数	累计受力块数
0	1	1
一级	（4）	1+（4）
二级	4	5+（4）
三级	8	13+（4）
四级	（20）	13+（24）

(a) 八边形+四边形编块组合面　　(b) 各级荷载扩散范围受力块数表

图 3.3-3　八边形+四边形编块

四边形、六边形嵌挤块及八边形+四边形嵌挤块装配面的板体性指数分别为：$B(4)=13$、$B(6)=19$、$B(8+4)=\{13+(4)\}$。根据板体性指数可以判断，六边形嵌挤块装配面的板体性最好，八边形+四边形嵌挤块装配面次之，四边形嵌挤块装配面稍差。板体性指数越大表明该编块装配面荷载扩散性能好，受力面积大、压强低，对底基层也更友好，板体性指数的数值与板体性正相关。

由于编块材料为素混凝土预制件，编块最大尺寸以编块底部抗拉强度作为控制。四边形编块按极限抗拉强度控制，其长度约为 110cm，面积约为 1m²。即使换成六边形或八边形块体，在荷载、材料及块体厚度都确定的条件下，各块体最大长度尺寸范围应与四边形块体尺寸与面积大致相当。因此，由四边形、六边形及八边形+四边形编块装配的不同样式平面，当作用在中心点荷载传递第三次时，累计受荷块体数即为荷载扩散面积。应力扩散面积按从大到小排序为：六边形 19m²、八边形+四边形 13.64m²、四边形 13m²。

然而事物的属性并非是线性的，编块除板体性能之外，还必须认真考虑工艺性问题，很多创新技术由于不能落实产业化也就难以实际应用。技术指标本身也具有两面性，从一个角度看数据非常优秀，而它的反面也极为突出，例如陶瓷菜刀硬度高，通常也意味着脆性更大，这也是切肉用的刀具不能用于剁骨头，甚至不能用来拍大蒜的道理。即为同一个事物的两面性，具体选择，还要多指标综合评估。

2. 相邻块体的应变协调性指数

限制相邻编块的弯沉差是预防反射裂缝的评价方法之一，还能以块体间应变协调性作为评价指标，即采用编块网孔应力闭合环绕一周所跨越接缝的传递次数作为评价指标，相邻块体具备确定和稳定的应变协调性，是编块与侧面垂直的砌块的主要差别。例如：四边形编块装配面，应力环绕网孔一周需要四次跨越传递，而六边形编块装配面，应力环绕网孔一周仅需3次传递。显然应力沿着网孔闭合传递次数减少，相邻块体之间的应变协调性更佳，板块之间的弯沉差更小。协调性指数越高（次数），代表应力环绕网孔顺序传递一周所需经历的传递次数越多，时间越滞后，同步性越差。协调性指数由块体结构决定，对于确定的块体该指数为常数，应变协调性指数值与协调性逆相关。例如四边形嵌挤块装配面变形协调性指数：$X4=4$；六边形嵌挤块装配面变形协调性指数为：$X6=3$；八边形+四边形嵌挤块组合装配面的变形协调性指数为$X8=3$。

3. 受力面积的动态图

板体性及应变协调性都是应力扩散的静态指标，不能反映移动荷载动态工作下编块装配面的受力状态。应力在装配面扩散的面积及样式也能够用动态图来反映编块面工作的受力情况。类似鞋印不仅代表受力面积，也能反映受力的均匀性，比如鞋印的面积和样式会对地面的受力有不同影响。编块装配面的受力面积具有面积固定和移动跟随性两个特点，编块装配面的受力有效面积（比如三次传递）图形是跟随车轮接地位置移动的，一方面是轮距与轴距的不同，编块受力影响区相互重叠；另一方面是编块输入端与输出端相互间隔，应力传递的方向不同，沿着轮迹方向的各个块体因所受应力值的差别而呈现不同的梯度曲线。理想状态是荷载分散的面积要尽量地扩大，编块装配面受移动荷载作用时，相邻块的应力曲线变化梯度小，尽量降低疲劳应力的影响才更有利于路面的耐久性。因此，提出受力面积的动态图概念，目的就是要通过探索编块装配面受力面积的动态规律，掌握并规划应力扩散路径，优化路面基层工作环境，降低荷载的叠加作用及疲劳应力的影响，进而使路面耐久性增加，建立基于结构原理的鲁棒性，为长寿命路面构建更适合的基层。

由于编块的荷载传递有分级、换向、多路、环绕的特点，其中每次应力传递方向的转换都会改变受力图样式。不同边数的编块，相邻边角度也不同，因此荷载传递面积和图案便发生改变，具体案例分析如下：

（1）四边形编块的装配面。由于四边形编块有两个输入和输出端并相差90°角，在道路纵向与横向荷载扩散的效率不同，具有荷载传递方向平面各向异性的特点。当车轮跨越接缝前进一个编块位置时，编织面纵横向各块由于应力传递次数不同，受荷块在路面横向各编块的受力与纵向不同，各编块的受力数值会出现波动现象。四边形编块装配面受力面积动态图见图3.3-4，当荷载传递到第三次，受力图为矩阵样式，分为三行五列，每行受力块数：5块、3块、5块，图案呈横置的"H"样，矩形整体宽度为5块，高度为3块。当车轮跨越接缝，前进一块距离到达相邻的块体时，这个受力矩阵图案的"H"就会由横向转变为呈竖立的"H"图样，即车轮每跨越编块接缝，受力图样式都按"H"图案的横向与纵向交替变化，见图3.3-5。

图中实线为中心受荷块应力经过三次传递的影响范围图，虚线是车轮荷载受力点在图中向上前进一块的应力影响范围变化图。

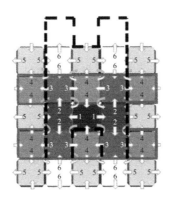

图 3.3-4 四边形编块装配面受力面积动态图

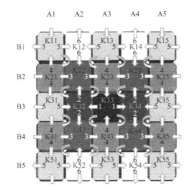

(a) 四边形编块组合平面荷载传递网格图

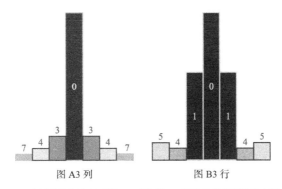

(b) 四边形编块组合平面第 A3 列与第 B3 行各块荷载等级分布图

图 3.3-5 编块荷载传递次数纵横向剖面图

四边形编块荷载应力的传递有固定方向和路径，在纵向 A3 列剖面，前后连续 3 块的各块所受应力传递次数不同，应力值相差与传递次数有关，相邻块体所受应力传递次数相差越远，应力值相差也越大。例如在纵向 K33 与 K23，传递次数分别为 0 级和 3 级，而在横向的 B3 行，K33 与 K32 传递次数分别为 0 级和 1 级，显然纵向块之间应力值差比横向更明显。由于四边形编块按一横一竖方式装配，因此每当车轮跨越接缝时应力的第一次传递，其方向便在纵向与横向之间发生转换。车轮在编块面行驶过程中，轮迹处各块体出现应力值由高到低的频繁转换，块体之间弯沉差出现起伏样变化，易造成灌缝砂浆及沥青面层的疲劳。

（2）六边形嵌挤块装配面

六边形编块装配面受力面积动态图如图 3.3-6 所示。

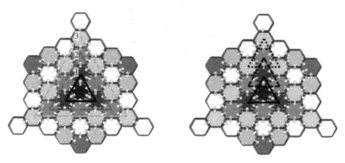

(a) 荷载作用在中心块的应力逐级扩散图　(b) 荷载前进一块距离应力影响区移动图

图 3.3-6　六边形编块装配面受力面积动态图

注：图 3.3-6（a）中三角形框的数字，代表荷载传递次数及影响面积；
图 3.3-6（b）中实线为受荷块影响范围图，虚线是车轮前进一块的受力影响范围变化图。

六边形编块，块体有三个输入和输出端，输入与输出端相差 120°角，受力图案整体呈等边三角形，由于三角形的三个顶角均为块体应力输出主轴向，图案中的块体对应各自主轴具有对称性。当块体受力主轴与道路纵断平行，车轮沿着道路纵向行驶，受力图案本身不发生改变，只是向前滑动一块的距离，类似打着雨伞的行人，影子的面积和形状并不发生改变，只是跟着行人向前平移而已。六边形编块装配面比四边形编块装配面，相邻块体应力值变化梯度差小，受力更加均衡，因此当六边形编块直边排列方向与轮迹重合时，装配基层应有更长的耐疲劳寿命。

（3）八边形与四边形组合方案

八边形+四边形编块装配面受力面积动态图如图 3.3-7 所示。

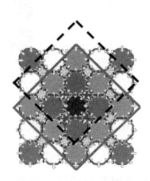

图 3.3-7　八边形+四边形编块装配面受力面积动态图

注：图中实线为受荷块影响范围图，虚线是车轮前进一格受力影响范围图。

在多边形编块中，有大小块组合的类型，例如八边形+四边形编块。主块体为八边形编块、四个输入和输出端，输入与输出端相差 45°角。辅块体是为四边形编块。受力图为偏转 45°的正方形。以应力传递到三次的受力图为例，车轮所在块体的纵向有连续的五块主块受力，受荷主块恰好在正中心，辅块分布在受荷主块四角，受力块体分布更加均匀且对称。当车轮跨越接缝到达前方块体，受力图则向前方移动一格，图形不发生变化，受力面积的动态图整体分布更均衡、应力变化率低。然而毕竟是两个不同尺寸及样式编块的组合，需要探索批量生产和铺装工艺。

四边形编块在荷载传递过程中具有明显的方向性和变换性特点，使应力作用图显示呈"H"图形，随着车轮的移动，"H"图形出现横竖交替的规律。受力图是基于块体原理模型的分析，产品设计还需要补充亚结构等细节，有些亚结构可能增加新的应力传递路径，比如块体横槽的增设使块体不仅在阴斜面能够传递荷载，而且在阳斜面也有一定的荷载传递作用，将四边形嵌挤块的受力从单向板转变为类似双向板的工作状态，对荷载扩散更加有利。基块产品设计有横槽等亚结构，在灌浆后荷载传递能力比未灌浆的铺装面有明显改善。根据块体铺装面的有限元计算，面层层顶竖向位移在块体中心呈椭圆形，在路面的纵向与横向有差别，随着应力向下逐层扩散逐渐演变为方形，其平面的轴向异性特征已经不是很明显，在底基层及土基层甚至更加趋近于对称样式，即使荷载处于板边及角的位置也仍然基本保持对称样式，显示出块体亚结构设计的作用，装配式基层沥青路面力学指标云图见图 3.3-8。

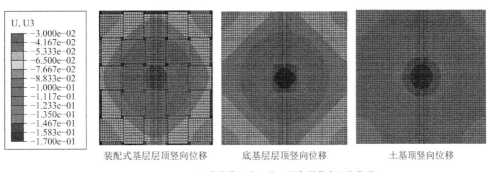

(a) 荷载作用中心位置处各层最大竖向位移

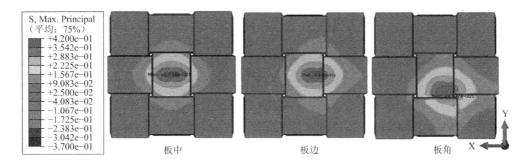

(b) 不同荷载作用位置基块最大主应力

图 3.3-8　装配式基层沥青路面力学指标云图

根据结构设计原理的要求，每个结构构件应满足结构形式传力路线合理和清晰，还应力求构造简单并充分考虑构件制造与施工的可能性与便利性。四边形与六边形及八边形＋四边形编块比较，六边形制造更加复杂，而八边形＋四边形不仅制造难度增加，施工也需要不同块体的搭配拼装，而结构复杂性的增加，甚至可能使制造工艺的可行性和现有装备的扩展性受到极大的限制。显然，四边形编块的结构最为简单，相应的其制造也会更加方便，因此四边形编块因优秀的工艺性而胜出，可作为实际产品应用。

受力影响面积就像影子是随着车轮移动的，反映的是车轮行驶过程中承载力较大的块体受力图形的变化，块体受力变化越小，越不容易发生疲劳，对基层工作状态越有利。装配式基层有自身的特点，有必要采取针对性的方法进行性能分析及评价，编块的板体性指数、协调性指数、受力面积动态图的变化规律能够从某个方面反映编块的整体工作状态。虽然利用块体受力图形的分析并不能替代电脑有限元计算，但仍然是一种直观的分析方法，不仅能做出基本性能评估，其图形分析方法也有简单实用的特点。应用工程的研发是系统工程，可分为研究与应用两个阶段，并且应更加注重于实际应用，而不是只看块体设计图的纸面数据，还要研究工艺性能，经过综合评估论证才能选择出适合的技术方案。例如现在使用的四边形嵌挤块体，上榜原因主要是考虑块体制造的工艺可行性，目标是实现快速的批量浇筑或压制成型，以及快速铺装和灌浆作业。如果将来六片或八片模板组合形块体成型模具及配套砖机研发成功，或将给装配式基层提供改型升级的契机。

3.4 本章小结

（1）基层为分散的碎石骨架及连续的填充料组成的二元结构，骨架的承载能力由碎石之间摩擦角及嵌挤叠压关系决定，骨架的稳定性取决于填充材料的密实度、均匀性和强度；同一块碎石由众多棱角组成多个多方向的三点受力的杠杆结构关系。当受车轮单向外力作用时，某瞬间只有其中对应的一根杠杆发挥作用。碎石杠杆的微观效应是动态的，是由填充料的局部微缺陷引起的，碎石棱角反复撬动引起应力集中产生裂缝，使基层弹性模量逐渐衰减。并不是每颗碎石都能呈现杠杆的微观效应，碎石杠杆形成条件与碎石外形、空间姿态、碎石与填充材料之间密度差有关，填充料的局部微缺陷是基层病害的发源地。碎石杠杆的微观效应是基层板体性的逆作用。

（2）行业专家普遍认为要提高半刚性基层设计与施工指标的统一性管控，在设计方面应适当提高半刚性基层的水泥含量，甚至可以提高到7%以上；在施工阶段，要特别加强施工过程化的管理，首先使基层碾压到致密状态、无轮迹；其次是取芯样要完整且致密；然后是基层顶面弯沉值要达标，这些措施是减弱半刚性基层内碎石杠杆效应的有效措施。为减弱基层碎石杠杆效应的影响，可能不宜在半刚性基层下设置碎石垫层，避免碎石棱角撬动作用在基层底部形成破损的原始病害发生点，对使用寿命的不良影响。或者可选用塑料排水板等材料替代碎石层的作用。

（3）碎石杠杆的宏观效应是静态的，条石码垛和竹篾编织都具有杠杆"十字交叉""上下叠压"的特征，荷载传递"一分为二"，可形成双轴向骨架嵌挤稳定结构。编木穹顶也是编织结构，改变杠杆搭接结构及杠杆长度可演变为编块。

（4）四边形编块装配面属于十字编织法。短杠杆自身为节点，杠杆两头为输出端、杠杆中间有横杆搭接处是输出端；多根纵杆（横杆）利用横杆（纵杆）做本杆两端及中间的支点构成杠杆三点别压稳定关系并组成一个队列；其中长队列末端与基座连接；短队列末端利用横杆与两侧长队列固定，横向与纵向队列交叉构成网架；网架相邻节点顺序叠压形成环形网孔；装配面正面与反面图案一致，并依纵横杆角度发生旋转；点荷载的扩散有定向、分级、外延、环绕，应力跨越每一条接缝，将点荷载逐渐分散到全面积。

（5）双燕尾榫组成的银锭扣，其结构原理属于编织类，编块是杠杆规则化装配的具体实践，因此命名为编块。编块有一个由不同边数嵌挤块体组成的系列。编块的性能可以通过板体性指数、应变协调性指数和受力面积的动态图进行对比评价。编块的结构确定性，带来荷载传递路径的确定性和结构性能的可规划性。在设计阶段通过选用不同编块或装配样式，可提高基层的承载能力及耐久性。参数设计性能的确定并且稳定是编块装配结构与半刚性基层最显著的区别。编块的发现使设计由依靠概率的比较模糊的模式变为更加精确可控并充分利用杠杆宏观效应提高碎石等力臂杠杆结构的嵌挤确定性和可靠性，以达到减弱杠杆微观效应对基层损害的目的。编块的产品用于路面基层的铺装，因此其实体预制件称为基块。

4 装配式基层沥青路面承载能力分析及设计方法研究

基层作为道路结构的承重层[66]，其承载能力受到设计者的重视。由于荷载较大，基层结构常常作为一个整体进行承载[67]。一旦其整体性遭到破坏，结构的承载能力也会急剧下降[68]。我国常用的半刚性基层是由无机结合料稳定土铺筑的能结成板件，并具有一定抗弯强度的板结构。当出现层底断裂时，不仅基层结构荷载传递受阻，裂缝位置处的相邻结构层（面层及底基层）剪应力增大，还出现较为明显的"应力集中"[69]。最终，在荷载及周围环境的循环作用下，路面结构整体失稳破坏，承载能力锐减。与之不同的是，装配式基层是由基块相互嵌挤拼接，其后在接缝处灌注砂浆构成的类板体结构。装配式基层利用基块间的嵌挤搭接及砂浆的粘结作用进行荷载传递，实现基层结构作为一个整体进行承载，因此对于装配式基层的荷载传递的分析是其整体性及承载能力分析的关键。本章将利用ABAQUS软件建立装配式基层模型，通过分析装配式基层荷载传递方式及能力，对装配式基层整体性进行研究，对比装配式基层结构与传统半刚性基层的荷载扩散能力，进行装配式基层沥青路面结构的承载能力评估；提出适用于装配式基层沥青路面的弯沉测试方法，进行试验路的荷载传递能力实测。由于传统半刚性基层是摊铺碾压成型的连续板体，因此在进行弯沉检测时，仅需按20m间距设置测点即可施测。而装配式基层是使用基块装配的结构，由于矩形块有纵横接缝存在，因此需按接缝前后、边角及块体中心不同位置布设测点，这是有别于半刚性基层的，专门针对装配式基层沥青路面提出的试验路荷载传递能力的实测方法。

4.1 试验准备

为了解装配式基层结构内部受力特性，利用ABAQUS软件对装配式基层进行有限元分析，以下为模型具体参数介绍。装配式基层沥青路面典型结构包括：沥青面层、装配式基层、底基层及土基，本次研究参考长春市新开西街路面结构。具体路面结构形式为：5cm AC-16中粒式沥青混凝土、8cm AC-25粗粒式沥青混凝土、30cm装配式基层结构、30cm水泥稳定碎石及土基，装配式基层沥青路面结构示意图见图4.1-1。

1. 模型参数

为聚焦于装配式基层，排除面层干扰，因此本章数值模拟模型去除面层。具体建模方法及过程如下：

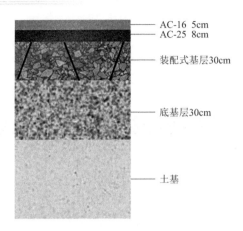

图 4.1-1　装配式基层沥青路面结构示意图（新开西街）

（1）模型尺寸。按承担荷载等级的区别将基块划分为重型、标准和轻型三种块形，其中标准型基块为常用型，考虑到基块实际通用性，本次计算分析采用标准型基块数据。道路结构分析计算时通常简化为半无限弹性多层体结构，但现有的商用有限元软件通常只能计算有限尺寸模型，因此需确定其模型尺寸。参考文献及试算结果，最终选用长 5m、宽 5m、厚度为 2.23m 的实体模型进行建模。其中基层结构包括 25 个基块模型，土基高度为 1.5m。

（2）材料参数。基块材料主要选用粉煤灰混凝土，砂浆选用装配式基层专用砂浆，其他结构层参考试验路参数，确定各结构层材料的弹性模量及泊松比，各结构层材料弹性模量及泊松比见表 4.1-1。

各结构层材料弹性模量及泊松比　　　　　表 4.1-1

结构层	上面层	中面层	装配式基层		底基层	土基
材料	AC-16	AC-25	粉煤灰混凝土	砂浆	水泥稳定碎石	普通土基
弹性模量（MPa）	1200	1000	25500	7000	1000	30
泊松比	0.35	0.4	0.167	0.2	0.2	0.25

（3）计算荷载。考虑到静载下路面结构的力学响应大于移动荷载作用下的结构力学响应，因此本章仅分析静态加载下装配式基层的力学响应规律。车辆荷载取值将直接影响到数值模拟的计算结果。在实际服役时，轮胎的接地压力分布不均，其中轮胎接地区域中心的压强随胎内气压的增大而上升，边缘部分则受轴载影响较大。因本次研究重点为装配式基层沥青路面结构整体力学响应，不均匀接地压力对其计算结果影响较小，因此简化为均布荷载。《城镇道路路面设计规范》CJJ 169—2012 中将标准轴载定义为 0.7MPa 的双圆垂直均布荷载 BZZ-100。在行驶过程中，车辆轮胎的接地形状与长方形类似，因此基于面积等效原则，将接地压力等效为矩形垂直均布荷载，等效后荷载作用面积为 180mm×200mm，两矩形间距取 160mm，接地压力大小为 0.7MPa。由于轮组之间的间距为 1.6m，大于单个基块长和宽，轮组间影响较小，因此选取单轮组进行分析。为全面分析

装配式基层力学响应规律及确定荷载最不利位置，将荷载分别作用在基块中心处，基块边缘的中心处及基块的板角位置，下文中简称为板中，板边及板角，荷载作用位置示意图见图 4.1-2。

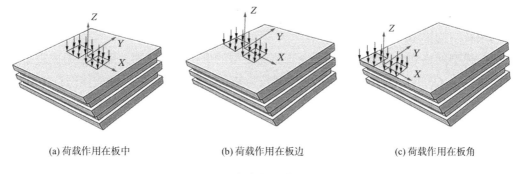

(a) 荷载作用在板中　　　　　(b) 荷载作用在板边　　　　　(c) 荷载作用在板角

图 4.1-2　荷载作用位置示意图

（4）接触条件。考虑到装配式基层的预制成型的特性，基层与相邻结构层、基层结构体之间的接触条件需要重点分析。接下来就对面层与基层、基层与底基层及基块与砂浆间的接触进行详细分析。按与基层接触的层位划分为面层与基层和基层与底基层，以及基块与砂浆的接触。

1）面层与底基层：面层与基层层间接触参考《城镇道路路面设计规范》CJJ 169—2012，沥青面层之间保持紧密结合，假定层间完全连续。但沥青混凝土须在高温（>120℃）压实才能达到所需的强度，但通常热拌沥青混合料的压实温度往往只有 110℃左右。施工单位在施工过程中一般会在基层结构上浇洒透层油，《公路沥青路面施工技术规程》JTG F40—2004 中要求在浇洒透层油和粘层油前清扫基层顶面，洒布均匀，洒布后不允许车辆及行人通过，保证基层顶面无尘。同时为保证面层与基层间的层间接触，基块表面有刻槽。基于以上分析，装配式基层沥青路面结构在分析时面层与基层间接触假定为完全接触。

2）基层与底基层：一般情况下，无机结合料层与无机结合料层之间的粘结强度较高，原因是水泥稳定土或水泥稳定粒料在常温下压实即可达到所需要的强度，钻芯取样结果也证实以上结论，即压实养生两个工作状态是保障无机结合料基层结构之间接触状态较好的原因。而装配式基层在施工过程中采取的是底基层施工养生完毕后在底基层上进行摆块，然后灌浆。首先，缺少压实这一工作状态。其次，在养生方面，仅砂浆采用现场养生的方式，参与养生的砂浆与底基层之间的接触仅为整个接触状态的 1/10～1/5，而接触状态的强弱直接影响到了整体结构的受力状态。为单独考虑基层与底基层之间的粘结性能对路面结构性能的影响，在模拟中设置一个接触面。接触面处仅竖向应力和位移连续，接触面处剪应力传递能力的强弱可用摩擦因数的大小来表征。摩擦系数同样选取 0.7 进行分析。

3）基块与砂浆接缝作为基块间共同承载的"胶粘剂"，其强度大小直接影响到装配式基层的结构承载能力，因此准确获取界面参数对了解装配式基层的强度及承载能力十分重要。有限元计算中基块和砂浆之间的接触条件,主要包括切向和法向接触。参考文献确定基块间接触条件,法向采用硬接触,接触后不分离,法向刚度采用 7000MPa/mm,切向刚度弹性模量为法向的 0.1 倍。

(5)边界条件。由于基块嵌挤组合后装配式基层横断面两侧均为不规则形状,所以在基层横断面两侧利用砂浆封边。整体路面结构模型侧面边界条件为法向位移约束,其他方向无约束;结构模型下表面设为固结。

(6)模型网格划分。装配式基层沥青路面模型的形状较为规则,面层采用按边布种,以六面体网格 C3D8R 划分;砂浆几何构型较为复杂,采用加密后的四面体网格 C3D4 划分。为保证荷载作用位置周围力学响应结果的准确性,对其重点位置网格划分进行加密处理。网格按照边进行布种,约 20 万个单元,网格划分示意图见图 4.1-3。

其他建模参数随结构形式改变而改变,具体参数在优化时进行确定。

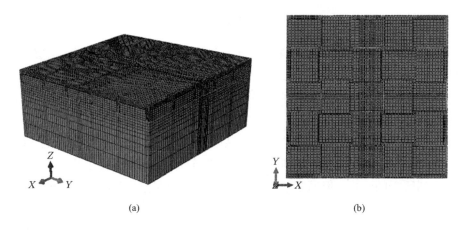

图 4.1-3 网格划分示意图

2. 数据采集

为验证装配式基层荷载传递的实际效果,对试验路进行了逐层的弯沉测试。弯沉测试有两种常见的方法:贝克曼梁法和 FWD 法。由于装配式基层刚度较大、精度要求较高、测试方法要求做到弯沉测点与测点之间的距离灵活可调,同时装配式基层沥青路面弯沉较小,因此选用贝克曼梁进行测试。贝克曼梁法是一种适用于测定静止加载时或慢速加载时路面弹性弯沉值的方法,可以较好地反映路面总体强度,且贝克曼梁法测点之间的距离更为灵活,精度较高。

弯沉值数据采集分为四个步骤:

(1)准备标准荷载车辆。标准荷载车辆后轴总质量应符合轴重(100±1kN)规定,后轮胎压符合(0.7±0.05MPa)规定。轮胎印痕的获取方法是在轮胎前方铺一张方格纸,当车轮向前缓慢行驶并从垫块顶部落下,便在纸面印出轮胎印痕,路面弯沉现场测量见图 4.1-4,轮胎痕迹见图 4.1-5。然后使用求积仪或数方格的方法测算轮胎接地面积(直径 21.3±0.5cm),精确至 $0.1cm^2$。再将实测面积与规范给出的面积 [$S = \pi\left(\frac{D}{2}\right)^2$, $D = 0.213m$] 比较,验证计算误差。

图 4.1-4　路面弯沉现场测量　　图 4.1-5　轮胎痕迹

（2）对路面的温度及气温进行测试。贝克曼梁法的测试温度以标准温度 20℃时为准，在其他温度（超过 20±2℃范围）需要对数据进行修正。用温度计对路面温度每隔 20min 测一次，并通过气象台获取前 5d 的平均气温。

（3）利用北斗确定测试路段基准点。按分布图做好测点标记，基层弯沉测量图见图 4.1-6；

（4）采用贝克曼梁弯进行沉测试。设备组成有贝克曼梁、百分表及表架，贝克曼梁长度为 5.4m，前后臂分别为 3.6m 和 1.8m，弯沉值采用百分表量得，测点群位置示意图见图 4.1-7。

(a) 测点布置图　　　　　　　(b) 弯沉测量图

图 4.1-6　基层弯沉测量图

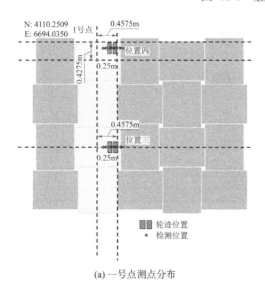 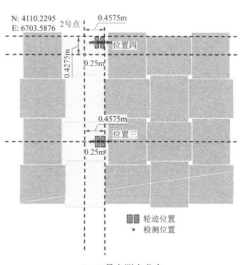

(a) 一号点测点分布　　　　　　　(b) 二号点测点分布

图 4.1-7　测点群位置示意图

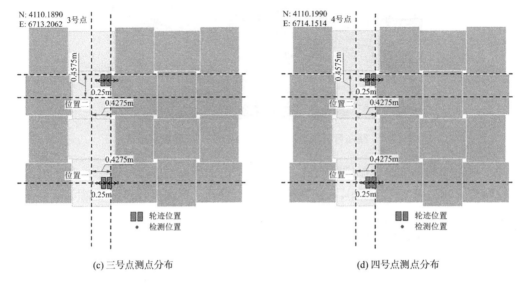

(c) 三号点测点分布　　　　　　　　(d) 四号点测点分布

图 4.1-7　测点群位置示意图（续）

3. 评价指标

评价目的是以保证装配式基层整体性及预防反射裂缝为目标进行优化设计。为保证装配式基层结构整体性及预防反射裂缝，反映装配式基层协调变形能力，同时与数值计算结果对照，装配式结构的整体性通常通过分析块体间协调变形能力及力的传递进行判断，因此选取以下两个具有代表性的指标：

（1）基层弯沉盆陡坦率

反映装配式基层协调变形能力，如式(4.1-1)所示：

$$LTE_\mathrm{d} = \frac{m_i}{m_{\max}} \times 100 \tag{4.1-1}$$

式中：m_i——当前位置处竖向位移值；

$m_{\max}$——荷载作用位置中心点处最大竖向位移值。

（2）荷载传递率

反映装配式基层荷载传递能力。如式(4.1-2)所示：

$$LTE_\mathrm{s} = \frac{\sigma_i}{\sigma_{\max}} \times 100 \tag{4.1-2}$$

式中：σ_i——当前位置处基层层底水平拉应力；

$\sigma_{\max}$——荷载作用位置中心点处基层层底水平拉应力。

（3）弯沉盆盆底位置弯沉差

反映装配式基块结构的接缝强度。如式(4.1-3)所示：

$$Q = m_{\max} - m_{250\mathrm{mm}} \tag{4.1-3}$$

式中：$m_{250\mathrm{mm}}$——相对位置 250mm 处的竖向位移值（0.01mm）；与中心测点相距 250mm 时正好位于砂浆与荷载作用基块的相邻基块的界面处，能够较好地反映基块间的接缝强度；

$m_{\max}$——荷载作用位置中心点处最大弯沉值（0.01mm）。反映基块间接缝的强度，接缝的强度越高，Q 越小。

4.2 基层荷载传递能力分析

因装配式基层的类板体性,理论上可以将其等效为板体结构参与结构设计,同时考虑到我国最常见的城市道路基层多为半刚性基层,考虑到设计方便选取半刚性基层结构与之对比。分析所采用的两种路面结构除基层形式外,其他结构层完全一致。半刚性基层沥青路面结构中基层弹性模量取 1700MPa,泊松比为 0.2,厚度与装配式基层相同。

1. 荷载传递率

(1)横向荷载传递率:为分析两类路面结构的荷载传递能力,提取各类基层荷载传递率及弯沉盆陡坦率进行判断。由图 4.2-1(a)可知,不同荷载作用位置处装配式基层横向荷载传递率相差较小,原因是受力基块在横向位置通过阴斜面进行荷载传递,受力基块通过阴斜面传递压应力,与相邻基块同时向下协调变形,增强了基块间嵌挤作用,因此无论荷载作用在什么位置,受力基块与相邻基块均能较好地作为整体承受拉应力,荷载传递率相差较小。与半刚性基层横向荷载传递率相比,相对位置为-900~900mm 时,装配式基层荷载传递率略高于半刚性基层;相对位置大于 900mm 或小于-900mm 时,半刚性基层横向荷载传递率略大于装配式基层,但此时传递率已基本接近于零,可忽略不计。因此装配式基层横向荷载传递率略高于半刚性基层,具有较好整体性。

(2)纵向荷载传递率:由图 4.2-1(b)可知,荷载作用在板中及板边位置时装配式基层纵向荷载传递率相差较小,而荷载作用在板角位置时荷载纵向传递率在相对位置 600~1500mm 时相对较大,原因是受力基块在纵向位置通过阳斜面进行荷载传递,但荷载作用在板角时,受到填缝砂浆四棱锥的作用,减小了受力基块与相邻基块不协调变形能力,因此在与荷载作用位置相近的基块结构内,荷载传递率较高。与半刚性基层横向荷载传递率相比,相对位置为-600~600mm 时,装配式基层荷载传递率略高于半刚性基层,与横向传递率相比范围有所减小,这是由于纵向位置通过阳斜面进行荷载传递,基块间协调变形相对于横向较弱。但从整体来看装配式基层纵向荷载传递率略高于半刚性基层,具有较好的整体性。

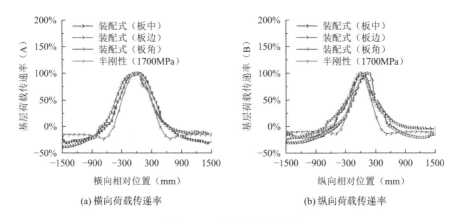

图 4.2-1 基层荷载传递率

（3）横向与纵向荷载传递率对比，虽有区别，但相差较小。三向嵌挤块体（裸块）垂直荷载传递路径方向性极强，跨越接缝便更换方向，或横或纵绝不兼顾。基块产品的横槽结构发挥斜压作用，使荷载传递路径获得有效拓展，将块体的单向传荷升级为双向受力。在荷载传递率的表现是横向与纵向更加接近，说明产品的亚结构设计不但可解决工艺问题，还能对荷载传递做出重要贡献。这种亚结构比砂浆与基块之间的粘接对荷载传递的作用更加显著和可靠。

2. 弯沉值及弯沉盆陡坦率

使用分散块体装配的基层，块体之间荷载传递能力是非常重要的评价指标，具体方法是通过不同工况下装配式基层的弯沉值、弯沉盆陡坦率以及接缝两侧的弯沉差进行分析。

弯沉值为基层结构中各基准点位置的弯沉值；考虑到基层结构在远离荷载作用中心位置处的弯沉值近乎为零和研究基层接缝对弯沉的影响，弯沉盆两侧的测点选在距离每组基准测点左右各250mm处，此位置处跨缝的测点正好位于相邻基块的板边位置，弯沉盆选点示意图见图4.2-2。

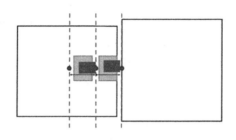

图4.2-2 弯沉盆选点示意图

板边位置能最为明确的显示跨缝对基层弯沉的影响规律，具体规律见图4.2-3及图4.2-4。

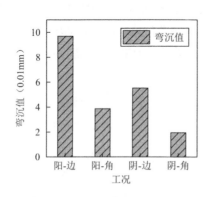

图4.2-3 基准点弯沉均值

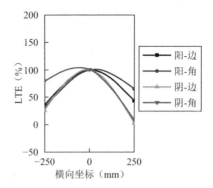

图4.2-4 基准点弯沉盆陡坦率

由图4.2-3及图4.2-4可知，荷载作用位置对弯沉值具有一定的影响。首先，相同类型基块处，板边位置的弯沉值大于板角位置。基于数值模拟的结果，板边及板角位置的弯沉值均大于板中位置，且板边和板角的数值相差较小，而现场测试结果显示板边位置相对于板角则更为不利，原因主要有以下两点：1）数值模拟分析时为将基块简化，倒角被去除，计算时荷载正好位于尖端位置，出现"应力集中"现象，使得板角位置处为荷载最不利位置之一。而实际的基块结构中基块的顶角处均进行了倒角处理，减弱了实际承载时的"应力集中"，增强了装配式基层结构在此位置的整体性，因此弯沉小于板边位置。2）数值模拟分析时将基块进行了简化，对结构的受力具有较小影响，施工及灌浆时反将发挥作用的位于板边位置处的"竖槽"去除。而在实际的工程中，竖槽位置没有设置横槽，使得此位置处砂浆与基块之间仅有粘结作用，未起到嵌挤作用，同时也造成了该位置砂浆的大量存在，而砂浆作为整个基层结构的薄弱位置，当受到较大的集中荷载作用时，变形较大。其次，不同斜面处，阳斜面的弯沉值均大于阴斜面，这是由于基块以阴斜面作为输出端，以阳斜面作为输入端，阴斜面处受力基块传递压应力，与相邻基块同时向下协调变形，增强了基块间嵌挤作用，阳斜面处受力基块与相邻基块间为拉应力，不能协调变形，相对于阴斜面来说，阳斜面板边及板角位置的整体性较差。

从弯沉盆陡坦率的形状可以看出，无论哪种斜面附近，板边位置的弯沉盆较凹，板角位置的弯沉盆平坦。这是由于基块具有特殊的嵌挤传递形式。该嵌挤形式使得装配式基层铺筑时，不仅基块间相互嵌挤，砂浆也在每四个基块嵌挤后的中心缝隙处，形成 1 对顶点相对四棱锥的嵌挤体，将荷载一分为四，向外扩散。四棱锥嵌挤体的存在进一步协调了相邻基块间的协调变形及荷载的传递。通过数值模拟发现，数值模拟计算中 250mm 位置处的荷载传递率均值约为 60%。实测结果中 250mm 位置处的荷载传递率均值约为 50%，实测结果略低于数值模拟结果，且实测结果中不同工况下荷载传递率变异性较大，这是由于实测结果受到环境因素的影响较大，造成结果的变异性较大。虽然实测的荷载传递率低于数值模拟结果，但由于荷载作用位置处的实测弯沉最大为 0.09mm，因此荷载弯沉率相差 10% 时最多仅差 0.009mm，几乎可以忽略不计。综上所述，经现场实测结果证实，装配式基层的荷载传递率不低于半刚性基层。

3. 垮缝弯沉差

弯沉差为基层结构中各基准点位置的弯沉值与未跨缝和跨缝的两侧弯沉值的差值。考虑到使数据更直观，将计算得到的弯沉差进行进一步处理。每一个位置均得到两个弯沉差（跨缝与未跨缝），两数相减，得到的差值替换较大值，将较小值替换为 0，以此排除弯沉盆的"凹凸"对结果的干扰。如果差值较小，则表示跨缝对结构的影响较小，反之则影响较大。基层结构不同工况下弯沉差示意图见图 4.2-5。

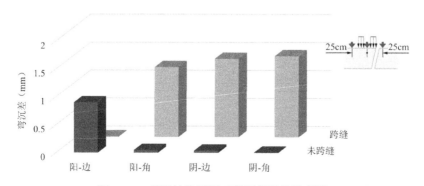

图 4.2-5 基层结构不同工况下弯沉差示意图

由图 4.2-5 可知，大部分位置的跨缝对弯沉盆具有一定的影响。板块接缝两侧不同位置弯沉差分别为：0.0075mm（阳-边）、0.012mm（阳-角）、0.013mm（阴-边）、0.014mm（阴-角）。根据《公路水泥混凝土路面设计规范》JTG D40—2011 第 8.5.5 条条文说明规定：经综合处治后的旧混凝土路面应满足接缝或裂缝处的板边弯沉小于 0.2mm，弯沉差小于 0.06mm，锚台小于 5mm 方可进行水泥混凝土或沥青混凝土结构加铺。显然，装配式基层相邻板块间的弯沉差满足沥青层罩面的条件。尽管如此，基块结构的体积较小，导致基层结构的接缝众多，而接缝位置作为薄弱位置，其两侧的不均匀沉降会影响面层以及基层结构的疲劳特性，因此，仍需引起足够的重视。

4.3 路面荷载传递能力分析

装配式基层在铺设沥青面层之后弯沉值、弯沉陡坦率及接缝两侧的弯沉差会有所减小，具体分析如下：

1. 弯沉值及弯沉盆陡坦率

弯沉值为面层结构中各基准点位置的弯沉值，反映路面结构的整体性能；弯沉盆的各个测点的选择和基层一致，基准点弯沉均值见图 4.3-1，基准点弯沉盆陡坦率见图 4.3-2。

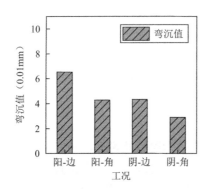

图 4.3-1 基准点弯沉均值

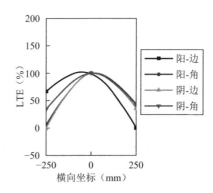

图 4.3-2 基准点弯沉盆陡坦率

由图 4.3-1 及图 4.3-2 可知，与基层相比，荷载作用位置对弯沉值的影响逐渐减小，其变化趋势与基层一致，相同类型基块处，板边位置的弯沉值大于板角位置；在不同斜面处，阳斜面的弯沉值均大于阴斜面，其中弯沉值最大值和最小值相差约 0.015mm，差值较小。从弯沉盆陡坦率的形状可以看出，不同的荷载作用位置对于弯沉盆的影响逐渐减弱，弯沉盆的凹凸现状趋于一致。

2. 垮缝弯沉差

接下来进行弯沉差分析，数据处理方式与基层相同。

由图 4.2-5 与图 4.3-3 对比可知，经过面层结构的缓冲，接缝对面层表面弯沉盆的影响微乎其微。由现场的弯沉测试结果可以发现，装配式基层结构的整体性状况总体较好，可以与半刚性基层结构进行等效换算。装配式基层沥青路面与半刚性基层沥青路面的关键力学响应对比见表 4.3-1。

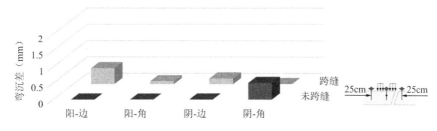

图 4.3-3　面层结构不同工况下弯沉差示意图

装配式基层沥青路面与半刚性基层沥青路面的关键力学响应对比　　表 4.3-1

关键力学响应	面层层底水平拉应变（με）	面层层底水平压应变（με）	底基层层顶水平拉应变（με）	底基层层顶竖向压应力（MPa）
装配式基层	51.88	46.14	26.07	0.026
半刚性基层	53.11	73.63	53.88	0.045
装配式比半刚性基层应力应变降低的比例	2.32%	37.34%	51.62%	42.22%

与传统半刚性基层比较，装配式基层有以下特点：第一，荷载传递率曲线图正态分布样式及幅值与半刚性基层相似；第二，基块纵横向荷载传递率有差别，显示出有各向异性的特征；第三，与半刚性基层对比，装配式基层纵向荷载传递率在曲线凸点两侧下降斜率明显更缓，显示出基层具有更大的刚性。

与结构计算数据对比，其中装配式基层的面层层底水平压应力、底基层层顶水平拉应力及竖向压应力三项数据分别比半刚性基层减少，显示出基块结构具有优秀的接缝传荷能力，因此以上三项数据的减少即是基块基层刚性显著增大的表现。但是如果由于底基层平整度差而导致装配式基层平整度降低，虽然弯沉差较小，但是受长期荷载作用在面层接缝位置还是会出现疲劳损伤。因此，在施工阶段底基层的平整度应引起足够重视。

4.4　基于实测数据的路面力学响应规律修正研究

装配式基层沥青路面结构中的装配式基层是通过基块与基块之间相互嵌挤，然后灌注砂浆形成的基层整体。这种独特的结构形式有其自身的几何特点和力学特性，这些特性对基层受力状况带来的改变是确保装配式基层沥青路面结构具有合适的抗压强度、抗拉强度、刚度等力学性能以及抗变形、抗开裂等服役性能的必要条件。装配式基层沥青路面监测是利用不同的监测设备/元件[70][71]，获取装配式基层沥青路面结构在实际服役过程中的力学响应规律。其内容包括：监测系统设计、实现及监测数据采集分析。

1. 数据采集

装配式基层沥青路面典型结构包括：沥青面层、装配式基层、底基层及土基，选长春市杨浦西街作为检测路段。该路为城市支路，道路红线宽度为20m，设计车速为30km/h。

（1）路面沥青层及基层结构设计：5cm AC-16C 中粒式沥青混凝土、8cm AC-25C 粗粒式沥青混凝土、30cm 装配式基层；按不同底基层分为两类结构：A，30cm 水泥稳定碎石及土基；B，30cm 石灰土及土基。装配式基层沥青路面结构示意图（杨浦西街）见图 4.4-1。

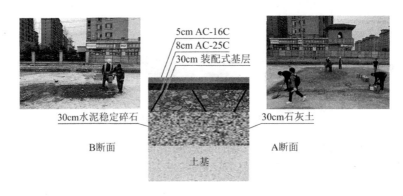

图 4.4-1　装配式基层沥青路面结构示意图（杨浦西街）

（2）路面监测信息及监测设备布设见表 4.4-1 所示。

路面监测信息与监测设备布设　　　　　　　　　　表 4.4-1

监测信息	位置/层位	监测设备/元件
路面温度	沥青面层	温度传感器
应变	沥青面层层底	应变传感器
竖向应力	底基层层顶	土应力传感器
应变	底基层层底	应变传感器
应变	土基顶	应变传感器

（3）传感器选型。传感器（图 4.4-2）均为光纤类传感器，采用 FS-T-CE-PS1H 型光纤光栅温度传感器实现沥青路面温度监测；采用 FF-HS-AE-PD1 型光纤光栅水平应变传感器与 FF-VS-AE-PD1 型光纤光栅竖向应变传感器实现对沥青面层三向应变监测。

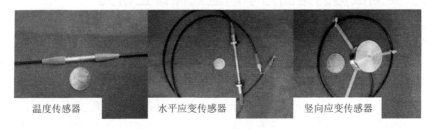

图 4.4-2　传感器

（4）传感器布设方案。共设置 A、B 个矩阵式（点式）监测断面，两断面传感器通过光缆与采集设备相连。为实现路面温度与动力响应监测，2 个断面传感器布设方案相同，间距约 20m；两断面底基层材料分别为 A 断面为石灰土，B 断面为水泥稳定碎石，用于实现监测数据的对比与验证。传感器布设在中间车道轨迹处，传感器平面位置图见图 4.4-3。

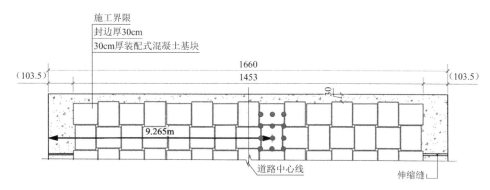

图 4.4-3 传感器平面位置图

在土基顶、水泥稳定碎石顶（石灰土）和预制装配式基块结构顶布设传感器，沥青层底布设纵向应变传感器 6 支、水平应变传感器 6 支、竖向应变传感器 6 支、土压力计 2 支、温度传感器 2 支，分别布置在板中、板边和板角位置，其余层位考虑酌减。两断面的布设方案见图 4.4-4 和图 4.4-5。

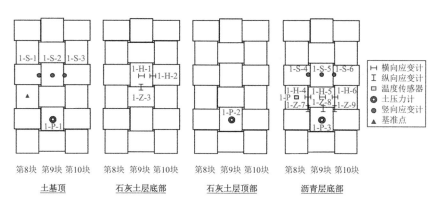

图 4.4-4 A 断面传感器布设方案

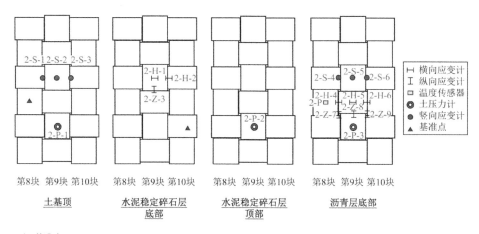

图 4.4-5 B 断面传感器布设方案

（5）实测路面传感器安装

采用全站仪对传感器预埋设位置进行定位并用喷漆标记，传感器安装，布线、填埋见图 4.4-6 和图 4.4-7。

(a) 竖向应变传感器安置　　　　(b) 土压力计安置

图 4.4-6　传感器安装

(a) 沟槽布置　　　　(b) 填埋夯实

图 4.4-7　布线、填埋

（6）数据采集系统

利用定期采样的方式进行数据采集，其中光纤光栅解调仪对路面结构响应信息进行采集。解调仪采样频率为 200Hz，实际荷载采用标准车进行。将测点群的位置确定，然后将标准车按规划路径进行，设定速度（30km/h 及 45km/h）给出车辆行驶的加速区、匀速行驶区间及减速区间，测试车行进路径示意图见图 4.4-8。

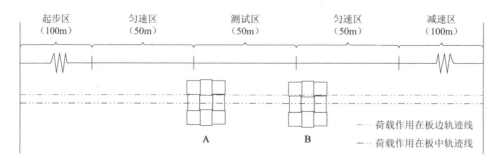

图 4.4-8　测试车行进路径示意图

2. 分析结论

监测数据分析的主要目的包括两部分，一是基于实测数据进行装配式基层沥青路面结构的动力响应规律分析，二是基于实测数据完成数值模拟模型的修正。

（1）接缝处横向应变传感器产生 56.19με 的拉应变幅值，纵向传感器产生 48.47με 的拉应变幅值，而竖向应变产生 447.57με 的压应变幅值，分析其原因可能为荷载作用在板边位置时由于荷载基本都作用在接缝的一侧，宽约为 2cm 的接缝作为主要的荷载传递的媒介承受较大的拉应力，出现较大变形。

（2）板角位置处，四角棱锥样式的砂浆将荷载传递给与之相邻的三块基块，减小了受力基块与相邻基块不协调变形能力，同时棱锥最小的边长约为 5cm，避免了由于承载面积或体积较小导致受力集中而被破坏的情况发生。

（3）两断面相比，各对应位置处的传感器的应变值相差较小，其中相差最大的值约为 14.48%，但应变仅相差 6.57με，由此可知，不同的底基层材料对于沥青混凝土面层的应变规律的影响较小。

（4）不同速度下（30km/h 及 45km/h），下面层各位置处的应变最大值相差较大，约为 47.51με，变化率为 11.8%，其他各位置处的应变值差值均在几个 με 之内，基本可以忽略不计。而对于竖向应变来说，现场的不确定性、车速较高时车辆作用在面层的荷载变小等因素均会使得两个传感器相差约 50με，但考虑到变化率仅为总体的 11.8%，满足现场数据采集误差 20% 的要求，因此，在低速行驶下，车辆的行驶速度对面层应变影响较小，在考虑其变化时，可以忽略车速因素。

（5）装配式基层作为承重层，底面往往受到较大拉应力作用，重复荷载作用下易产生疲劳受拉破坏。因此在进行路面结构设计时，基层层底水平拉应力（变）为基层结构设计重要控制指标。

（6）与沥青面层相比，装配式基层的应变值非常小，位于轮迹线上的传感器最大应变仅为 14.69με。这是由于装配式基层由水泥混凝土基块以及灌缝砂浆组成，虽然作为道路结构的主要承重层，但由于其刚度较大，因此变形较小，不在轮迹线上的传感器最大的应变仅为 10.9με。

（7）两断面相比，各对应位置处的传感器的应变值变大，这是由于随着底基层弹性模量及刚度的变小，道路结构的承载逐渐向装配式基层汇聚，随着承载的增大，装配式基层的变形增大。由此可知，为了装配式基层的耐久性，底基层的弹性模量及刚度不宜太低，应适当加大底基层材料的强度，以此分担装配式基层的承荷；

（8）不同速度下（30km/h 及 45km/h），基层各位置处的应变值差值均在 2 个 με 之内，基本可以忽略不计，因此在考虑其变化时，可以忽略车速因素；

（9）土基顶竖向压应变通常被用来反映路基结构稳定性及承载能力，底基层弹性模量对于土基顶的应变影响较大，其中石灰土底基层（A 号）断面的竖向压应变约为水泥稳定碎石底基层（B 号）断面竖向压应变的 2 倍，但对于竖向压应力的影响较小，两断面相同位置的竖向压应力仅相差 0.3MPa，由此导致土基受到的应力相同，石灰土基层的较大变形导致土基出现较大压应变，在反复荷载作用下，具有石灰土底基层的路面结构的土基更易出现疲劳损伤。采用石灰土底基层的装配式基层沥青路面结构在底基层和土基的应变较大，易出现疲劳损伤，由此得出，较高弹性模量的水泥稳定碎石底基层下的装配式基层沥青路面结构的实用性更高。

3. 模型修正

模拟所采用的路面结构材料参数均来自于前期测试、后期取样及数值模拟分析的综合分析，其中沥青混凝土的弹性模量约为2150MPa，基块的弹性模量约为28GPa，土基的回弹模量约为360MPa，水泥稳定碎石弹性模量约为2400MPa，石灰土基层弹性模量约为1200MPa，但对于各结构层之间的接触参数及基块与砂浆之间的接缝材料则无法获取。考虑到装配式基层的施工特性，在此对以下参数进行分析。

（1）砂浆弹性模量

结构材料的强度是保证结构体承载力的关键因素。接缝材料的强度则对于装配式基层基块间荷载传荷及协调变形能力起到关键性的作用。在实际工程中，受到成本及环境因素的影响，实际的强度及模拟则无法和设计时的相匹敌，同时复杂的结构形式会导致无法直接对接缝材料的弹性模量及强度进行测试，因此采用模拟的形式进行修正。

（2）接缝宽度

对于装配式基层由于块体尺寸确定，接缝位置确定，可能产生温缩开裂的位置固定，因此在接缝位置设置预防措施。具体方法是采用有针对性的局部设防，采取应力模式转化结构和自适应材料来解决反射裂缝问题。即在相邻混凝土块之间的接缝位置设置三角槽并填充柔性材料，利用受荷载状态应力与应变的转换，缓解接缝处的温缩应力，减弱应力集中现象，从而阻隔反射裂缝的发生。相邻的混凝土板接缝处的上边缘设置倒角，接缝两侧的倒角形成1个断面为顶角在下方的三角形区域。三角区的底与沥青混凝土面层底面接触，2个侧边分别属于相邻的2块混凝土板，处于下方的顶角恰好在板块接缝处。为了模型收敛，建模时往往将此处进行"去倒角"的操作，考虑到倒角的存在与变化接缝宽度对装配式基层的影响类似，因此在实际模拟时利用变化接缝的宽度进行倒角性能的替换分析。

（3）面层与基层接触参数

规范规定面层与基层保持层间完全连续状态，但沥青混凝土须在高温（>120℃）压实才能达到所需的强度，但通常热拌沥青混合料的压实温度往往只有110℃左右。施工单位在施工过程中一般会在基层结构上浇洒透层油，《公路沥青路面施工技术规程》JTG F40—2004规定，在浇洒透层油和粘层油前清扫基层顶面，洒布均匀，洒布后不允许车辆及行人通过，保证基层顶面无尘。但通常施工现场无法完全达到规范的规定，影响面层与基层间的粘结强度。

（4）基层与底基层接触参数

一般情况下，无机结合料层与无机结合料层之间的粘结强度较高，原因是水泥稳定土或水泥稳定粒料在常温下压实即可达到所需要的强度，钻芯取样结果也证实以上结论，即压实和养生两个工作状态是保障无机结合料基层结构之间接触状态较好的原因。装配式基层在施工过程中采取的是底基层摊铺碾压施工养生完毕后在底基层上进行摆块，然后灌浆。在养生方面，砂浆采用现场养生的方式进行，参与养生的砂浆与底基层之间的接触仅为整个接触状态的 1/10～1/5，而接触状态的强弱直接影响到整体结构的受力状态。如车辆的频繁刹车和启动也会对接触状态产生影响。

为单独考虑基层与底基层之间的粘结性能对路面结构性能的影响，本次模拟设置一个接触面。接触面处仅竖向应力和位移连续，接触面处剪应力传递能力的强弱可用摩擦系数的大小来表征。摩擦系数同样选取 0.7 进行分析。

4. 评价指标

对实测数据和修正参数进行分析，在选取评价指标时，首先要关注指标对于修正参数变化的敏感性。考虑到接缝的修正，因此选用在接缝附近的传感器数据参与修正。其中荷载的作用位置分别为板中及板边，行驶速度为 30km/h。将以上位置处的实测和模拟数据的差值作为评价指标，进行修正参数的选取。

（1）多因素分析试验设计

本次修正采用多因素分析法，为优化试验量，采用正交试验进行设计，试验中每个因素均选取以下四个代表水平进行试验，因素水平见表 4.4-2。

因素水平 表 4.4-2

因素水平		1	2	3	4
A	面层/基层摩擦系数	0.2	0.4	0.7	1
B	基层/底基层摩擦系数	0.2	0.4	0.7	1
C	砂浆弹性模量（GPa）	5	10	15	20
D	接缝宽度（mm）	10	25	40	55

作为一个四因素四水平正交试验，并考虑建立空白列，本次分析选用 $L_{29}(4^7)$ 型正交表，不考虑因素间交互作用。

（2）显著性分析

为了确定各影响因素作用的主次顺序，在此进行极差分析，并确定最优水平组合。具体结果见表 4.4-3。

极差分析结果 表 4.4-3

荷载作用位置	验算指标	主次顺序	优组合
板边	1-H-4（2-H-4）	C＞D＞A＞B	A3B4C3D3
	1-H-2（2-H-2）	C＞D＞B＞A	A3B3C2D3
	1-S-1（2-S-1）	C＞B＞D＞A	A4B2C3D3
板中	1-H-4（2-H-4）	A＞C＞D＞B	A1B4C3D4
	1-H-2（2-H-2）	B＞C＞D＞A	A2B4C3D4
	1-S-1（2-S-1）	B＞C＞D＞B	A3B2C3D3

求得各因素方差，并做显著性水平分析见表 4.4-4。

显著性水平分析　　　　　　　　　　　　　　　表 4.4-4

验算指标	A		B		C		D	
	F		F		F		F	
1-H-4（2-H-4）	1.06		0.76		8.59	☆	6.98	☆
1-H-2（2-H-2）	1.01		2.14		17.58	☆☆	9.86	☆
1-S-1（2-S-1）	1.21		2.61		5.61	☆	4.59	
1-H-4（2-H-4）	0.87		0.61		2.19		3.5	
1-H-2（2-H-2）	0.71		0.46		0.54		1.42	
1-S-1（2-S-1）	1.96		2.06		1.94		2.02	

对比表 4.4-3 及表 4.4-4，方差分析和极差分析得到的结果大致趋势相同。从表中还可以看出，当荷载作用在板边时，砂浆的弹性模量及接缝的宽度对验算指标的影响较大，其中集中体现在面层和基层，土基受影响相对较小。当荷载作用在板中时，四个修正参数对验算指标的影响普遍较小，这是因为荷载作用在板中时，这三个位置的传感器并不在轮迹线上，数值及变化幅度均较小且不规律。综上所述，基于极差分析结果选取最优组合设计时，砂浆的弹性模量及接缝的宽度对验算指标的影响，在 1-H-2（2-H-2）传感器位置处的应变最为敏感。因此，修正参数的最佳取值范围为面层与基层摩擦系数为 0.7，基层与底基层摩擦系数为 0.7～1，砂浆弹性模量为 10～15GPa，砂浆宽度 40mm。

（3）修正模型验算

通过极差分析，初步得到各影响因素对各控制指标影响的主次顺序，并给出了最优设计初步方案。考虑到实际，将面层与基层摩擦系数设为 0.7，基层与底基层之间的摩擦系数定为 0.7，接缝宽度定为 40mm，砂浆弹性模量分别选 10GPa、11GPa、12GPa、13GPa、14GPa 及 15GPa 进行计算，最终确定砂浆弹性模量为 12GPa 时，模拟结果与实际测量结果最为接近，结果见表 4.4-5。

修正模型验算　　　　　　　　　　　　　　　表 4.4-5

评价指标	模拟参数（με）	实测参数（με）	误差（%）
1-H-4	50.66	56.195	10%
1-H-2	15.94	14.69	9%
1-S-1	11.95	10.24	17%
2-H-4	45.63	49.75	8%
2-H-2	6.01	6.89	13%
2-S-1	23.66	20.78	14%

由表 4.4-5 分析可知，所有的参数均满足误差在 20% 之内，1-S-1 处误差最大，但仅相差 1 个 με，可以忽略，因此修正模型满足要求。

4.5　装配式基层沥青路面结构设计方法

目前，装配式基层作为一种新型道路基层结构已在我国北方城市铺装达 235 万 m^2，急需相关标准规范指导路面设计。为保障装配式基层沥青路面结构安全性及耐久性，合理的结构设计方法是十分必要的。基于弹性理论进行联锁块路面结构设计的主要劣势在于联锁块路面结构的连续性及荷载传递能力较差，而装配式基层沥青路面结构凭借其特殊的几何构型加强了基块间荷载传递能力及连续性，并通过在接缝处灌注砂浆进行了强化。因此，在装配式基层沥青路面结构已经开始较大面积铺筑使用的前提下，快速便捷且适配度高的基于弹性理论的装配式路面结构设计方法是装配式基层结构设计的最佳选择。前面章节利用 ABAQUS 软件对装配式基层沥青路面结构与典型半刚性基层沥青路面结构进行有限元分析，通过对比分析两类基层结构荷载扩散能力，装配式基层结构整体性满足等效要求。因此以装配式基层结构整体性较好为前提，基于力学指标等效原则进行基层等效，回归拟合装配式基层与半刚性基层弹性模量与厚度之间等效关系式，最后，提出装配式基层沥青路面结构设计方法及流程。

1. 模型参数

研究模型参考长春市新开西街路面结构，具体路面结构形式、模型尺寸数据、材料参数、接触及边界条件、网格划分见图 4.1-3。其中基块尺寸根据装配式基层优化结果及实际工程需要，以路面结构分析的基块类型为标准型。在基块尺寸方面，为方便后期网格划分及结果提取，将基块尺寸进行适当取整处理，简化后基块长、宽、高分别为 1020mm、850mm 及 300mm，基块间砂浆厚度为 40mm；计算荷载时，考虑到基于装配式基层沥青路面结构完整模型，因此将荷载作用在沥青面层相应位置。为方便对比荷载作用位置周围的力学响应特性，将坐标原点均设在荷载作用位置中心点处，以 X 方向为横向（垂直于行车方向），Y 方向为纵向（平行于行车方向），Z 方向为竖向（路面深度方向）。

2. 等效关系

装配式基层沥青路面结构与半刚性沥青路面结构承载能力类似；装配式基层与半刚性基层整体性较为相似；半刚性基层沥青路面为我国目前使用最为广泛的路面结构形式。基于以上原因，特选用半刚性基层沥青路面结构参与装配式基层沥青路面结构等效设计。

（1）等效指标合理性分析

建立装配式基层沥青路面与半刚性基层沥青路面之间的等效关系时，首先需要选定合理的等效指标。本节将参考《公路沥青路面设计规范》JTG D50—2017 及《城镇道路路面设计规范》CJJ 169—2012，选取沥青层竖向应变及剪应力、沥青层层底水平向应变、装配式基层层底水平向应力、底基层层底水平向应力及路基顶面竖向应变等指标，通过对比不同荷载作用位置下装配式基层沥青路面结构与半刚性基层沥青路面结构关键力学响应整体变化趋势及极值，选取合理等效指标。结构模型以轮迹中心位置作为横坐标"0"处。为判断变化趋势及极值的相近程度，提出相对差值率 W 概念，计算式见式(4.5-1)：

$$W = \frac{\phi_{\text{fabricated}} - \phi_{\text{semi-rigid}}}{\phi_{\text{fabricated}}} \times 100\% \tag{4.5-1}$$

式中：$\phi_{\text{semi-rigid}}$——半刚性基层沥青路面结构力学响应极值；

$\phi_{\text{fabricated}}$——装配式基层沥青路面结构力学响应极值。

若等效差值率 W 较小，则装配式基层与半刚性基层沥青路面结构的力学参数具有较好的吻合度,即当半刚性基层发生此病害时,装配式基层结构也易出现此类病害。同时为确定其最不利状态,取横向或纵向位置的较大值作为等效指标。

(2)沥青层竖向应变及剪应力

车辙产生原因主要有以下两种:一种是经过竖向荷载的反复作用,新建道路的路面材料逐渐被压实,导致路面结构出现永久变形;另一种是在剪应力的作用下,路面材料出现横向推移现象,这两种变化一般反映在沥青面层竖向压应变或剪应力上。沥青面层竖向应变见图4.5-1。

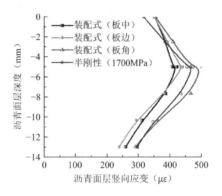

图 4.5-1 沥青面层竖向应变

图 4.5-2 为沥青面层剪应力,竖向应变在沥青面层先增加后减小,在层顶以下 50mm 处,因为面层材料变化而发生突变。三种工况中,荷载作用在板角位置时,沥青面层产生的竖向应变随深度变化,幅度及极值均最大,因此荷载作用在板角位置时,易出现车辙破坏。半刚性基层沥青路面结构中沥青层内竖向应变沿面层纵向变化规律与装配式基层类似,其极值小于装配式基层板角位置,大于板中及板边位置,相对差值率 W 仅为 4%,因此等效后,半刚性基层沥青路面结构内沥青层竖向应变可代表装配式基层沥青路面结构沥青层内竖向应变。

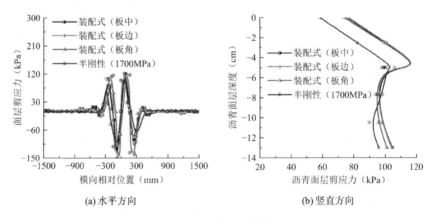

(a)水平方向　　　　　　　(b)竖直方向

图 4.5-2 沥青面层剪应力

由图 4.5-3 可知,无论荷载作用在板中、板边还是板角位置,沥青层剪应力沿水平方向及竖直方向的变化规律相似,在半刚性基层沥青路面结构中,沥青层内剪应力沿面层横向变化规律与装配式基层类似,竖直方向在下面层稍有不同。综合分析水平方向及竖直方向,半刚性基层沥青路面结构的沥青层内剪应力相对半刚性基层沥青路面结构较小,其中竖直方

向相对差值率 W 为 25%，但仅相差 20kPa，在道路结构计算中可以忽略不计，因此等效后，半刚性基层沥青路面结构内沥青层剪应力可代表装配式基层沥青路面结构沥青层剪应力。

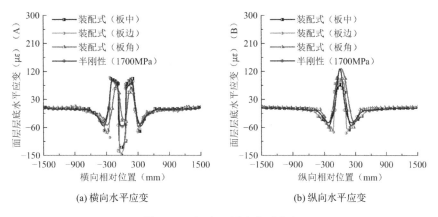

图 4.5-3　沥青面层底水平应变

（3）沥青层水平拉应变

由规范《公路沥青路面设计规范》JTG D50—2017 可知，沥青面层层底拉应变是控制疲劳的重要力学指标。

由图 4.5-4 可知，综合分析横向与纵向位置车辆荷载作用下沥青面层层底水平应变发现，沥青层底不仅产生拉应变，也存在压应变，且不同荷载作用位置对沥青面层横向水平压应变影响较大，对水平拉应变的影响较小。半刚性基层沥青路面结构与装配式基层沥青路面结构的沥青层底水平应变变化规律相似，但在横向位置，半刚性基层沥青路面结构面层层底水平压应变较小，其中竖直方向相对差值率 W 为 50%。在纵向位置，相对差值率 W 较小，且极值大于横向相对位置，因此选取纵向位置的沥青面层层底水平应变为等效指标。

（4）装配式基层及底基层水平拉应力

基层结构作为承重层，底面往往受到较大拉应力作用，经过重复汽车荷载作用后易产生疲劳受拉破坏。因此在进行半刚性基层沥青路面结构设计时，基层层底水平拉应力为基层结构设计重要控制指标。

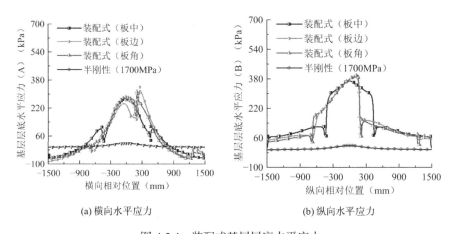

图 4.5-4　装配式基层层底水平应力

由图 4.5-5 可知，横向与纵向层底水平应力均由荷载作用中心向四周逐渐下降，综合考虑装配式基层整体性能，与半刚性基层沥青路面结构相比，由于装配式基层沥青路面基层层底水平拉应力远大于半刚性基层沥青路面结构，且两者材料的强度不同，两者并无可比性，所以装配式基层层底水平应力不能作为等效指标。

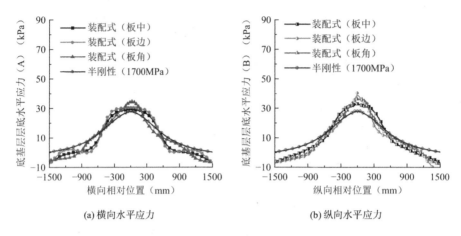

(a) 横向水平应力　　　　　　　　　(b) 纵向水平应力

图 4.5-5　底基层层底水平应力

由图 4.5-6 可知，与装配式基层相比，底基层层底水平应力并没有出现较明显的"应力集中"现象，而是水平应力从荷载作用位置向两侧缓慢下降。半刚性基层沥青路面结构与装配式基层沥青路面结构的底基层层底水平应力变化规律相似，相对差值率 W 最大为 20%，仅相差 5kPa。通过对比，纵向位置水平应力极值较大，因此选取纵向位置的底基层层底水平应力作为等效指标。

（5）土基顶竖向应变

规范及研究者通常通过土基顶竖向压应变反映路基结构稳定性及承载能力。

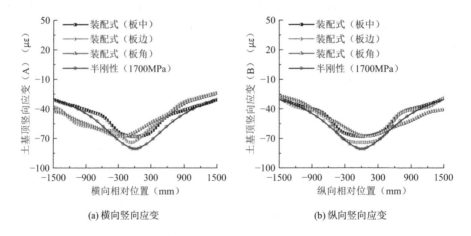

(a) 横向竖向应变　　　　　　　　　(b) 纵向竖向应变

图 4.5-6　土基层层顶竖向应变

由图 4.5-6 可知，不同荷载作用位置，对土基层层顶竖向应变的变化规律影响较小。半刚性基层结构土基压应变相对较大，相对误差率 W 较小，因此土基层层顶竖向压应变可作为两者等效指标。

（6）等效原则

综合考虑路面结构整体关键力学响应，以力学指标等效为等效原则，通过相对差值率W来判断两种结构力学指标的等效性，从而得到装配式基层与半刚性基层沥青路面等效关系。以典型装配式基层沥青路面结构及半刚性基层为例进行分析，半刚性基层材料的弹性模量取值为1200MPa，泊松比为0.2，其他结构层与装配式基层沥青路面结构保持一致。

根据《公路沥青路面设计规范》JTG D50—2017及《城镇道路路面设计规范》CJJ 169—2012，选取对弹性模量、厚度变化较为敏感且能够全面反映路面结构性能的9个关键力学指标，进行两种路面结构等效。其中各结构层位移反映路面结构整体承载能力，面层竖向应变及剪应力反映路面结构抵抗车辙破坏能力，底基层的层底水平拉应力反映底基层抗疲劳破坏能力，土基竖向应变反映土基结构的稳定性。

对比装配式基层与半刚性基层沥青路面结构的各关键力学响应极值大小，求不同弹性模量、不同基层厚度下半刚性基层与装配式基层沥青路面结构间的相对差值率W。当相对差值率W最小时，半刚性基层与装配式基层沥青路面结构之间的等效性最高，该厚度为半刚性基层与装配式基层沥青路面结构等效的基层最佳厚度。

弹性模量为1200MPa，厚度为425~525mm的半刚性基层沥青路面结构与装配式基层沥青路面结构的等效情况见图4.5-7。

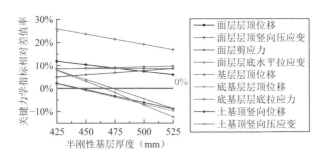

图4.5-7 各关键力学指标对比图（1200MPa）

为保证装配式基层沥青路面结构安全，装配式基层替代的半刚性基层沥青路面结构性能需低于装配式结构，即被替代半刚性沥青路面结构能够用于道路建设时，装配式基层沥青路面结构必然能够使用，当力学指标相对差值率$W \geqslant 0$时满足上述要求。

当底基层层底水平拉应力相对差值率$W \geqslant 0$时，各关键力学指标的相对差值率$W > 0$，所以底基层层底水平拉应力相对差值率为零时所对应的半刚性基层厚度即为所求。而随着半刚性基层厚度的增大，部分力学指标的相对差值率$W < 0$，半刚性基层沥青路面结构性能逐渐优于装配式基层沥青路面结构，等效替换无法保证安全。

对半刚性基层厚度及底基层层底水平拉应力相对差值率进行拟合，求底基层层底水平拉应力的相对差值率为零时的等效厚度，见式(4.5-2)：

$$W = -0.0026h + 1.1581 \tag{4.5-2}$$

式中：W——力学指标相对差值率；

h——半刚性基层厚度。

当 W 为 0 时，底基层层底水平拉应力的相对差值率为零，h 为半刚性基层在该弹性模量下的最佳等效厚度。

（7）等效关系拟合

按照以上方式以此类推得到弹性模量为 1200～1900MPa 的半刚性基层与标准型及轻型装配式基层之间的等效关系，见表4.5-1。

半刚性基层参数与标准型及轻型装配式基层对应关系　　　表 4.5-1

半刚性基层弹性模量（MPa）	半刚性基层等效厚度（mm）	
	标准型	轻型
1200	445	300
1300	441	294
1400	429	290
1500	422	282
1600	407	280
1700	401	277
1800	390	271
1900	384	265

将表 4.5-1 数据进行拟合，得到最佳等效厚度与半刚性基层弹性模量之间的线性关系，见图 4.5-8。

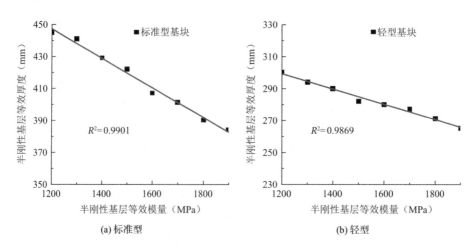

(a) 标准型　　　　　　　　　　　　(b) 轻型

图 4.5-8　最佳半刚性等效厚度与半刚性基层弹性模量拟合曲线

拟合公式见式(4.5-3)、式(4.5-4)：

$$h_{i\min B} = -0.0932 E_{iB} + 559.11 \tag{4.5-3}$$

$$h_{i\min Q} = -0.05E_{iQ} + 360 \tag{4.5-4}$$

式中：E_{iB}——与标准型基块等效的半刚性基层弹性模量；

$h_{i\min B}$——该弹性模量对应的最佳等效厚度；

E_{iQ}——与标准型基块等效的半刚性基层弹性模量；

$h_{i\min Q}$——该弹性模量对应的最佳等效厚度。

3. 设计方法

装配式基层沥青路面结构设计有别于传统半刚性基层沥青路面结构设计的原因在于装配式基层本身需要进行特殊的结构和材料设计。因此，其设计主要包括两部分：装配式基层设计和其他结构层设计，前者需进行装配式基层基块几何设计与材料设计、灌缝砂浆材料设计，而后者设计是在此基础上将装配式基层等效换算为半刚性基层后按传统的半刚性基层沥青路面结构进行设计。

具体设计流程如下：

（1）需先依据交通量初步拟定装配式基层型号。其中，中等交通以下选择轻型基块；重交通以下选择标准基块；特重交通选择重型基块。

（2）根据各型号基层材料及结构要求进行基层结构设计。

（3）装配式基层沥青路面结构除装配式基层以外其他结构层设计时，将装配式基层等效为半刚性基层，等效厚度满足表 4.5-1 要求。若选取的材料弹性模量未在表格中列出，半刚性基层等效厚度可通过线性差值确定。

（4）其他结构层按《城镇道路路面设计规范》CJJ 169—2012 规定的半刚性基层沥青路面结构设计方法进行设计。

（5）整体设计完成后进行路面结构设计验算，验算不通过时调整其他结构层参数或选用更高一级半刚性基层参数与装配式基层基块型号对应关系。半刚性基层厚度与装配式基层基块型号对应表见表 4.5-2。

半刚性基层厚度与装配式基层基块型号对应 表 4.5-2

半刚性基层弹性模量（MPa）	半刚性基层等效厚度（mm）		
	重型	标准型	轻型
1200	$l_b > 450$	$450 \geqslant l_b > 300$	$l_b \leqslant 300$
1300	$l_b > 440$	$440 \geqslant l_b > 295$	$l_b \leqslant 295$
1400	$l_b > 430$	$430 \geqslant l_b > 290$	$l_b \leqslant 290$
1500	$l_b > 420$	$420 \geqslant l_b > 285$	$l_b \leqslant 285$
1600	$l_b > 410$	$410 \geqslant l_b > 280$	$l_b \leqslant 280$
1700	$l_b > 400$	$400 \geqslant l_b > 275$	$l_b \leqslant 275$

续表

半刚性基层弹性模量（MPa）	半刚性基层等效厚度（mm）		
	重型	标准型	轻型
1800	$l_b > 390$	$390 \geqslant l_b > 270$	$l_b \leqslant 270$
1900	$l_b > 380$	$380 \geqslant l_b > 265$	$l_b \leqslant 265$

装配式基层沥青路面结构设计流程见图 4.5-9。

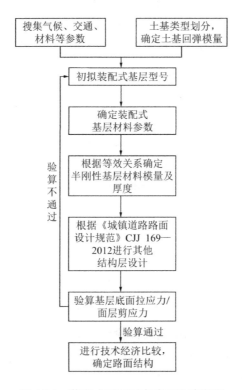

图 4.5-9 装配式基层沥青路面设计流程

4. 实际案例

沥青路面装配式基层由基块装配组成，通过其三向嵌挤作用形成板体的结构层。沥青路面装配式基层结构通过有限元计算可知，除该层外采用装配式基层的沥青路面结构的力学响应分布规律与传统的半刚性基层沥青路面结构相似，所以可将装配式基层与半刚性基层进行等效替代后选用沥青路面结构计算软件进行设计及验算。因此，本案例通过工程案例对沥青路面装配式基层结构进行计算，明确符合技术要求、经济合理的路用材料、适合的结构组合厚度，并分析设计参数选取对其结构计算的影响情况。

（1）工程概况

长春市育民路道路工程采用的装配式基层的预制块是一种上下面平行、四个侧面都是斜面的混凝土块体[62]，其装配式基层结构及铺设情况见图 4.5-10、图 4.5-11。

图 4.5-10　装配式基层的装配及灌浆　　　图 4.5-11　装配式基层铺设完毕

（2）计算过程

首先确定道路规划等级、面层类型、计算设计年限内 1 条车道的累计当量轴次和设计弯沉值，进行路面结构组合设计，其应满足各设计指标要求，对于季节性冰冻道路应验算防冻厚度，最终通过工程造价、技术指标、产生的社会效益对比确定路面结构方案。

1）标准荷载

路面设计采用双轮组单轴载 100kN 作为标准轴载。采用双圆垂直均布荷载作用下的弹性层状连续理论进行计算。标准轴载的计算参数见表 4.5-3。

标准轴载的计算参数　　　　表 4.5-3

序号	荷载圆x坐标（cm）	荷载圆y坐标（cm）	垂直荷载集度（MPa）	当量圆半径（cm）
1	0	0	0.7	10.65
2	0	31.5	0.7	10.65

注：荷载圆个数为 2，水平力系数为 0.5，荷载类型为均布荷载。

2）设计交通量计算

路面结构设计采用的交通量是按设计年限内的交通量进行计算的，计算时需把各种车型的不同轴载换算成 BZZ-100 标准轴载的当量轴次，再进行交通等级划分。

3）修建类型与设计指标

育民路是既有道路已经达到设计使用年限，且道路横断面形式由单幅路调整为双幅路，道路需要全部翻建，故道路结构修建类型按新建考虑。设计路段道路等级为城市次干路，沥青路面设计基准期为 15 年，交通等级为重交通，基层类型为半刚性基层，以路表回弹弯沉值及沥青层层底拉应力为设计指标，同时满足抗冻设计。

4）拟定设计结构参数

根据长春市常用路用材料，结合已有的工程经验与典型结构，初拟结构组合设计方案，面层分为上面层和下面层，基层均为标准型基块[62]，底基层材料选为水稳碎石、级配碎石和石灰土三种材料。装配式基层道路组合设计方案见表 4.5-4，装配式基层道路结构计算设计参数见表 4.5-5。

装配式基层道路组合设计方案　　　　　　　　　　　　　表 4.5-4

名称	城市次干路结构设计
上面层	中粒式沥青混凝土 AC-16C（SBS）
下面层	粗粒式沥青混凝土 AC-25C
基层	标准型基块（灌缝料灌缝）
底基层	水泥稳定碎石（5.0%），级配碎石，石灰土（12%：88%）
土基	—

装配式基层道路结构计算设计参数　　　　　　　　　　表 4.5-5

层号	材料名称	厚度（cm）	平均抗压模量（弯沉）（MPa）	模量标准差（弯沉）（MPa）	平均抗压模量（弯拉）（MPa）	模量标准差（弯拉）（MPa）	极限劈裂强度（MPa）
1	中粒式沥青混凝土	5	1200	0	1800	0	1.0
2	粗粒式沥青混凝土	8	1000	0	1200	0	0.8
3	标准型基块	30	3500	0	7000	0	0.65
4	水泥稳定碎石	计算层	1300～1700	0	3000～4200	0	0.50
4	石灰土	计算层	400～700	0	1200～1800	0	0.22
4	级配碎石	计算层	200～250		—	—	—
5	土基	—	40	0	—	—	—

注：土基泊松比取 0.35，其他各层取 0.25。

5）路面结构厚度计算

采用《路面分析与设计系统 PADS1.0》计算软件计算，并结合当地实际经验确定，基块下底基层材料选取水稳碎石最为适合，设计合理取值厚度为 30cm。设计弯沉值为 23.0（0.01mm），路表实际设计弯沉值为 12.8（0.01mm）。

（3）设计结构计算影响分析

通过计算可知，设计弯沉值与材料、路面结构组合形式及厚度有直接关系，而交通量和材料设计参数是结构厚度计算的依据。选取轻、中、重、特重交通等级对应的道路，分析不同材料弹性模量在范围值内对结构计算的影响。

1）交通量对结构层影响分析

交通量根据规定划分 4 个等级。沥青路面设计取值：轻交通 400 万次/车道；中等交通 400～1200 万次/车道；重等交通 1200～2500 万次/车道。结构计算取各交通等级的上限值，面层层数计算结果为单层或双层，随交通量增大，面层厚度增大；底基层材料不同，随着弹性模量值减小面层厚度也增大。数值关系见表 4.5-6。

装配式基层道路结构面层数据表 表 4.5-6

交通等级	结构形式（cm）		
	沥青面层+装配式基层+水稳碎石	沥青面层+装配式基层+石灰土	沥青面层+装配式基层+级配碎石
轻交通	6+30+30	6+30+30	6+30+30
中交通	6+30+30	（5+6）+30+30	6+30+30
重交通	6+30+30	（5+8）+30+30	（5+6）+30+30

根据计算结果，采用装配式基层结构，选用水稳碎石底基层结构可不设面层即可满足各项设计指标要求，为满足功能要求设置单层面层；选用级配碎石除重交通外均可设单层面层就满足各项设计指标要求；选用石灰土底基层除轻交通外均应设两层面层才能满足各项设计指标要求；与常规结构对比选用装配式基层结构除底基层材料选为石灰土外其他均可减薄至单层面层，即使是重交通采用单层面层也能满足要求。为了充分发挥装配式基层结构的优势，同等结构厚度情况下，且交通量等级要求高的路面，石灰土材料不适宜做其底基层材料。

2）交通量对弯沉影响分析

结构计算取各交通等级的上限值，可知路表弯沉大小同轴载累计重复作用次数成反比关系。交通等级高，交通量大，道路结构设计弯沉值小。同一等级道路，交通量不变情况下，弯沉值随结构材料的抗压模量值变大而减小。按表4.5-6道路结构层进行计算，按轻、中、重交通等级选取数值对结构设计路表弯沉值进行影响分析，石灰土的弯沉值变化范围分别为±6.2%，±8.1%，±9.9%；级配碎石的弯沉值变化范围为±6.4%，±8.3%，±11.6%；水稳碎石的弯沉值变化范围为±3.8%，±5.2%，±9.8%。交通量及弯沉值对应关系见图4.5-12。

3）底基层材料对路表弯沉计算影响分析

选取固定结构厚度30cm的次干路结构采用单一变量计算各种结构组合的路表弯沉，在其他结构层条件不变的情况下，底基层材料弹性模量取值越大弯沉值越小，反之则越大，弯沉曲线呈非线性变化，不同材料底基层弹性模量与弯沉关系见图4.5-13。

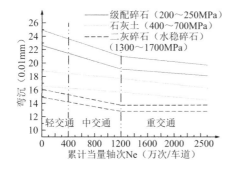
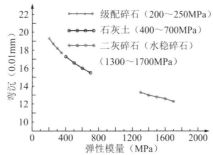

图 4.5-12 交通量对路表弯沉值影响　　图 4.5-13 底基层模量与弯沉关系

4）土基回弹模量对路表弯沉影响

回弹模量是反映土基强度的设计控制指标，弯沉值是反映道路整体结构强度的指标。在外界荷载作用下，土基回弹模量越大，土基变形越小，路表所产生的弯沉值也越小，标志着路面抵抗变形能力越强。通过道路结构计算，选用级配碎石基层土基回弹模量为30～40MPa，即满足路面强度要求。采用级配碎石基层土基回弹模量增大至45MPa后显示结构层厚度取值不合理；采用石灰土和水稳碎石基层土基回弹模量为30～40MPa，路表弯沉值没有变化，之后随着土基回弹模量的增加在逐渐变小，达到80MPa后变化逐渐变缓。不同材料的土基回弹模量和弯沉值关系见图4.5-14。

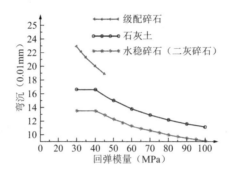

图 4.5-14　土基对路表弯沉影响

5）既有结构弯沉检测数据对比分析

对竣工的大连路（次干路）、育民路（次干路）、文化街（支路）路面进行弯沉检测，结果见表4.5-7。

弯沉检测结果　　　　　表 4.5-7

路名	弯沉平均值	标准差	代表值
百汇街（装＋石灰土30cm）	11.7	3.44	16.86
文化街（装＋石灰土30cm）	14.95	3.3	19.9
育民路1（装＋级配碎石30cm）	9.3	1.6	11.9
育民路2（装＋级配碎石30cm）	9.2	1.3	11.3
浦东路（东段，装＋水泥稳定碎石20cm）	6.2	0.9	7.6
浦东路（西段，装＋水泥稳定碎石20cm）	8.4	1.3	10.4
对比路（水泥稳定碎石40cm）	16.8	2.17	20.4
对比路（装30cm＋水泥稳定碎石15cm）	5.9	1.49	8.1
大连路（东段，装＋水泥稳定碎石30cm）	5.8	1.1	7.4
大连路（中段，装＋水泥稳定碎石30cm）	6.1	0.7	7.2
大连路（西段，装＋水泥稳定碎石30cm）	6.5	1.3	8.4

续表

路名	弯沉平均值	标准差	代表值
明珠路（混凝土基层）	13.0	2.7	17.0
凯丰路（混凝土基层）	11.7	2.9	16.0
净月大街1988年（东三环路）混凝土路面+沥青层	9.7	1.2	11.5
世纪大街辅路（二灰碎石20cm）	14.9	4.6	21.8

根据图4.5-14数据同样可以看出底基层材料分别为水稳碎石、级配碎石、石灰土实测弯沉值与计算值的关系，道路实测弯沉值均在计算值范围以内（不含突变点）。水泥稳定碎石、级配碎石、石灰土三种底基层的计算弯沉结果分别乘以系数$K_水=0.408$，$K_级=0.426$，$K_土=0.614$，即与实测弯沉值相符。由于受道路交通量、材料弹性模量等参数影响，以水泥稳定碎石为例，计算弯沉值浮动最大值为15.6（0.01mm），最小值为12.8（0.01mm），平均值为14.2（0.01mm），其变化率为±9.8%；而实测平均弯沉值为5.8（0.01mm），其对应变化值为5.8±0.6，其他同理。分析可知，水泥稳定碎石弯沉标准差最小，结构稳定；采用石灰土结构，其在使用过程中弹性模量受含水量影响，弯沉值变化最大；采用级配碎石结构易松散，受装配式基层板角应力影响，容易形成路面反射裂缝，对路面弯沉值影响也大。基层实测弯沉值与计算值的关系见图4.5-15。

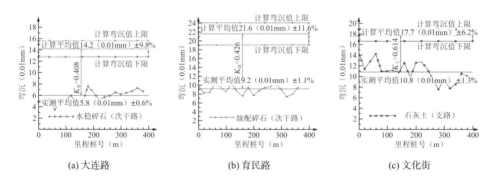

图4.5-15 基层实测弯沉值与计算值的关系

（4）结论

1）沥青路面装配式基层结构计算设计指标为设计弯沉值和允许抗拉应力。对于装配式基层结构，重交通路面即便是采用单沥青面层仍能满足结构要求。综合考虑路面耐久性及使用寿命，对于轻交通可以选用单面层，中等交通及以上路面可以采用双面层。

2）底基层结构材料的设计弹性模量参数值为区间值，弹性模量与弯沉值为负相关，其对设计路表弯沉值的影响范围在±3.8%~±11.6%。

3）底基层结构材料弹性模量选取和施工土基压实控制有关，施工过程造成的变异性是导致道路实测弯沉值和计算值出现偏差的主要因素。

4）鉴于大量实际工程裂缝统计及结构分析数据，为预防反射裂缝，提高路面结构的耐久性，对于中等及以上路面，装配式基层的底基层材料推荐使用水稳碎石。

5）装配式路面基层可以采用《路面分析与设计系统 PADS1.0》软件计算，计算弯沉对弹性模量变化取平均值分别乘以水稳碎石换算系数 0.408，级配碎石换算系数 0.426，石灰土换算系数 0.614 可得到实测弯沉值，弹性模量区间范围对实际弯沉值影响范围分别 ±11.6%，±9.8%，±6.2%。

装配式基层的沥青路面结构计算可以利用现有的商业软件进行计算，只需对基层厚度换算并对计算的弯沉结果按换算系数调整即可完成[72]。

5

装配式基层沥青路面反射裂缝原因分析及预防措施

道路是厚度很薄、宽度有限，而长度几乎无限的结构物。引起路面开裂的原因主要有温缩、疲劳、路基变形等，其中温缩开裂比较常见[73]。

路面温缩通常是指干缩与温缩的统称，温缩是材料的一种物理现象，温缩应力沿着道路纵向逐渐积累，当数值超过路面材料的极限抗拉强度，路面便出现温缩开裂现象；沥青层的疲劳也是引起开裂的原因之一。基层反射裂缝的预防措施一般有增设应力吸收层、土工织物[74]、增加沥青层厚度、改善沥青材料[75]性能几个方面。路面裂缝不仅会降低行车舒适性，降低路面板体性，破坏基层裂缝两侧的传荷能力，并对不耐雨水冲刷的路面结构造成不良影响。因此开展裂缝研究，对提高路面质量，延长使用寿命有积极意义。

作为多接缝结构，装配式基层沥青路面结构经过长期使用会出现少量反射裂缝，反射裂缝是基层结构开裂将裂缝延展至面层结构直至贯穿形成的。由于装配式基层强度高，反射裂缝对路面使用性能及结构强度影响不大，但会降低不耐冲刷的底基层和土基强度，因此为保证在路面结构使用年限内不发生结构性破坏，避免及降低装配式基层沥青路面反射裂缝的产生及扩展仍然很有必要。

5.1 开裂原因分析

道路本身有一个从新建道路的诞生、服役、改造到翻建的过程，在这个过程中，路面必然要经历四季的循环，感受气候的冷暖和降雨的冲刷，路面各结构层必然会对气候及荷载的变化引起不同程度反应。沥青路面的开裂是使用寿命缩短的原因之一，路面常见的裂缝有纵向裂缝与横向裂缝。路面的纵向裂缝主要是大尺寸范围土基密实度的显著差异引起的开裂，常见于道路半幅填方路段、敷设管道的路段，有半边填方或挖方的路段等。

1. 荷载超标

实际荷载超过设计荷载等级是导致引路面开裂的原因之一。有两种情况，首先要在设计阶段根据道路规划等级和实际交通荷载现状及发展趋势，科学制定道路结构方案。道路等级低，不代表没有大型重荷载车辆通行，例如商品混凝土站出入口道路通行的车辆，多数是运送建材的大型重载车。另一种情况是有高架桥的快速路一般两侧设置有辅路，通常在高架桥入口处设有限高栏阻挡大型重载车驶入高架的主路，而由地面的辅路承担大型重载车通行功能，因此辅路的结构也应按实际荷载要求设计。严重超载对桥梁的影响是即刻发生一次性事故，因此广受社会舆论关注；而对于道路则有一个病害长期积累和较为隐蔽的发展过程，结果是造成道路使用寿命的严重缩短。随着我国物流的快速发展，车辆超载现象也会相应的增加，在道路服役阶段对于超载车的管理，则需要依靠合理有效的交通管理措施对重载车进行分流或限制。

2. 环境变化

环境对路面的影响在各层都有表现，南方的高温会引起面层出现车辙[76]、北方的低温会引起沥青层开裂[77]。各地环境不同因此也会采取不同的应对措施。

在道路的设计与建造阶段，工程师会根据地质勘察报告数据，制定土基处理方案。然而，道路施工的具体时间段往往与道路地质勘察的季节有较大差异，其中以土基含水量的变化对道路施工的影响最为明显。在施工阶段，一条道路的土基含水量受地形、土质、地下水位、勘察季节、降雨的影响，每段路都有差异。含水量不同，碾压密实度不同，路面各段沿着纵断面方向呈现不同的沉降差（工后沉降量），则在两段沉降差较大路段的边界处路面受拉导致出现横向开裂。

路面在长期使用阶段，环境发生温度及湿度的循环变化会引起路面开裂。实际路面特别是市政道路属于低路床，即便是施工阶段处理的土基达到最佳含水量，水还是会从沥青面层的孔隙、路基侧面的绿化带、步道砖缝隙及路基底部再返回，使土基软弱，裂缝处的雨水冲刷还会造成唧泥、细集料流失，路面泛白、网裂现象。给水管道漏水事故等原因也会造成道路土基含水量高，引起道路局部出现较大的沉降，路面的杠杆效应作用，在笑脸样式沉降曲线的嘴角上翘处，路面受拉应力导致路面发生纵向开裂。

在北方寒冷地区的冬季，大地也会因冻胀产生开裂，裂缝不但距离更长、宽度、深度也更大，甚至能横向贯通道路的主路、辅路、绿化带、步道。路面因土基冻胀上升，导致路表受弯拉应力而出现纵向开裂；温度与水分叠加作用对路面的影响更加明显，冻融循环会造成基层弹性模量降低，因此沥青路面的开裂是很普遍的现象。

3. 管沟沉降

管沟回填或暗渠台后填土不密实也是引起路面出现纵向开裂的原因。回填土碾压密实度低，每层回填土碾压密实度欠缺的量会逐层累计，最后变为路面工后沉降量。管沟挖掘越深，管沟回填土累计沉降量就越大。类似于"跷跷板"原理，路面是有一定刚度的薄板，以管沟边缘作为支点，管沟一侧路面的下沉，会引起路面另一侧的上翘，形成杠杆的宏观效应。如图 5.1-1 所示。

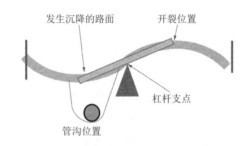

图 5.1-1　路面管沟一侧发生沉降出现的跷跷板状态

在路面下沉处，土基粘合摩擦力拉住基层（背压），使开裂阻力增大而减弱拉应力对开裂的影响。在杠杆上翘位置路面的上层，受拉应力作用，当拉应力超过材料抗拉强度极限，路面便产生纵向开裂，这是由路面顶面向下延伸发展导致的开裂。正确的管沟回填方法是先用水沉法填充石屑或砂，然后使用含水量合适的土，分层回填碾压密实。管沟回填见图 5.1-2。

(a) 管沟采用水沉石屑回填　　(b) 回填顶面至路面结构下 30cm

图 5.1-2　管沟回填

路面结构是多层结构组合的整体，基层处在中间位置被上部的沥青层、侧面的封边混凝土及下部的底基层包裹。周边任何结构的温缩都会对基层产生影响。这即是在装配式基层沥青路面的组合结构中，采用松散的级配碎石或连续的水泥稳定碎石底基层其路面裂缝数量有明显区别的原因，下面根据多条道路土基填方和基层的不同类型，对装配式基层沥青路面裂缝成因进行影响分析。

4. 土基填方

以丙四路为例（新开大街以南段）。丙四路是城市支路，宽 24m，该路北起远达大街辅道，南至丙十一街，全长 3528.734m，是新建道路，沿线主要以农田、大棚、民房为主，有较多土方填挖路段。路面组合结构：5cm AC-16 中粒式沥青混凝土、8cm AC-25 粗粒式沥青混凝土、30cm 装配式基层、30cm 水泥稳定碎石及土基、30cm 山皮石处理土基。根据施工位置将该路划分为南段（新开大街以南段）、北段（新开大街以北段）、中段（银沙路路段），进行裂缝情况考察及分析：

（1）丙四路南段

新开大街以南段，长 1255m，裂缝间距，见表 5.1-1 及图 5.1-3。

裂缝间距　　　　　表 5.1-1

编号	1	2	3	4	5	6	7	8	9	10
间距（m）	38	43	15	10	18	12	8	27	17	10
编号	11	12	13	14	15	16	17	18	19	20
间距（m）	27	20	29	44	15	16	17	23	39	9
编号	21	22	23	24	25	26	27	28	29	30
间距（m）	150	46	32	27	59	42	70	16	40	6
编号	31	32	33	34	35	36	37	38	39	40
间距（m）	6	15	15	1	10	11	12	13	12	9

续表

编号	41	42	43	44	45	46	47	48	49	50
间距（m）	14	21	20	9	2	11	12	24	11	15
编号	51	52	53	54						
间距（m）	25	18	33	11						

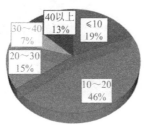 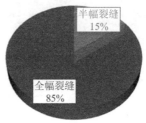

(a) 裂缝间距分布区间示意图　　(b) 裂缝长度分布区间示意图

图 5.1-3　丙四路南段裂缝间距及长度分布扇形图

南段裂缝的平均间距为 23m。由以上数据可以分析得出，大多数裂缝间距为 10～20m，占比接近一半，加上 20m～30m 的部分裂缝，占比达到 58%，部分路段的裂缝较少，最大能够达到 150m 长度内无裂缝。由此可知，该路段的大部分裂缝间距为 10～30m。南段低温开裂指数为 4.32 条/100m。丙四路南段裂缝示意图见图 5.1-4、丙四路南段纵断面设计图见图 5.1-5。

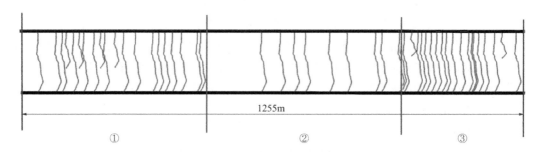

图 5.1-4　丙四路南段裂缝示意图

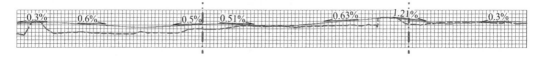

图 5.1-5　丙四路南段纵断面设计图

将图 5.1-4 中的路段按照裂缝的疏密程度划分为三部分：

南①段：路面状况一般。纵断面全部处于高填方路段；南②段：路面状况最佳。纵断面一段填方，另一段挖方，与东①段的挖土状况相比，该部分的挖方量较小。随着纵断面填挖状态的变化，路面裂缝逐渐增多，与东③段相比，虽然填方量较大，但是该部分处在全填的状态，降低了填-挖循环路段的土基不均匀沉降程度；南③段：路面状况最差。纵断面处于反复的填方与挖方状态，路面状况最差。整个路段一直处在挖-填-挖-填的不断变化当中，施工质量难以保证，最容易造成土基不均匀沉降。

（2）丙四路北段

新开大街以北段长 680m，裂缝的平均间距是 26m，低温开裂指数为 3.8 条/100m。裂缝间距见表 5.1-2，裂缝间距及长度分布扇形图见图 5.1-6，裂缝示意图见图 5.1-7、纵断面设计见图 5.1-8。

裂缝间距　　　　　　　　表 5.1-2

编号	1	2	3	4	5	6	7	8	9	10
间距（m）	18	11	53	20	11	27	21	16	35	28
编号	11	12	13	14	15	16	17	18	19	20
间距（m）	55	7	27	14	18	20	23	2	25	41
编号	21	22	23	24	25	26	27	28	29	30
间距（m）	43	27	29	32	38	38				

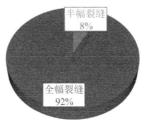

(a) 裂缝间距分布区间示意图　　(b) 裂缝长度分布区间示意图

图 5.1-6　裂缝间距及长度分布扇形图

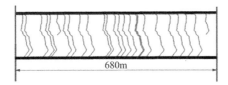

图 5.1-7　裂缝示意图

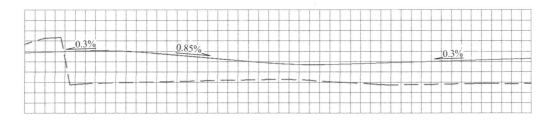

图 5.1-8　纵断面设计图

该段的裂缝较为均匀，路面状况较好，该路段的纵断面挖填状况较为一致。从裂缝的间距分布区间图可以看出大多数裂缝间距为 20～30m，占比三分之一，加上 10～20m 的部分裂缝，占比达到 58%；

（3）丙四路中段

银沙路段长 510m，裂缝的平均间距是 42m，低温开裂指数为 2.4 条/100m；裂缝间距见表 5.1-3、裂缝间距及长度分布扇形图见图 5.1-9、裂缝示意图见图 5.1-10、纵断面设计图见图 5.1-11。

裂缝间距   表 5.1-3

编号	1	2	3	4	5	6	7	8	9	10
间距（m）	32	47	29	41	20	63	42	22	59	57
编号	11	12	13	14	15	16	17	18	19	20
间距（m）	48	61								

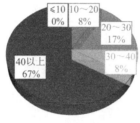 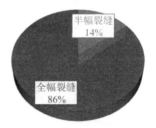

(a) 裂缝间距分布区间示意图　　(b) 裂缝长度分布区间示意图

图 5.1-9　裂缝间距及长度分布扇形图

从图 5.1-9 中可以看出大多数裂缝间距在 40m 以上，占比三分之二，没有间距在 10m 以下的裂缝，是三段路面结构中路况最好的一段。

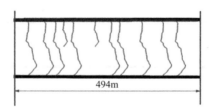

图 5.1-10　裂缝示意图

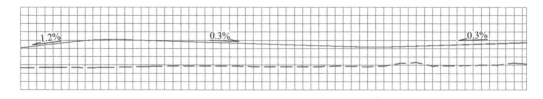

图 5.1-11　裂缝示意图

从图 5.1-9、图 5.1-10 可以看出，裂缝较为均匀，是三段路面结构中的最佳路段。

由以上三段数据分析可知，道路施工质量对装配式基层沥青路面服役状态的影响主要是以裂缝形式表现。裂缝产生的原因可能是：1）由于填方高，施工质量较差，因土基碾压密实度较低出现较大的沉降，导致路面出现裂缝。2）由于温度及水分的变化导致基层开裂，逐渐反射到路面结构后导致面层开裂，例如封边混凝土或水泥稳定碎石层的收缩。

5. 基层类型

（1）级配碎石基层

以育民路为例，育民路位于长春市朝阳经济开发区，是城市次干路，该路全长6381.342m，调查路段为改扩建路段，路基的压实度较高。该路段是西南方向车辆进出城主要通道，车流量达到80～100次/h，且车速较快，大货车占比较高。路面组合结构：5cm AC-16中粒式沥青混凝土、8cm AC-25粗粒式沥青混凝土、30cm装配式基层、30cm级配碎石底基层。设计为双幅路，其中进城路幅是装配式基层，出城路幅为水稳碎石基层，沥青面层及底基层材料与厚度均保持一致，适合同时对两类路面结构进行对比。

1）装配式基层路段

裂缝间距见表5.1-4、裂缝间距及长度分布扇形图见图5.1-12。

裂缝间距 表5.1-4

编号	1	2	3	4	5	6	7	8	9	10
间距（m）	117	56	93	42	85	304	490	45	133	16
编号	11	12								
间距（m）	87	152								

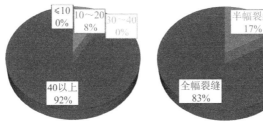

(a) 裂缝间距分布区间示意图　　(b) 裂缝长度分布区间示意图

图5.1-12 裂缝间距及长度分布扇形图（装配式）

选取卓越大街路口至华锦公司门口约1633m长度，路段内多数裂缝间距在40m以上，占比达到90%，没有间距在10m以下的裂缝，最长的裂缝之间间距能够达到400m，该路段低温开裂指数为0.75条/100m。育民路车流量较大，该路段为旧路改造，基础的不均匀沉降较小，裂缝却相较于丙四路少很多，根本原因是因为其土基结构的压实度较好，装配式基层沥青路面结构对底基层及土基的压实度应满足现行规范技术标准。

2）半刚性基层路段

育民路与装配式基层观测路段对应的路幅是半刚性基层沥青路段，该路段裂缝间距见表5.1-5、裂缝间距及长度分布扇形图见图5.1-13、裂缝开裂示意图见图5.1-14。

半刚性基层（水稳碎石）沥青路面路段裂缝间距　　　表 5.1-5

编号	1	2	3	4	5	6	7	8	9	10
间距（m）	94	76	42	314	26	31	14	55	32	22
编号	11	12	13	14	15	16	17	18	19	20
间距（m）	20	13	58	54	6	14	23	71	28	41
编号	21	22	23	24	25	26	27	28	29	30
间距（m）	30	26	29	23	29	46	36	11	32	23
编号	31	32	33	34	35	36	37	38	39	40
间距（m）	62	49	35	5	63	21	25	16	17	

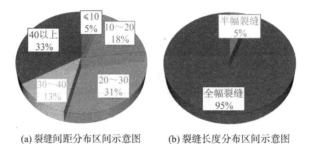

(a) 裂缝间距分布区间示意图　　　(b) 裂缝长度分布区间示意图

图 5.1-13　裂缝间距及长度分布扇形图（半刚性）

半刚性基层沥青路面结构的大多数裂缝间距为 20～30m，占比三分之一，加上间距为 10～20m 及 30～40m 的部分裂缝，占比达到 62%，低温开裂指数为 2.56 条/100m。两类路面结构的对比分析，见图 5.1-13。

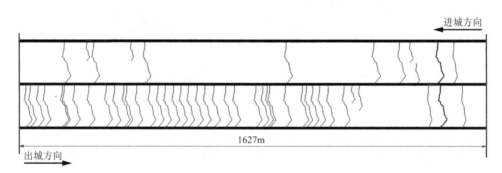

图 5.1-14　裂缝开裂示意图

该路段出城路幅在 1633m 长度区间半刚性基层沥青路面有横缝 41 条，间隔为 20～30m，低温开裂指数为 2.56 条/100m；该路段进城路幅（装配式基层沥青路面）有横缝 12 条，低温开裂指数为 0.75 条/100m，且在大多数路段分布均匀。对同一路段两幅路的路面横向裂缝数量进行对比，半刚性基层比装配式基层高 3.41 倍，显示出装配式基层沥青路面有更好的路面服役状态。

通过施工资料及现场裂缝情况分析可知半刚性基层沥青路面的破坏原[因]：①施工单位施工质量参差不齐，该路段由至少三个施工单位分段修筑完成，在[相同]条件下，却出现了不同的路段裂缝量及裂缝间距差距巨大的情况，因此施[工不]齐是主要原因之一；②半刚性基层沥青路面结构受到冻融损伤较为严重；③[沥]青路面结构受到反射裂缝的影响较大，半刚性基层受到温度及水分的影响[后易]出现收缩导致出现温缩/干缩裂缝，然后裂缝反射到路面结构从而导致面层出[现]反射裂缝，而装配式基层凭借其刚柔混合结构（类似于小混凝土板结构），[进]行了应力/变形分散化，减轻了温缩/干缩裂缝的产生。因此综合来看，装配式[基层]结构在抗裂缝破坏方面性能优于半刚性基层沥青路面结构。

（2）水泥稳定碎石基层

丙 22 路为城市支路，路段长 464m，也是既有路改造路段，土基压实度[与育民]路的水泥稳定碎石基层路段具有可比性。该路面组合结构：4cm AC-13 细粒[式沥青混凝土、]6cm AC-20 中粒式沥青混凝土、30cm 标准基块基层、15cm 级配碎石底基层。[裂缝平均]间距是 67m，低温开裂指数 1.3 条/100m。裂缝间距见表 5.1-6，裂缝间距及[长度分布扇形]图见图 5.1-15，裂缝纵断分布图见图 5.1-16。

裂缝间距

编号	1	2	3	4	5	6	7	8
间距（m）	107	36	64	113	47	97		

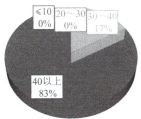
(a) 裂缝间距分布区间示意图

(b) 裂缝长度分布区间示意图

图 5.1-15 裂缝间距及长度分布扇形图

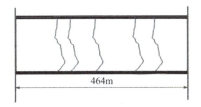

图 5.1-16 丙 22 路裂缝开裂状况示意图

从图 5.1-15 可知，大多数裂缝间距在 40m 以上，占比 83%，未出现间距在 30m 以下的裂缝。育民路裂缝间距在 40m 以上的占比 33%，略小于丙 22 路，主要差别在于土基密实度不同。

（3）石灰土基层

以文化街为例，该道路北起新发路，南至重庆胡同，长度为397m，设计等级为城市支路，沿线主要以居民小区、卖场为主，人流量及车流量是几条路中最大的。路面组合结构：4cm AC-13细粒式沥青混凝土、6cm AC-20中粒式沥青混凝土、30cm装配式基层、30cm石灰土底基层。裂缝间距见表5.1-7，裂缝间距及长度分布扇形图见图5.1-17，裂缝开裂示意图见图5.1-18。

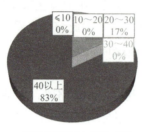 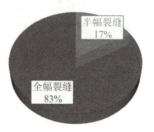

(a) 裂缝间距分布区间示意图　　(b) 裂缝长度分布区间示意图

图 5.1-17　裂缝间距及长度分布扇形图

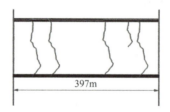

图 5.1-18　文化街裂缝开裂状况示意图

裂缝间距　　　　　　　　　　　表 5.1-7

编号	1	2	3	4	5	6	7	8	9	10
间距（m）	48	52	147	63	28	59				

从裂缝的间距分布区间图可以看出大多数裂缝间距在40m以上，占比83%，路面状况良好。该路段低温开裂指数为1.53条/100m。

通过对多条路段的裂缝调查结果分析，开裂以横向裂缝为主，少数路段因地基的不均匀沉降及地基周围遭到破坏导致路面出现纵向裂缝，均可通过加固地基来避免。而横向裂缝既是半刚性基层沥青路面结构的通病，也是装配式基层沥青路面结构所面临的挑战。横向裂缝多是基层结构开裂将裂缝延伸至面层结构直至贯穿形成的。温缩应力对路面的影响不仅与基层自身有关，也与基层接触的上、下结构层材料有关。调查案例包含级配碎石、石灰土、水泥稳定碎石三种底基层，不同底基层对路面开裂有明显影响，从基层材料角度分析，当底基层强度高、板体性大、含水量高的路面，开裂数量增加；当底基层强度低、板体性差的路面开裂数量减少；从土基密实度角度分析，填方越大，路面沉降越大，裂缝越多。土基填挖交替的路段，沉降不均，在填挖交接处土基受弯拉应力作用，导致路面裂缝较多。

不同底基层沥青路面裂缝对比见表 5.1-8。

不同底基层沥青路面裂缝对比　　　　　　　　表 5.1-8

道路名称	基层、底基层	低温开裂指数（条/100m）
丙四路	装配式基层、水泥稳定碎石	$A = 4.32$（大填方）、$B = 3.8$（小填方）、$C = 2.4$（填、挖均匀）
育民路	装配式基层、级配碎石	0.75
育民路	水泥稳定碎石、级配碎石	2.56
丙22路	装配式基层、水泥稳定碎石	1.3
文化街	装配式基层、石灰土	1.53

综上所述，超载车辆、气温及湿度、管沟填埋以及不同性质的底基层施工变异性等都会对装配式基层沥青路面的裂缝情况产生影响。因此，尽管装配式基层具有优秀的板体性和高强度，但是从道路长寿命角度考虑并不能因此而降低对道路施工质量和服役期间的管控要求。

5.2　沥青路面预防反射裂缝典型结构抗裂机理及特点

资料表明，反射裂缝多存在于半刚性基层沥青路面及复合式路面结构中。其中半刚性基层材料为水硬性材料，为达到设计要求的刚度及强度，基层建成后需要相当长的时间进行养生。基于水硬性材料物理及化学性质的特殊性，这一类材料均对温湿度变化敏感。在养生期内，如果温湿度不能得到保障，基层易出现干缩及温缩裂缝，同时该层与底基层间接触良好时也会抑制收缩，从而半刚性基层层底产生拉应力，当此应力超过半刚性基层材料的容许值时则会发生开裂。基层裂缝贯穿后，沥青面层与半刚性基层层间的裂缝尖端接触处则会出现应力集中，一旦应力值达到面层开裂要求，在荷载和环境等外部因素的反复作用下，裂缝即刻在面层开始快速扩展，最终贯穿整个路面结构。与半刚性基层相比，复合式路面结构中旧水泥面层结构本身即存在接缝，沥青层与旧水泥面层接缝处在旧水泥面层发生翘曲等变形时即出现应力集中。装配式基层沥青路面结构与复合式路面类似，基层结构本身存在接缝，面层层底最大应变见图 5.2-1，面层层底最大应力见图 5.2-2。可知，在接缝位置，沥青面层出现了不同程度的应力集中。基于此，沥青面层在装配式基层接缝处易产生反射裂缝。

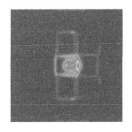 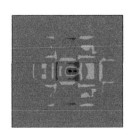

图 5.2-1　面层层底最大应变　　图 5.2-2　面层层底最大应力

交通荷载应力往往导致路面出现张开型及剪切型裂缝，并且裂纹受到偏载作用时，裂纹扩展最为迅速。温湿度荷载应力往往导致沥青面层出现张开型裂缝。通常情况下，在温湿度作用下，沥青路面结构会出现以下两种变形而导致开裂。其一，环境温度下降使基层收缩，在接缝或裂缝位置出现张开型裂缝；其二，外界环境的大温差导致路面结构各层间温度梯度差值较大，同时材料间热膨胀系数的不同导致各结构层无法共同变形。水硬性材料及水泥基材料温缩系数较大，因此基层易出现较大幅度收缩，同时基层上下面同时受到相邻层约束导致变形受限，温度应力变大到超过材料受拉极限，则出现裂缝及应力集中，循环往复，面层开始破坏，裂缝在面层开始快速扩展，最终贯穿整个路面结构。

以路面结构：5cm AC-16 中粒式沥青混凝土、8cm AC-25 粗粒式沥青混凝土、30cm 装配式基层、30cm 水泥稳定碎石及土基结构为基础进行受力分析，结构示意图如图 5.2-3 所示。

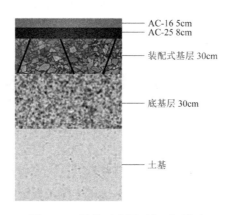

图 5.2-3　结构示意图（新开西街）

目前在半刚性基层沥青路面、旧水泥路面白改黑道路工程中多采用设置土工织物夹层、设置应力吸收层、裂纹缓解层、应力吸收膜及增加面层厚度等措施防止反射裂缝。

1. 土工织物夹层

设置夹层不仅能使沥青层底面因与开裂基层分离而不易出现应力集中，还能提高沥青层抗拉或抗剪能力。道路工程中土工织物夹层多设置在面层与基层之间，材料多采用土工布、土工格栅等。其作用有三点，第一是隔离与吸收，土工合成材料凭借其自身材料特性，一部分能在使用过程中将易开裂基层与面层隔离，阻断基层因开裂产生的应力集中，如玻纤格栅夹层等；另一部分凭借其能够与面层协调变形，减小了反射裂缝扩展速度，如土工布软夹层等；第二是防水，土工布浸渍沥青材料致密，能够很好地保护基层不受雨水等侵害；第三是承荷与传荷，土工材料本身具备一定的强度和刚度，能够承担部分荷载的同时凭借其自身较高的抗拉能力，具有较好的传荷能力，且弹性模量越大，传荷能力越强。

2. 面层厚度和弹性模量

面层厚度增加不仅可以缓解基层温度裂缝的产生，还能一定程度上增加路面结构的弯曲刚度，降低接缝处的弯沉差，减少加铺层的剪应力。同时，由于增长了裂缝扩展路径，还可以延长该道路使用寿命[78]。

5 装配式基层沥青路面反射裂缝原因分析及预防措施

图 5.2-4 为不同面层厚度下接缝处计算点应力变化。由图 5.2-4 可知，随着面层厚度的增加，接缝处计算点的最大主应力σ_1、最大剪应力τ_{max}及等效应力σ_e逐渐减小，对直接铺设路面结构的缓解效果分别由 39.9%升到 55%、由 30.5%升到 31.4%、由 24.6%升到 37.2%；随着面层厚度的增加，除了降低接缝处最大应力值（σ_1，τ_{max}，σ_e）外，接缝处计算点各方向应力都得到不同程度降低，增加面层厚度能够很好地降低路面结构反射裂缝的开裂及扩展。但考虑到面层厚度的增大势必会增加道路结构的建设成本，因此在需要的范围能适当增大沥青面层厚度来减缓反射裂缝的产生及扩展。

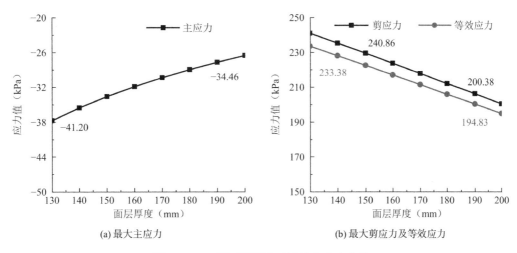

图 5.2-4 不同面层厚度下计算点应力变化

图 5.2-5 为不同面层弹性模量下计算点应力变化。图 5.2-5 可知，随着面层弹性模量的增加，接缝处计算点的最大主应力σ_1、最大剪应力τ_{max}及等效应力σ_e逐渐增大，但考虑到面层弹性模量增大的同时结构本身的强度也会增大，且增幅与应力值增幅相比较大，因此应在需要的范围内选取沥青面层弹性模量来减缓反射裂缝的产生及扩展。

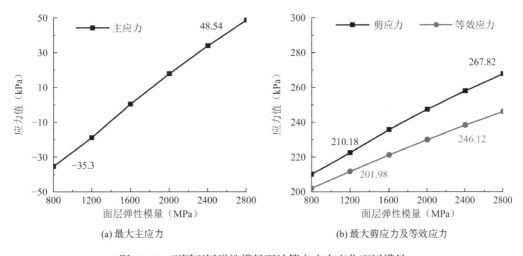

图 5.2-5 不同面层弹性模量下计算点应力变化面层模量

3. 应力吸收层的厚度和弹性模量

应力吸收层在路面结构中主要起消散应力的作用[79]，因此需要具备以下特点：①层间接触良好。应力吸收层应与接触层之间具有较好的接触，避免因抗剪强度过低使得应力吸收层与结构层分离，应力吸收效果降低，造成加铺层很快出现断裂；②具有合适的劲度。应力吸收层的劲度与吸收层的弹性模量、厚度有关，吸收层劲度较低时，沥青面层底部应变增加，面层开裂。与之相反，应力吸收层劲度较高或厚度较低，温度裂缝极易扩展到面层，起不到防治反射裂缝的效果；③具有良好的韧性。具有良好的韧性的应力吸收层在面层与基层间插入一层弹性极强的结构层，能够很好地消散外界荷载造成的应力，同时还能够吸收部分能量，提高路面的局部承载能力。

铺设应力吸收层能够较好地缓解装配式基层沥青路面结构的反射裂缝的产生及扩展，应力吸收层厚度及弹性模量均对路面结构的开裂有显著影响[80]。为满足要求，在应力吸收层材料设计时通常要求低弹性模量、高韧性及低刚度等，但不当的设计不但会造成道路结构造价偏高，严重者还会破坏路面结构的承载能力及安全性。应力吸收层的设计还应兼顾保证路面结构安全性及经济性。

（1）应力吸收层厚度

通常情况下，应力吸收层作为一种低弹性模量软夹层，较厚的应力吸收层长时间使用会造成路面永久变形严重及车辙破坏[81]。应力吸收层厚度范围为 30～100mm，弹性模量为 400MPa，泊松比为 0.2。

由图 5.2-6 可知，随着应力吸收层厚度的增加，接缝处计算点的最大主应力σ_1缓慢由压应力变为拉应力，说明增大应力吸收层厚度，会使沥青面层承受较大的拉应力，导致疲劳破坏加剧。随着应力吸收层厚度的增加而增大，接缝处计算点的最大剪应力τ_{max}及等效应力σ_e对直接铺设路面结构的缓解效果分别由 30.5%降到 19.1%及由 24.6%降到 16.4%；随着应力吸收层厚度的增加，过大的应力吸收层厚度还会导致路面结构弯沉较大，不同应力吸收层厚度下路面结构弯沉及弯沉差如图 5.2-7 所示。

由图 5.2-7 可知，随着应力吸收层厚度的增大，面层弯沉及弯沉差变化较明显，易造成不均匀沉降。

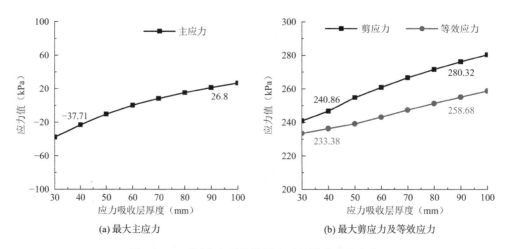

图 5.2-6　不同应力吸收层厚度下计算点应力变化

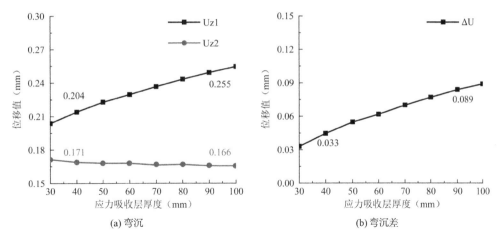

(a) 弯沉　　　　　　　　　　　(b) 弯沉差

图 5.2-7　不同应力吸收层厚度下路面结构及弯沉差

增大应力吸收层的厚度在一定程度上能够减缓各类裂纹的开裂及扩展速度，但效果不是十分显著，且随着应力吸收层厚度的增大，计算点最大主应力σ_1由压应力变为拉应力，将增加沥青面层发生疲劳破坏的可能性，因此提出应力吸收层厚度最大不应超过60mm的限制。

（2）应力吸收层弹性模量

为了达到吸收应力、缓解应力集中的目的，应力吸收层多采用低弹性模量、高韧性材料。作为一种黏弹性材料，材料受到温度变化的影响较大，直接影响到应力吸收效果[80]。我国地域辽阔，气候条件复杂多样，大部分地区四季分明，尤其是东北地区，冬季最低温度能达到零下30℃，而夏季最高气温达35℃，直接导致在该区域路面中铺设的应力吸收层效果随季节变化。面层弹性模量与应力吸收层比值为3，应力吸收层的模量范围确定为100~600MPa，泊松比为0.2，厚度为30mm。

由图 5.2-8 可知，与增大应力吸收层厚度相反，随着应力吸收层弹性模量增加，接缝处计算点最大主应力σ_1由拉应力变为压应力，最大主应力及对直接铺设路面结构的缓解效果分别由7.7%升到32.2%及由8.9%升到24.5%，缓解幅度逐渐下降，在大于400MPa后逐渐趋于平缓；应力吸收层弹性模量过小可能会导致路面结构的承载能力下降导致不均匀沉降。

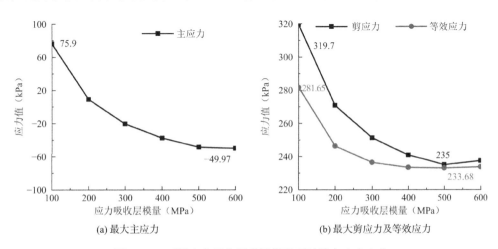

(a) 最大主应力　　　　　　　　(b) 最大剪应力及等效应力

图 5.2-8　不同应力吸收层弹性模量下计算点应力变化

不同应力吸收层弹性模量下计算点弯沉及弯沉差如图 5.2-9 所示。

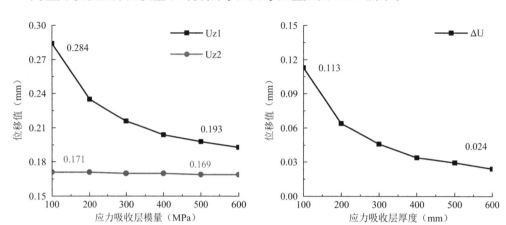

图 5.2-9　不同应力吸收层弹性模量下计算点弯沉及弯沉差

由图 5.2-9 可知，面层弯沉及弯沉差随着应力吸收层弹性模量的增大而下降，在弹性模量 400MPa 左右时逐渐趋于平稳。增大应力吸收层的弹性模量能很大程度减缓各类裂纹的开裂及扩展速度，降低了沥青面层发生疲劳破坏的可能性，效果显著。但弹性模量高于 400MPa 时，增速减缓，因此弹性模量在 400MPa 时，既能保证效果最佳，还能保证路面经济型。

4. 底基层厚度及弹性模量

（1）底基层厚度

图 5.2-10 为不同面层厚度下接缝处计算点应力变化。

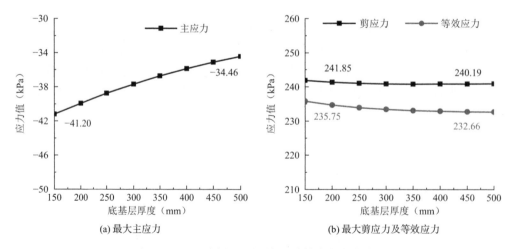

图 5.2-10　不同底基层厚度下计算点应力变化

图 5.2-10 可知，同增加面层厚度类似，随着底基层厚度的增加，对直接铺设路面结构的缓解效果分别由 30.1% 升到 30.4%、由 30.2% 升到 32.8%、由 23.8% 升到 24.8%，相对于增大面层厚度，降幅较小；随着底基层厚度的增加，接缝处计算点各方向应力都得到不同程度降低，但变化不显著。

尽管增加底基层厚度能够降低路面结构应力集中，但考虑到底基层厚度的增大势必会增加道路结构的建设成本，且底基层厚度变化对缓解应力集中效果不显著，性价比较低。

（2）底基层弹性模量

图5.2-11为不同面层厚度下接缝处计算点应力变化情况。

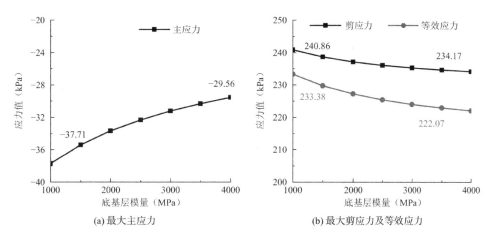

图 5.2-11　不同底基层弹性模量下计算点应力变化

由图 5.2-10 和图 5.2-11 可知，同增加底基层厚度类似，随着底基层弹性模量的增加，对直接铺设路面结构的缓解效果分别由 36% 升到 50%、由 30.5% 升到 32.4%、由 32.4% 升到 28.2%，相对于增大底基层厚度，降幅较大。虽然增加底基层厚度及弹性模量分散了基层及面层的承载能力，一定程度上缓解了应力集中及反射裂缝的产生及扩展，但是两种方式都会增加道路结构的建设成本，且效果却并不显著。

5. 土基弹性模量

图5.2-12为不同土基弹性模量下接缝处计算点应力变化。

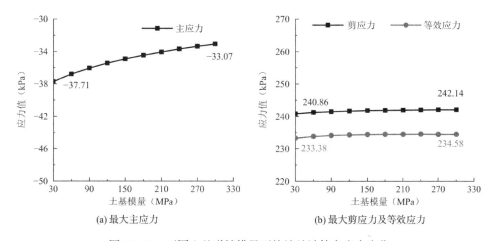

图 5.2-12　不同土基弹性模量下接缝处计算点应力变化

由图 5.2-12 可知，随着土基弹性模量的增加，对直接铺设路面结构的缓解效果分别由 30.5% 降到 30.1% 及由 24.6% 降到 24.1%，但变化微乎其微。

综上所述，增加土基弹性模量不能显著缓解反射裂缝产生及扩展，因此在路面建设过程中，只需满足路面结构的承载要求即可。

6. 超载影响

（1）直接铺设面层结构应力强度因子及应力状态分析

由图 5.2-13 可知，直接铺设面层时，K_{II} 为 0.6MPa·m$^{-1/2}$，其他两类裂缝的应力强度因子均较小，因此装配式基层沥青路面结构中反射裂缝以荷载型裂缝为主。由图 5.2-14 可知最大剪应力τ_{max}与等效应力σ_e数值均较大的同时相差较小，且最大主应力σ_1较低，证实计算点主要受到剪应力作用，与应力强度因子分析所得结果一致。

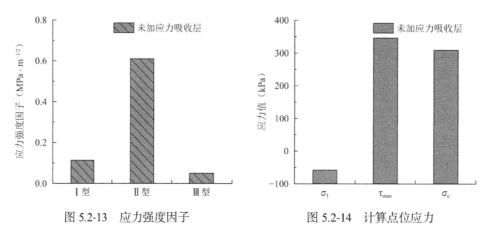

图 5.2-13 应力强度因子 　　　　图 5.2-14 计算点位应力

（2）不同荷载作用下直接铺设面层结构应力强度因子及应力状态分析

由图 5.2-15 可知，直接铺设面层时，随着荷载强度的提高，三类裂缝的应力强度因子均出现不同程度的上升，其中变化最为剧烈的是K_{II}为 0.6MPa·m$^{-1/2}$，涨幅达到 66.7%。由此可知，荷载强度的增加对裂纹的影响很大。由图 5.2-16 可知，严重超载时，最大剪应力τ_{max}与等效应力σ_e急剧上升，基块接缝处发生剪切破坏的可能性增大。通过以上分析，超载现象对裂缝的产生及扩展影响较大，因此须严格控制超载车辆上路、规范交通，保证路面结构安全，以此延长路面结构使用寿命。

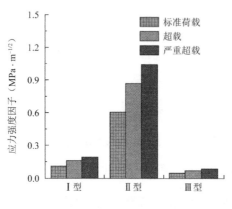
图 5.2-15 应力强度因子分类

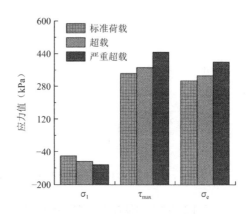
图 5.2-16 计算点位应力变化情况

5.3 装配式基层沥青路面裂缝的预防与修复

通常半刚性基层反射裂缝的预防都是采取无差别的全面积设防办法，比如土工织物、应力吸收层都是在路面全面积铺设的，理由是半刚性基层沥青路面的基层弹性模量随着使用时间的延长而逐渐衰减，因此路面裂缝数量也呈现出由少到多、网孔面积由疏到密的发展过程，最终随着基层弹性模量的进一步降低，裂缝增多，雨水渗入、冻融影响明显，导致路面出现大量坑槽，甚至翻浆现象，在这过程中由于无法事先预测沥青路面开裂的具体位置，只能采取全面积、无差别的设防措施，结果要么效果不佳，要么使反射裂缝在一定时间内得到限制，但明显增加造价，甚至出现车辙等其他病害。

1. 装配式基层优势

在结构方面，基块的三向嵌挤结构是侧面均为垂直面的砌块所不具备的特质。主干路半刚性基层沥青路面的设计弯沉值一般为 23～26（1/100mm）；资料表明，当接缝两侧弯沉差小于 0.06（1/100mm）时，接缝有较强的传荷能力，可不增设预防反射裂缝的措施。主干路装配式基层沥青路面竣工时的弯沉值为 7～9（1/100mm），即便是使用贝克曼梁在接缝处也检测不到弯沉差，从弯沉指标证明编块结构本身所显示的优良板体性即是提高块体接缝的传荷能力、减少相邻块体之间弯沉差、预防反射裂缝的关键结构措施。

装配式基层是采用基块铺装并在接缝使用砂浆灌缝湿接工艺形成的结构整体，其温缩特征与摊铺碾压成型的传统半刚性基层必然有着显著的区别。首先，在基层成型阶段由于装配式基层由基块和接缝二元组合成型的结构，基块占基层体积的92%，在铺装前已经完成干缩，基层干缩应力主要是由灌缝砂浆的干缩引起的，由于砂浆体积占比小，因此，装配式基层的干缩应力比通过摊铺碾压成型的半刚性基层要小。在路面服役阶段，由于基块是分散的，温缩使块体由外表向内部收缩，接缝处发生应变或出现细小的裂缝，将温缩应力分散到众多基块的接缝位置。然而，尽管接缝体占基层总体积很小，但毕竟水泥基材料具有脆性而且还是连续的结构，因此温缩应力仍然会依托接缝体逐渐积累，当应力值超过材料的耐受限度，最终还是要出现裂缝。可通过提高接缝体的柔韧性利用应变化解应力，或采用打断接缝体的连续性使基层温缩应力分散化的方法得以解决。

2. 预防措施

基块基层在研究阶段特别重视对反射裂缝的预防，期待通过结构、材料及工艺的组合式创新的方法解决问题。在材料和工艺方面，有许多涉及基层成型工艺的专利技术的研究都是围绕使温缩应力分散化展开的。其中灌缝料中可再分散乳胶粉等具有低温韧性的材料，以改善砂浆的抗冻融及防水性能，可以极大地提高基层耐久性[82][83]。

装配式基层是由预制块铺浆；并接缝灌浆形成的结构，由于接缝位置固定，而裂缝又与接缝位置重合，因此完全有条件在接缝位置采取更有针对性的预防措施，与通过摊铺碾压成型的半刚性基层相比，这一特点是装配式基层在预防反射裂缝方面所独有的优势。例如设计采取的措施是在相邻基块顶面设置倒角，形成倒置的三角形凹槽断面，具体工艺是在基块三角槽的两个斜面铺设土工布，将沥青混合料填入该三角槽内。该结构在三角槽的下部顶角处、两个侧面及上部都能发挥预防反射裂缝的独特作用。首先是利用沥青的柔韧性，将来自三角槽下接缝处的剪应力转变为三角槽内填充材料的应变，其原理类似于应力吸收层的作用，从而化解相邻基块之间的弯沉差产生的不利影响。其次是来自三角槽上部车轮的压力，使槽内的柔韧性材料与三角槽斜面紧密贴合，这一过程恰好能对基块接缝下部向上发展的裂缝发挥封堵及弥合作用；最后是三角槽的上部与沥青面层接触的面积较大，使沥青面层有较多参与应变的材料及较为充分的应变空间，这一特点的优势在于将狭窄裂缝顶端由少量沥青参与应变的集中应力状态，变为三角槽上部宽度范围有较多数量沥青参与应变的工况，应力集中现象能得到极大缓解。这个结构原本即为产品在最初设计阶段就确定的预防反射裂缝的亚结构，并早已申报专利、写入技术标准。该方法是结构、材料和工艺组合式创新案例之一，遗憾的是出于理解及造价原因，至今仍然未能认真执行设计文件，因此其实际性能暂时尚未得到工程的实际检验。

类似于宝石硬度的划分方法，路面结构的刚与柔不仅是相对的，也应是相互协调的，各自以不同的程度来表达。例如柔性路面、刚性路面及半刚性路面，可以采用不同的指标描述，也能用路面弯沉值表达。不同类型的路面，由于结构、材料及成型工艺差异，对裂缝的敏感性也有较明显的区别。例如连续配筋混凝土路面的沥青面层或水泥路面白改黑沥青面层的裂缝与半刚性基层沥青路面的裂缝对路面造成的影响完全不同。前者，裂缝位置固定，材料抗水损害能力强、不易翻浆、混凝土材料弹性模量衰减极为缓慢，路面弯沉值变化小，路面病害以抗槽、断板导致的平整度降低为主要特征。公路路面的横缝用低温开裂指数来表示，纵缝甚至不纳入竣工验收考核指标；基层弹性模量随使用时间延长而逐渐衰减，路面病害以网裂、翻浆为特征。装配式基层是使用预制块铺装，并接缝灌浆后形成的结构，可以视为四边均设有传力杆的小板块水泥路面，类似于杂交物体，既具有水泥混凝土路面高强度的特点，也能显示出半刚性基层较为柔和的一面。

路面温缩开裂的原因也有多种情况，基层底部的裂缝向上发展而导致沥青层的开裂现象，只是路面开裂的一个原因，这种开裂通常称为基层反射裂缝，或简称反射裂缝。解决沥青路面的开裂难题，要通过综合治理措施进行预防。在道路断面，基层处于中间位置，其上部被沥青层覆盖，两侧有混凝土封边包裹，底部还有底基层和垫层及土基支撑，与基层接触面各结构的温缩及干缩都会对基层造成应力集中，有条件的可以设置土工格室减弱水泥稳定碎石的温缩效应[84]，并重视路基排水[85]。因此其温缩开裂的预防可以尝试不同的途径。装配式基层沥青路面温缩开裂的预防措施应分别针对基层自身与周边展开。

沥青层开裂的预防，可以通过优化材料、设置预留接缝等措施控制温缩开裂；对于装配式基层，由于装配式基层是由分散的块体和连续的接缝体组成的二元结构，块体的温缩只能由块体表面向内心收缩不具有连续性。而接缝体是连续的，其温缩应力的积累与道路长度有关。因此，在恰当位置及间距，断开接缝体或者采用新材料使接缝体类似改性沥青，具备良好的温缩应变能力，使温缩应力分散化从而减弱温缩应力对路面开裂的影响。

在基层的侧面，使用混凝土封边，材料干缩应力大，因此，为预防由封边混凝土引起的基层开裂，应尽量避免混凝土干缩阶段对基层的不良影响，具体做法是在基块铺装完成后灌浆之前先进行封边作业，可以使封边混凝土干缩应力得到充分的释放；还要制作施工假缝（预制裂缝），其位置应避开基块接缝。

底基层的干缩及温缩也会对基层开裂产生影响。统计数据表明，不同材料及不同工艺施工的底基层，对沥青路面开裂程度带来不同影响。例如级配碎石底基层，沥青路面开裂数量比水泥稳定碎石基层更少，说明松散的材料自身可以使温缩及干缩应力得到分散，从而减少由于本层温缩应力的积累导致上层的开裂。

水泥稳定碎石层的施工方法不同，也会对基层温缩开裂造成影响。例如，装配式基层施工阶段，为最大程度地缩短道路建设工期，水泥稳定碎石层刚碾压密实即马上开始基块铺装作业，而此时，水泥稳定碎石层的干缩过程尚未结束，其上面基层的铺装及灌浆恰好可以对底基层进行封闭，优点是保持底基层的含水量，有利于底基层的养生，然而弊端是底基层的干缩与基层灌缝料的干缩相互叠加，干缩应力更大，容易引起沥青路面的开裂。实际工程案例显示，装配式基层的干缩比温缩开裂的影响更明显。为提高路面的耐久性，还应采取必要的措施，减少温缩开裂。

任何事物都具有两面性，缩短工期与耐久性是不同建造策略的选择，目标不同，对施工工艺的要求、质量管控的具体内容也不同。追求短工期，则可能缩短路面首次维护补强的时间，而追求高质量路面建设，则需放弃短工期要求，具体到基层灌浆作业也应选择低气温时段，尽量降低合拢气温与冬季最低气温的温差，从而减弱温缩应力的影响，对预防沥青路面温缩引起的开裂有积极意义；底基层水泥稳定碎石的施工，也要尽量保证气温及养生期，即应等待水泥稳定碎石层碾压密实，并给予足够的养生条件，特别是底基层的下层，足够的强度是保障上层水泥稳定碎石碾压密实度的必要条件；垫层虽然距离路面较深，由自身温缩引起的对路面开裂的影响更弱，但是，路面开裂还有另一个不可忽视的因素——路基变形。对于土基防冻胀引起的开裂，可以在路面的侧面和底部使用防水材料设置隔离措施，使之围住道路侧面和底部，既能防水，又能防裂。

装配式基层的养护特点是能够通过对基层的补强延长使用寿命。这是传统半刚性基层所无法比拟的优势。尽管如此，科研团队始终把预防反射裂缝作为研究的重点，目的是将基层温缩应力分散化。

为减少路基在填筑及使用阶段，因四季变化对土基温度的不利影响，科研团队还在探索全装配式道路结构。将装配式结构面层、基层拓展到土基层，从而提高路面的耐久性。其目的一方面是消纳道路翻建工程外弃土，使大部分渣土能够在工厂处理后得到回用，解决渣土占地及路基填土外进土因取土影响环境问题；另一方面是给建筑垃圾开辟更适合的应用产品的新领域，在注重道路建设质量的同时，也更低碳环保。

6

主要研究与试验

装配式基层作为面向应用的创新结构,从立项开始即特别重视产业化建设。在科研阶段便大量开展关于基层成型工艺的研究与试验。

装配式基层是块体与接缝二元组合结构,依据预制件结构成型的拓扑原理,二者可互为对方的成型模具。不仅块体的成型工艺可以在现浇与预制之间选择,基层的成型方法也可以依据现场施工条件和设计策略优先级的不同,按主体材料与接缝材料的预制成型或现浇成型的区别划分为干湿法、双湿法、湿干法及双干法四种施工工艺。

6.1 基块及混凝土琮的预制工艺研究

装配式基层使用预制块铺装,该预制块的结构原理属于编织,可称之为编块。编块的产品用于路面基层,在标准文件中称为基块。基块是素混凝土预制件,有浇筑成型工艺和压制成型工艺(含负压成型)。制品的尺寸、外形、批量生产效率、装配方法、企业技术优势等都是选择不同的成型工艺需要参考的条件。构件成型按单件成型工艺分类,主要有浇筑成型和压制成型。

1. 基块湿法成型工艺

浇筑成型工艺:浇筑成型属于湿法成型工艺,类似做法如传统糕点槽子糕的制作工艺,先将面粉和蛋液的混合物注入槽子(模具),再把盛满混合物的槽子(模具)放入烤炉,待蛋糕烤制成熟,倒扣槽子取出蛋糕即完成槽子糕的制作。湿法成型的特点是每个制品(槽子糕)都有一个模子,连模子一起加热,制品成熟后再将成品与模子分离。由于采用湿法成型过程始终有模具包裹制品,因此材料配合比适应范围更宽,对含水量不敏感,浆液比例高、密实度及均匀性更好。土建工程例如桥梁的主梁、建筑的板、排水管道等水泥混凝土预制件的生产都是先制作模具,然后在模具内浇筑混凝土,再经过养生、脱模即可得到成品。频繁使用的模具一般采用钢模,钢模各膜片之间使用螺栓连接或快接卡扣固定。因此湿法成型工艺的特点是使用模具数量多、制品养生时间长,预制场地大、操作人工多的特点。湿法成型工艺制作混凝土构件,历史悠久,工艺成熟度高,制品质量稳定性更好。对于大型预制构件,适合采用湿法成型工艺。虽然三向嵌挤块体也可以使用湿法成型工艺制造,但是,由于有四片钢制侧模板,使用手动拆开及组装模具是既费时又费事的工作。

基块结构特征是有两个阳斜面和阴斜面,成型工艺与传统水泥混凝土制品相似,都要重视材料配合比设计，其他影响因素还有：

（1）振捣方式：湿法成型工艺的振捣方式对基块质量产生的影响也有区别。

1）平台机械振捣：激振力由模具底板及侧板向模具腔体内部的混合料传递。此时，模具底板及侧板为振动源，距离振动源位置较近的混合料所受激振力和振幅值较大，混合料内部的气体可向上顺利移动并溢出。而处于模具腔体中心位置的混合料由于距离振动源较远，所受激振力小，内部的气体不易排出，在基块产品顶面中间位置取芯，往往可见少量气泡存在。由于振捣的提浆作用，基块表面一般比较致密平整，但是过分振动也会造成基块表面浮浆厚度增加，可能降低基块与灌缝料的接触强度，对耐久性造成不利影响，如图 6.1-1（a）所示。

2）人工手动振捣：工人手持振捣棒进行操作，振捣棒从模具顶部插入，其工作区域通常在模具中心位置，此处混合料中的气体较容易排出，而靠近模具侧板位置的混合料内部的气体排出则比较困难，特别是处于横槽位置的气泡，横槽结构阻挡气泡向上运动，导致气泡滞留在此处。因此在基块侧面通常可见气泡，如果气泡直径较小、分布量少且呈分散状态，一般不会对质量产生明显不利的影响，如图 6.1-1（b）所示。

（2）养生窑样式：水泥混凝土浇筑件都需要经历养生是强度上升的过程。与传统现浇构件不同的是，基块顶面要与沥青层接触，因此需要有足够的摩擦系数和强度，常规现浇混凝土构件表面的浮浆会降低接触强度，容易使沥青层出现推移，因此在基块成型阶段应采取适当的方式避免在顶面出现浮浆。例如将模具摆放在宽大的厂房内或室外，养生过程基块的水蒸气直接上升散发到空气中被气流带走，使基块顶面骨料有小部分凸显，呈现出露骨料的状态。在北方的预制厂，为保证冬季生产需要，一般在室内建养生窑，窑内设有蒸汽管道出口，为保持温度均匀又能节省蒸汽，通常养生窑的高度较低，或设置顶部篷布密封蒸汽，这种方式容易使养生窑顶部的凝结水下落到基块顶面形成浮浆。可将篷布断面改为圆弧形，将凝结水引流至篷布侧面排出。

（3）模具密封：基块成型模具由五块板拼合而成，振捣作用容易使模板接缝处产生漏浆现象。模板的紧固方式不同，密封效果也有不同。最初使用 U 形钢筋卡扣紧固模板，结果是操作简单、漏浆严重；改用螺栓连接，拆开及拼合太麻烦，作业效率低；采用插销连接，间隙较大，容易漏浆；最后采用模具底板与侧板铰接的连接方式，侧板之间选用快接紧固把手才最终解决漏浆问题。

(a) 平台振捣　　　　　　　(b) 振捣棒振捣　　　　　　　(c) 混凝土琮预制

图 6.1-1　基块及混凝土琮预制

2. 基块干法成型工艺

压制成型工艺：建筑砌块一般采用大型砖机压制成型，属于干法成型工艺。类似于制作月饼，先把揉好的面团压入模子，然后倒扣模子把成型的生月饼取出，送入烤炉烤制。干法成型的特点是只有一个模子，制品（月饼）是先脱模而后烤制。相对于湿法成型工艺，由于干法成型使用一个模具，因此成品的尺寸一致性更好，成型效率更高、节省人工。干法成型工艺面世时间短，依赖于大型设备，例如步道砖的生产都是采用压制成型，砌块砖不论外形如何变化，其侧面都是垂直，因此适合砖机压制工作方式。生产砌块的砖机使用的钢模为直壁空心模具，在模具顶板施加压力，辅助以模具底板或侧壁的振动使混合料密实成型，模具上移脱模，底板承载制品转移至养生窑。不同型号的大型砖机每次可压制9块至15块等相同尺寸的砖。成套设备作业流程，主要有计量、搅拌、混合料输送、上压头施压、底板振捣、脱模、成型件送出、养生、码垛等工序，整套设备自动化程度高，作业效率高，两班制生产，全日可产砖约1200块。

采用大型砖机压制三向嵌挤块体的模具与传统路面砖不同。第一，三向嵌挤块体的四个侧面均为斜面，块体与模具形成自锁，不能采用传统砖机模具上下移动的方式脱模。2017年福建泉州德门特砖机模具厂，专门针对三向嵌挤块体研制的采用移动式四片模板合围组成的模具首次实现基块干法成型；第二，模具空腔内有两个阳斜面和阴斜面，混合料垂直下落不易充满模具阴斜面的底角空间。即使采用模具底板振动的方法，也只能使混合料向下（向振动源的方向）移动，压制的块体侧面及底角密实度不容易达到要求。2023年唐山利群砖机厂开展采用台-模协调振动（砖机呈台和模具侧面协调振动）的试验，以解决混合料在模具侧面及底角密实度低的问题，取得较好的效果；第三，干法成型块体最大尺寸由砖机规格限制，通常砖机一次动作循环可产出多个砌块，但是基块尺寸大，一次循环只产出一个制品；第四：采用四片组装模具生产的基块，尺寸偏差较大。对于装配式基层使用的块体，接缝宽度范围为20～40mm，可以有20mm的变化量，远大于块体长宽尺寸制造的偏差。从保证沥青层厚度的均匀性和接缝灌浆工艺对块体平面尺寸敏感性低的考虑，块体厚度尺寸的权重高于块体长宽尺寸。进入模具内混合料的体积有波动现象，而块体成型厚度由砖机行程开关限制，因此波动的体积一般在块体长度及宽度方向变化较大。测量成品块体，可发现块体长度与宽度尺寸变化的方向和数值都有不同情况。应尽量保持块体长度与宽度尺寸的合计数在稳定范围（1015mm + 855mm），即便每个块体都有尺寸偏差，只要铺装的基块不出现在单方向偏差的积累，则不会对块体铺装总宽度造成影响。由于基层是隐蔽工程，采用块体装配及砂浆灌缝湿接，并在周边使用混凝土封边的工艺，因此对基块长度及宽度尺寸变化并不敏感，这对采用四片组合模具成型的预制块是适合的，毕竟不同于暴露在外，有美观要求的路面砖。基块压制尺寸还与混合料级配有关，混合料的级配不仅涉及成品的骨架密实型结构的组成、抗压强度，还与压制过程的压缩比有关。产品尺寸的稳定与材料和砖机工作参数都有联系，需要从混凝土材料配合比及砖机参数控制两个专业相互协调试验才能摸索出规律，最终稳定生产出抗压强度及尺寸都合格的基块。对于使用四面开模成型方式且对平面尺寸不敏感的基块，采取保证基块厚度，适当放松长宽尺寸限制的策略是适合的。

参与基块研制的国产大型砖机主要有福建泉州群峰机械厂、山海关利群机械制造厂、吉林省久盛机械厂等，虽然各厂家采用不同的技术路线，各有优势，但砖机操作流程基本相同。砖机采用四面开模的特殊模具专门为生产基块。采用底板、顶板和两个两侧板协调振动的工作方法，配合伺服电机工作可调振动频率。生产流程及控制方法：①由配料仓按比例配制的混合料进入搅拌机搅拌；②由输送带进入成型机储料斗，储料斗内的混合料经搅拌齿再次搅拌后进入模具；③入料的同时，平台开始振捣至混合料填满模具内腔；④上压头开始下压，压力曲线及平台振捣频率曲线应相互协调，以便顺利排气，既提高密实度又保证尺寸稳定；⑤上压头到达设定位置，成型完毕振捣器停止工作，压头上行，四片模板全开，成品由送板机推出至养生窑；⑥模具合拢完成一个循环。

低频振动因其激振力大、传递距离远，易于混合料的移动及排挤出气体、使模具内物料逐步密实；高频振动，激振力小，影响距离近，容易造浆并密封成型件外表。基块压力成型是材料配合比设计参数与砖机工作参数相互协调的过程，各参数均会对基块的强度、表面质量、尺寸稳定性、模具工作性能等造成影响，最佳参数选取范围往往在较窄的区间，其中的微妙需要经过科学严谨的试验和长期的经验积累，具体参数及调试方法都是企业至高的商业机密。

振压成型模具是成功压制基块的重要部件，原因是制品侧面有外悬部分，还有复杂的横槽等结构，因此不容易振压密实。最初长春九台玛莎厂与外国设备厂家联系，希望能帮助制造基块振压成型模具，对方当时要求支付30万马克，3个月完成模具制作。当厂家看到基块设计图，又表示无法使用外国设备成型这种块形。最后还是长春九台玛莎厂发挥锲而不舍的精神，请砌块协会牵头，联合国内多家砖厂技术人员集体攻关，最终由福建省泉州德门特模具有限公司经多次调试才获得成功，之后沈阳玛莎厂也顺利实现基块的批量生产并在沈阳南北快速干道及陵园街道路工程应用。

综合考虑多种因素，块体设计抗压强度考虑到东北严寒地区的抗冻融要求，强度等级为C30；设计块体尺寸确定为（标准型）：顶面长1015mm、宽855mm、厚300mm，体积为0.25m^3、单件重580kg。再次强调，由于三向嵌挤块体顶面与底面形状及尺寸相同、相互交叉，即俯视图块体投影面积仍呈正方形。

3. 基块产品成型尺寸

长春市政设计院研发的沥青路面装配式基层具有工期短、结构强度高、施工期间受气候及人为影响小、全寿命周期成本低、符合装配式建筑理念的特点，随着新建、改建各等级城市道路工程大面积推广应用，需要拟定基块尺寸验收标准，为《沥青路面装配式基层技术规程》T/CECS 769—2020的编制提供依据。

制定基块验收项目的验收标准，既要达到工程质量控制的目标，又要兼顾基块制造的效益和效率，达到质量、效益和效率之间的平衡。主要控制基块的厚度、长度、宽度尺寸及偏差值。

目前，基块制造工艺分为干法和湿法两种。为获取基块不同成型工艺对尺寸影响的数据，分别取相同数量干法和湿法成型基块，测量其长度、宽度、高度，并分析其与设计尺寸之间的偏差，得出合理且可控的验收标准，对采用沥青路面装配式基层的道路施工质量控制具有重要意义。因此制定验收标准，一是需要从大量的基块尺寸数据中总结出基块生产工艺与设计尺寸之间的偏差，分析偏差产生的原因，向厂家提出改进产品制造工艺和方法的相关建议，使基块成品规格与设计规格之间偏差控制在合理范围内；二是在沥青路面装配式基层的各条道路施工过程中，跟踪测量路基、底基层、隔离层以及装配式基层的高程、平整度，分析其对后续施工沥青找平层厚度的影响，分析其经济合理性。最终得出基块尺寸验收标准。各厂家基块生产模具及工艺见表 6.1-1。

各厂家基块生产模具及工艺 表 6.1-1

基块代号	模具及振捣方式
湿法 1	底板与侧板铰接连接、侧板快动紧固扳手、平台机械振捣
湿法 2	底板及四片侧板分离成五片板、销钉连接、人工操作振捣棒
湿法 3	底板及四片侧板分离成五片板、销钉连接、人工操作振捣棒
湿法 4	底板及四片侧板分离成五片板、侧板快动紧固扳手、人工操作振捣棒
干法 1	进口砖机，台振
干法 2	国产砖机，平台、侧面、顶面，混合式

（1）成型工艺对尺寸的影响分析

成型工艺对块体尺寸的影响涉及成型模具的结构、振捣方式、工艺稳定性等多种因素，成型设备可分为：既有预制件浇筑成型（湿法）与压制成型（干法）两大类别，两种成型工艺在预制件成品尺寸、质量保障率及成本和效率方面都有区别。

1）湿法成型基块

实测基块的长、宽、高，与基块设计尺寸的长、宽、高（1015mm×855mm×300mm）进行比较。基块侧面均为斜面，设计及测量尺寸均为虚边尺寸。2022~2023 年，在基块干法和湿法生产工艺制造商中共选择六家，共随机选择干法和湿法基块 200 个，取得基块厚度、长度和宽度均 200 组数据。湿法成型厂有 4 家，具体数据如下：

①基块厚度

a. 湿法成型编号 1 厂家产品：底板与侧板铰接连接、侧板快动紧固扳手、平台机械振捣。

基块尺寸数据分析：厚度尺寸呈左右基本对称的正态分布样式，分布合理。实测基块厚度有 40%数据与厚度设计线重合，显示出很好的厚度尺寸稳定性。有厚度数据偏大的现象，与混凝土填充模具的体积控制方法有关。拌和好的混凝土从模具顶部的料斗下落，由操作人员根据模具内材料充满程度手动控制电动闸门开闭，再经人工刮平、清除模具顶面的余料，然后覆盖顶面压花模板，振捣密实、送养生窑。主要影响因素有：（a）混合料的配合比，实际材料配合比的碎石粒径及含水量都会对模具内混凝土填充高度产生影响，这是所有浇筑混凝土小件都会面临的问题，预制件尺寸越小就越明显；（b）吊斗下落出口闸门控制，混凝土吊斗出料落闸门采用电动控制，反应速度快，能比较精确地控制填充料数量；（c）模具内填补材料充满程度控制，单独设置人工补充填料及余料清除是保证板块厚度稳定的关键；（d）模具侧板固定方式，由于侧板与底板为铰接更加紧固可靠，模具组合体刚度大，侧板在振捣过程中变形小；（e）顶面压花模板的下压及振捣密实过程只能使填充料向上溢出，客观上表现为基块厚度整体出现偏大值。湿法 1 号厂家基块厚度频率分布图见图 6.1-2。

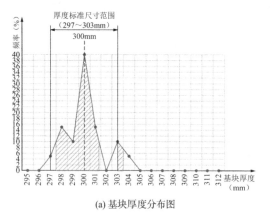

(a) 基块厚度分布图　　　　　　　　　　　(b) 基块成型模具

图 6.1-2　湿法 1 号厂家基块厚度频率分布

b. 湿法成型编号 2 号厂家产品：底板及四片侧板分离成五片板、销钉连接、移动式台架振捣棒。湿法 2 号厂家基块厚度频率分布图见图 6.1-3。

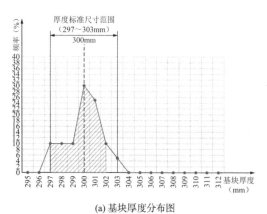

(a) 基块厚度分布图　　　　　　　　　　　(b) 基块成型模具

图 6.1-3　湿法 2 号厂家基块厚度频率分布图

厚度尺寸数据分布呈左右基本对称的正态分布样式。实测基块厚度有 30% 数据与厚度设计线重合，也显示出较好的厚度尺寸稳定性。厚度数据偏大的主要原因是：（a）混凝土使用吊斗运输，人工手动开闭下料闸门，灵敏度比电动反应速度稍显微滞后，而随后的人工补充填充料及平整的过程，使模具内材料填充的饱满度得到控制；（b）模具侧板下部与底板为卡扣式连接，侧板中部使用长销钉固定，模具组合刚度与铰链连接略有降低，侧板在振捣过程中发生弹性变形，相比 1 号模具基块厚度值正超差现象减少。在 303 点，只有 5%，超过 303 点的比例低于 1 号模具。

c. 3 号厂家与 2 号厂家模具相同，区别是 2 号厂家为台架振捣棒振捣而 3 号厂家是人工手持振捣棒进行振捣，3 号厂家基块厚度频率分布图见图 6.1-4。

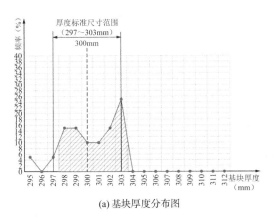

(a) 基块厚度分布图　　　　　　　　　(b) 基块成型模具

图 6.1-4　3 号厂家基块厚度频率分布图

厚度尺寸数据分布呈非对称的双峰样式，厚度数据显示主要集中在 298~299mm 附近和 303 点位，实测基块厚度仅有 10%数据与厚度设计线重合，为 4 家产品中最低，表明厚度数据离散度较大。成型工艺中存在明显尺寸不稳定因素，可能与下料及整平环节有关，相比 1 号模具基块厚度超差现象增多，在 303 点位占有 25%；在 298 及 299 点位占 15%；超过 303 点位的比例很低。在基块厚度尺寸偏小的 297 及 295 点位各占最少；其中 298 及 303 两个突出的点位高差为 5mm，马鞍状数据类型会出现铺装层相邻基块顶面高差大的现象，造成罩面的沥青层厚度及密实度不均匀的情况，对耐久性产生不利影响，也会相应的增加面层混合料实际摊铺量和成本。

d. 湿法成型编号 4 号厂家与编号 1 号模具相同，区别在两个方面，一是 1 号为平台振捣，而 4 号是人工手持振捣棒进行振捣；二是 1 号吊斗下料闸门为电动，而 4 号为手动。4 号厂家基块厚度频率分布图见图 6.1-5。

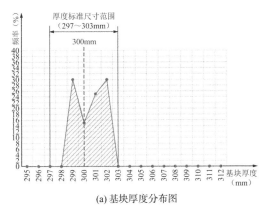

(a) 基块厚度分布图　　　　　　　　　(b) 基块成型模具

图 6.1-5　4 号厂家基块厚度频率分布图

4 号厂家厚度尺寸数据分布几乎呈对称的双峰样式，数据主要集中在 299 和 302 点位，各占 30%，实测基块厚度仅有 15%数据与厚度设计线重合，4 家产品中厚度数据偏析程度最大，成型工艺中存在明显尺寸不稳定因素，可能与下料数量及整平和振捣有关，这种两头大的马鞍形数据，相邻基块顶面高差为 3mm。

②基块长度

湿法 1 号～4 号厂家基块长度频率分布图如图 6.1-6～图 6.1-9 所示。

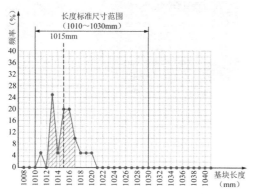

图 6.1-6　湿法 1 号厂家基块长度频率分布图

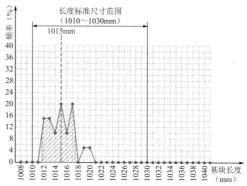

图 6.1-7　湿法 2 号厂家基块长度频率分布图

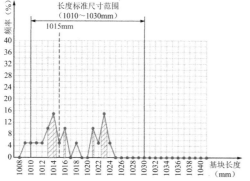

图 6.1-8　湿法 3 号厂家基块长度频率分布图

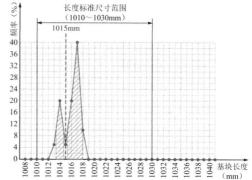

图 6.1-9　湿法 4 号厂家基块长度频率分布图

从 4 个厂家基块长度值数据曲线分析，都普遍出现双峰甚至多峰值现象，显示四片侧板组合式模具制品长度数值变化的普遍现象。各厂家基块长度峰值及对应尺寸点位分别为：

1 号厂家：数据主要分布在 1013 到 1016 点位之间，超过 10%的各点位累计占 75%，设计线基本处于中间位置，两个峰值间尺寸差为 3mm。

2 号厂家：超过 10%的数据区段分布在 1012 到 1017 之间，各点位累计占 90%，设计线基本处于中间位置，两个峰值间尺寸差为 5mm。

3 号厂家：超过 10%的数据区段分布有两段，1013 到 1016，1021 到 1023，各点位累计占 60%，设计线偏左，大致呈双峰样式，多数集中在 1014 和 1023 两段，两段尺寸差达到 9mm。

4 号厂家：超过 10%的数据区段分布有两段，各点位累计占 90%，设计线偏右，呈双峰样式。超过 10%的比例较高且数据分散度小，峰值分为 1014 和 1017 两部分，差值为 3mm。

从 4 个厂家基块长度曲线分析，其中 1 与 4 为相同模具，2 与 3 模具相同，仅下料闸门控制及振捣方式有区别，而这些环节都与人工操作有关。

③基块宽度

湿法 1 号～4 号厂家基块宽度频率分布图见图 6.1-10～图 6.1-13。

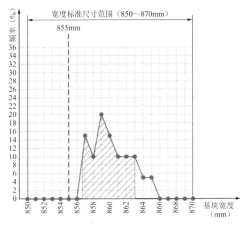
图 6.1-10　湿法 1 号厂家基块宽度频率分布图

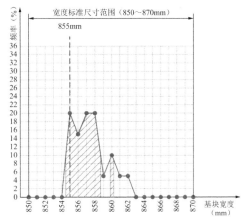
图 6.1-11　湿法 2 号厂家基块宽度频率分布图

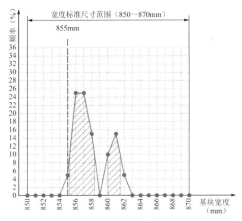
图 6.1-12　湿法 3 号厂家基块宽度频率分布图

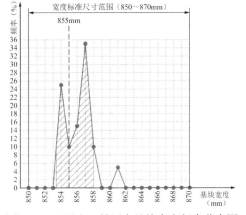
图 6.1-13　湿法 4 号厂家基块宽度频率分布图

各厂家基块宽度与长度数据的分布类似也呈多峰值样式。基块长度及宽度数据与湿法成型生产机械化程度和模具组合体刚度、填充料整平度、振捣工序有关，即装备质量和管理质量决定产品质量。因此作业工序的管理方法对产品尺寸的影响需要认真研究找到解决办法，加强质量管控。基块尺寸数据应以频率 10% 以上数据占比高、峰值间距小为优。特别注意的是浇筑件的密实度与尺寸有关系，不能偏重尺寸控制而降低基块密实度指标。

2）干法成型基块

干法 1 号厂家、2 号厂家基块厚度尺寸频率分布图见图 6.1-14、图 6.1-15 所示。长度尺寸频率分布图见图 6.1-16、图 6.1-17；宽度尺寸频率分布图见图 6.1-18、图 6.1-19。

从干法成型两家基块数据分析，1 号厚度、长度及宽度数据虽然呈正态分布样式，但是峰值百分比较低。其中厚度峰值仅为 14%，各块厚度尺寸一致性最差、尺寸散布范围宽；对比 2 号的厚度峰值分别为 15% 至 40%，尺寸一致性较好，尺寸散布范围较小。特别是 2 号的峰值在厚度设计线附近，更适合基块对厚度尺寸要求较高的应用场景。而干法成型基块尺寸峰值与设计线偏离的情况与基块四面开模的特点有关，当基块顶面受到压力，模具侧板会产生位移，导致尺寸出现变化。

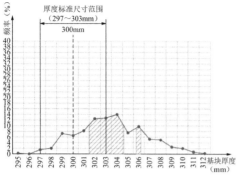
图 6.1-14　干法 1 号厂家基块厚度频率分布图

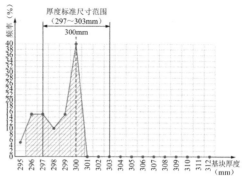
图 6.1-15　干法 2 号厂家基块厚度频率分布图

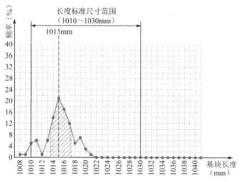
图 6.1-16　干法 1 号厂家基块长度频率分布图

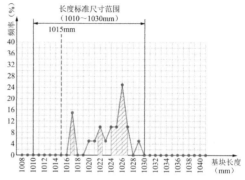
图 6.1-17　干法 2 号厂家基块长度频率分布图

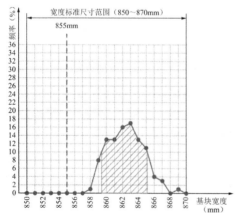
图 6.1-18　干法 1 号厂家基块宽度频率分布图

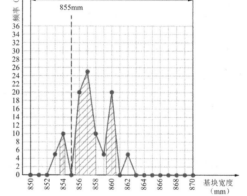
图 6.1-19　干法 2 号厂家基块宽度频率分布图

基块尺寸曲线的最佳评价标方法是：1）单峰值曲线峰值高、宽度窄；2）多峰值曲线峰值高、总宽度窄、峰间距小；3）优先保证厚度尺寸。

（2）基块尺寸公差范围的确定

任何批量生产的产品都涉及尺寸公差范围的确定问题。公差范围太小，制造难度和成本增加、生产效率降低；公差范围太大，则难以满足铺装精度和服役期间的工作要求。因此，将尺寸公差控制在适合的范围内即成为新产品在产业化阶段的一个必须重视的问题。对需要现场装配的块体，确定公差的意义本质上是当产品尺寸限制在某个范围，才能刚好使基块铺装过程中不会因累计尺寸涨出而不能正常装配。路面基层不是外墙面铺装的瓷砖，没有视觉美观的要求，如果块体外表制作得过于光滑齐整，反而使基块与砂浆界面的粘结强度降低，对耐久性造成不利影响，适度控制是平衡与协调的结果。各厂家基块不同合格率对应尺寸偏差汇总见表 6.1-2。

各厂家基块不同合格率对应尺寸偏差汇总表　　　　　　表 6.1-2

偏差项	合格率				基块制造商	偏差均值			
	90%		95%			90%		95%	
	偏差范围	偏差变幅	偏差范围	偏差变幅		偏差范围	偏差变幅	偏差范围	偏差变幅
基块长度偏差	−2～+4	6	−2～+5	7	湿法1号制造商	−2.2～+5.5	7.7	−2.3～+6.2	8.5
	−3～+2	5	−3～+4	7	湿法2号制造商				
	−5～+8	13	−5～+9	14	湿法3号制造商				
	−1～+3	4	−1～+3	4	湿法4号制造商				
	−4～+4	8	−5～+4	9	干法1号制造商				
	+2～+12	10	+2～+12	10	干法2号制造商				
基块宽度偏差	+2～+8	6	+2～+9	7	湿法1号制造商	+0.8～+6.2	5.4	+0.5～+6.7	6.2
	±0～+5	5	±0～+6	6	湿法2号制造商				
	+1～+6	5	±0～+6	6	湿法3号制造商				
	−1～+3	4	−1～+3	4	湿法4号制造商				
	+4～+10	6	+4～+11	7	干法1号制造商				
	−1～+5	6	−2～+5	7	干法2号制造商				
基块厚度偏差	−2～+3	5	−3～+3	6	湿法1号制造商	−2.2～+3.0	5.2	−2.5～+3.3	5.8
	−2～+2	4	−3～+2	5	湿法2号制造商				
	−3～+3	6	−3～+3	6	湿法3号制造商				
	−1～+2	3	−1～+2	3	湿法4号制造商				
	−1～+8	9	−1～+10	11	干法1号制造商				
	−4～±0	4	−4～±0	4	干法2号制造商				

基块尺寸公差控制范围的要求是公差宽度包线覆盖基块成型尺寸曲线偏大及偏小的数据尽量左右对称，这样在实际铺装过程中块体尺寸出现偏大值连续的概率较低，偏大与偏小尺寸随机出现且概率相当，能使铺装的基层宽度尺寸控制在设计范围内。如果基块铺装累计尺寸偏大，会增加路面铺装宽度，也会使砌筑路缘石遇到困难。一般控制在铺装总宽度略小于设计铺装宽度并适当预留混凝土封边宽度的范围。

当以 90%比率控制基块合格率，对应基块长度偏差为−2.2～+5.5mm，基块宽度偏差为

+0.8～+6.2mm，基块厚度偏差为−2.2～+3.0mm；

当以95%比率控制基块合格率，对应基块长度偏差为−2.3～+6.2mm，基块宽度偏差为+0.5～+6.7mm，基块厚度偏差为−2.5～+3.3mm。

由于基块之间留有接缝，接缝宽度范围为20～40mm，因此基块长度和宽度尺寸对质量控制不敏感。基块厚度尺寸对装配式基层顶面相邻块高差及沥青找平层厚度与均匀性影响较大。用加权平均法计算沥青找平层厚度，合格率90%、基块厚度偏差为−2.2～+3.0mm时，沥青找平层厚度平均为4.6mm；合格率95%、基块厚度偏差为−2.5～+3.3mm时，沥青找平层厚度6.4mm。

为了既能达到工程质量控制目标，又能兼顾基块制造工艺特点与成本和效率，基块厚度作为关键因素，对基块长度和宽度允许偏差适当放宽，以基块合格率99.3%控制，经过多年数据统计及道路工程实践，基块合格率会进一步提升。《预制装配式道路基层工程技术规范》DB22/T 5006—2018，将基块长度、宽度尺寸范围确定为−5～+15mm。见图6.1-20。

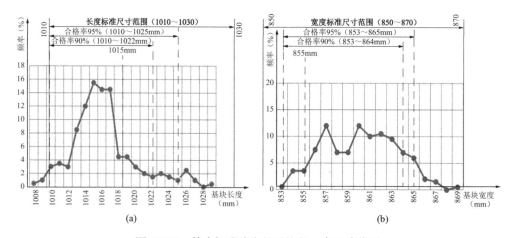

图6.1-20 技术标准确定的基块长、宽尺寸范围

由于基块预制过程，块体尺寸受多种因素影响在一定范围内出现波动，不会发生实际基块尺寸单方向增加的情况。而基块尺寸适当向增大方向放宽，也有利于尽量实现路面横断面的满铺装。今后，还会根据基块制造工艺的进步，基块尺寸偏差范围的缩小，重新修编标准数据。

基块的四个侧面均为斜面，模具均为四片模板组合式。湿法成型模具为五面封闭，只有顶部开放的空间，投入模具空腔浇筑材料的体积将影响基块高度，基块尺寸偏差主要受侧面四片模板组合固定方式的影响。模板固定结构的允许间隙越大或振捣过程模板之间的活动量越大，基块长度和宽度偏差越大，即受模板固定牢固程度影响。模板不同固定方式对基块尺寸偏差的影响对比：卡扣＞插销＞自锁＞螺栓。

影响干法成型基块尺寸的参数较多，主要有三类：第一类是基块模具组合及定位方式；第二类是模具振捣器参数：振捣器分布位置及工作顺序、振捣频率、振幅、激振力；第三类是材料配合比，只有当材料配合比稳定、振捣参数固定才能压制出尺寸稳定的制品。材料配合比的任何变化，例如碎石粒径、比例、含泥量、含水量等都会对制品强度及外观质量产生显著影响，材料配合比参数允许变化的范围窄，对材料及工艺参数的管控要求更严。干法1号厂家采用台振工艺，基块长度、宽度尺寸偏差均小于湿法，厚度偏差比干法2号厂家的稍大；干法2号厂家是采用台振与模振协同振动成型的新型砖机，基块厚度尺寸为正值单向偏差，在所有厂家测试样品中偏差最小，有利于提高道路基层平整度，对罩面有利；基块宽度尺寸偏差比湿法好，比干法1号稍差；台振与模振协同振动成型的新型砖机制品的尺寸稳定性好、偏差范围小，表面质量更佳。经过工艺完善与改进，最终干法与湿法成型工艺的制品各项综合指标差距可能会进一步减小，成型工艺的进步不但有利于基块质量保障，还能提高机械制造、智能制造水平，是未来发展趋势。

6.2 装配式基层成型工艺研究

装配式基层是先铺装基块，并在接缝内灌浆湿接，最后在基层四周采用混凝土封边后构成的整体结构，其上铺设沥青混凝土面层即为装配式基层沥青路面。

装配式基层现在是采用预制块体与砂浆湿接形成的。基层是由作为分散相的基块和作为连接相的接缝体组成的二元结构。接缝体与基块互为补集，二者可以互为模具或填充材料。不论先预制主体结构件，还是先预制接缝体，都不可避免预制成型的过程。如果主构件及接缝均为现场浇筑成型，则可省略预制件的过程，对低碳环保、降成本更为有利。

预防温缩应力引起的开裂主要与接缝体材料的脆性和连续性有关，尝试采用不同成型工艺的目的是设法获得分散的团块状接缝体，减弱接缝体的连续性或增加柔韧性以此分散温缩应力或利用应变减弱应力的影响。

由此将基块与接缝两种结构，按预制与现浇成型两种工艺设计装配工序，按排列组合设计装配工序，可以有：①主构件预制＋接缝湿接（干＋湿）；②主构件浇筑＋接缝预制（湿＋干）；③主构件浇筑＋接缝湿接（湿＋湿）；④主件预制＋接缝灌河砂（干＋干）四种工艺。

1. 基层干湿法成型

（1）基块预制＋接缝灌浆

目前的施工工艺即为先预制基块再灌缝湿接。特点是基块作为主体结构其体积和重量都大，运输量巨大，需要大面积预制场地，预制件成本高。接缝体积小，现场作业量减少。预制件比现浇结构质量保障率高。现在采用的装配式基层成型工艺即为预制基块，现场铺装，然后在基块接缝灌浆形成的基层。优点是作为主体结构的基块占基层体积的92%，已经在出厂前完成大部分干缩，基层实际干缩主要是砂浆凝固过程中水分减少引起的。而砂浆形成的接缝体的体积仅占基层总体积的8%，主体结构预制工艺对减少结构整体的干缩有积极作用。资料表明基层的干缩对开裂的影响与温缩相当，统称为温缩应力。大量工程实践表明，采用装配式路面基层的路面比相同条件下采用水泥稳定碎石基层的路面温缩开裂少。哈尔滨工业大学郭梓烁博士对育民路的研究资料显示，育民路为双幅路，在该路的中间约1200m长度路段，出城方向的路面基层采用水泥稳定碎石，而进城方向的路面采用装配式基层，经过两个冬季的比较，水泥稳定碎石基层的路面已经多次发生网裂、坑槽，局部已经开始修补，横向裂缝数量较多，裂缝数是装配式基层沥青路面的3.4倍。

在基块铺装阶段，降雨对装配式基层温缩开裂影响明显，特别是当基层铺装阶段遭遇降雨，则更容易出现路面反射裂缝，而在灌浆后的养生阶段，降雨对基层开裂的影响则较少，原因是灌浆前基块暴露面积是灌浆后的5倍，基块被雨水淋湿面积的增加，致使干缩量增加，干缩开裂也相应增加。

砂浆填充接缝形成的接缝体是连续的，只要温缩应力有足够的积累仍然会出现基层开裂。因此打断基层接缝体的连续性是解决温缩开裂实现温缩应力分散化的工艺措施。

（2）柔性材料包裹的砂浆片

沥青碎石等筑路材料，都是使用柔性沥青材料包裹坚硬的碎石组成的结构。其中碎石是骨架，沥青是碎石接缝的填充材料，即用沥青包裹的碎石。优点是随着环境温度的下降，沥青碎石结构发生温缩，作为骨架的碎石从外表向内发生收缩，而包裹碎石的沥青被拉伸使碎石之间的间隔增大，从而补充碎石收缩产生的空隙。由于沥青材料具有良好的延展性，在一定温差范围内，沥青产生收缩，并不会出现由于温缩应力过大，超出沥青材料抗拉极限强度而开裂的现象。最终沥青碎石结构整体发生微小收缩，碎石与沥青的刚柔结合，使应力分散化，这是沥青碎石结构能够预防路面温缩裂缝的机理。

装配式基层是由分散的块体和连续的接缝体组成的二元结构。接缝体是一个巨大而连续的网片，温差越大积累的温缩应力越大，容易使接缝体产生温缩开裂。因此，在基层块体接缝内可将接缝体化整为零，将整片的接缝体变成体积可控的分散孤立的砂浆片，并在砂浆片周围包裹柔性材料，如此不仅可使砂浆有足够的强度以保障传荷能力，还能阻断温缩应力的连续性。使用这种具有柔性包裹外皮的砂浆包填充基块接缝，当温缩发生时，接缝体由分散的砂浆片组成，砂浆片各自收缩，砂浆片周围的柔性包裹材料产生拉伸应变，从而抵消温缩应力的积累作用，预防基层开裂，达到预防由基层开裂引起的路面反射裂缝的目的。

柔性材料包裹的砂浆包制作工艺设计：第一步工序是利用砂浆泵的往复运动输出砂浆柱，第二步工序是利用砂浆脉动输出的间隔，在砂浆柱表面喷涂柔性材料[86]，第三步工序是将包裹柔性材料的砂浆柱灌入基块接缝形成包裹柔性材料的砂浆片，使接缝体碎片化。

工艺流程：

1）输送阶段：启动砂浆泵，砂浆从搅拌机输入砂浆泵并经管道输出；

2）冒出阶段：砂浆在泵送压力推动下从漏斗底部管道进入喷涂室。根据黏性流体的特征，其侧面为漏斗侧壁，底部有压力推动，上部为低压区，因此从漏斗口冒出的砂浆将呈半球体状冒出；

3）包裹阶段：喷涂室顶部设有喷头，底部设有漏斗；喷头向下对着从漏斗，喷出黑色柔性材料，使柔性材料覆盖砂浆冒出的蘑菇状表面；

4）溢出阶段：砂浆继续从漏斗顶面冒出并被喷涂柔性材料，砂浆冒出的蘑菇状体积随泵送压力逐渐扩大，当泵送压力下降时，砂浆在重力作用下开始从漏斗边缘向外溢出；

5）汇合阶段：根据流体的附壁效应原理，外面包裹柔性材料的砂浆沿着漏斗圆锥状外壁向下流动，沿着漏斗侧壁流淌的砂浆最终在漏斗底部汇合，完成柔性材料包裹黄色砂浆的过程。

此时，砂浆流断面为外黑内黄的状态，包裹黑色柔性材料的黄色砂浆受重力作用继续向下流淌，落入下方基块接缝空隙内，由于此时砂浆仍处于流动状态，落入接缝后，被两侧块体约束形成包裹柔性材料的砂浆片。泵送砂浆按脉动方式工作，砂浆沿着漏斗外壁流淌在漏斗底部汇合后，成锥状一段段下落。因此在基块接缝内呈现出砂浆片即各自独立又相互衔接，凝固后呈骨架密实形样式，在黄色骨料之间有黑色的柔性材料。预计每平方米面积接缝体有裹浆片大约 10 片，当砂浆合拢温度与服役期环境最低温度出现较大温差，通过各砂浆片接缝处柔性材料的弹性变形便可缓解温缩应力。

沥青路面装配式基层接缝内采用包浆工艺灌缝，当砂浆凝固后，接缝体由连片的整体，变成由多个被柔性材料包裹的砂浆片，这些砂浆片的面积可控、接缝材料性能及厚度可控、块体之间嵌挤关系可控。当温缩发生时，由于基块侧面有柔性涂层，因此基块的收缩呈现砂浆片各自孤立、互不连续的特点，组成接缝体的砂浆片通过包裹材料的应变吸收温缩应力，即可利用装配式基层接缝体砂浆的碎片化，解决路面温缩开裂问题。

砂浆凝固后变成基块之间的接缝体，倾斜的传荷板以板面受压为主，接缝体的裹浆片接缝及柔性材料对传递荷载有减弱的影响，基块之间的铰接样变形增大。接缝体的抗压强度是承担荷载与长寿命的基本保障，包裹砂浆的技术是既要保持砂浆的强度，又要使包裹砂浆片的柔性材料能适当释放温缩应力。

基块预制使用浇筑成型（湿法）和振动压力（干法）成型工艺。发展趋势是干法成型工艺制品表面水泥浆更加饱满，以便提高耐久性；湿法成型工艺注重建筑垃圾的利用以便拓宽使用范围。再随着砖机及浇筑工艺的进步，最终干法与湿法成型两种工艺会相互靠近，殊途同归，都能达到相同的制品质量和生产效率。

2. 基层双湿法成型

针对预防基层温缩开裂及大面积高效铺装的课题，提出主构件浇筑 + 接缝湿接的工艺[87]。

参考结构是连续配筋混凝土路面，它素以使用寿命长而称著。续配筋混凝土路面并非是无缝的，如果能将裂缝宽度控制在 0.1~0.2mm 的理想范围内[58]，密集且细小的裂缝对续配筋混凝土路面的耐久性不会造成明显影响。基于这个思路，结合装配式基层结构，提出基层主要材料（混凝土）及接缝材料（聚氨酯等）[88][89]均采用现场施工，同时成型，又依然保持装配式结构较好的板块间传荷能力的工艺。

具体做法是先使用摊铺机[90]，将混凝土摊铺在路槽，形成有一定厚度、尚未初凝的混凝土层，然后利用由振捣棒与喷料杆所组成的接缝料喷胶系统（以下简称振捣喷料棒），跟随作业平台移动，将混凝土层分隔成网格状，同时在割缝喷射接缝料形成网格侧壁，网格 4 个侧壁都为斜面，阳斜面及阴斜面两两相对，结构与传荷板相同。网格状嵌挤接缝如图 6.2-1 所示，路面基层装配过程中，在尚未初凝的主材内，按结构位置植入液体接缝料，主材与接缝料均在施工现场制作成型，凝固后构成三向嵌挤结构的做法，称为双湿嵌挤装配。

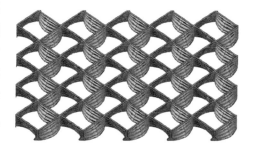

图 6.2-1 网格状嵌挤接缝

网格的四壁是接缝料混合物，网孔内是被分隔的现浇水泥混凝土。网格侧壁由接缝料与水泥浆液的混合物组成，接缝料与水泥浆液及混凝土中的细集料融合并包裹粗骨料，接缝料混合物凝固形成网格状接缝体。接缝体传荷能力由三部分构成：第一部分是主结构，即嵌挤斜面，将基层受拉应力转化为受压状态，结构和功能与三向嵌挤块体铺装，并与接缝灌浆成型的基层结构一致；第二部分是亚结构，即波浪形接缝线，其作用与现有装配式基层所用预制件设置的横槽类似，进一步提升了接缝界面的抗滑抗剪能力；第三是微结构，是接缝料融入细集料并包裹骨料形成柔性的粗糙过渡面，网格侧壁断面中间柔性材料浓度高，逐渐向两边扩散，有合理浓度梯度分布，由此构建韧性由高到低的过渡区。

植入接缝料膜，形成黏弹性接缝需要通过振捣与扩散的作用实现[91]。一方面振捣使水泥混凝土密实，另一方面在接缝横断面，主体与接缝材料都是湿状态，接缝料在压力及振动的协同作用下向两侧扩散并包裹骨料，接缝料的浓度随宽度增加，有逐渐降低的梯度变化，使接缝料在宏观上倾斜布置，在微观上与芯体材料双向渗透，构成有一定宽度的从高到低的韧性过渡区。在接缝料逐渐向外扩散的过程中，会遇到集料及骨料的阻挡，而振捣作用使接缝料很容易绕过它们，接缝料的绕行实现了对骨料的包裹，在接缝断面两侧使接缝料与骨料建立了嵌挤关系。

网格的四个侧壁由接缝料混合物构成，其尺寸及样式由振捣喷料棒的运动轨迹控制。移动平台沿着道路纵向连续匀速直线运动，其上的振捣喷料棒按向左与向右交替更换的连续往复轨迹运动，直线移动与横向往复移动轨迹合成折线图，两条前后分布，左右相邻的连续折线轨迹合并成斜向的矩形网格，振捣棒运动轨迹图见图6.2-2。

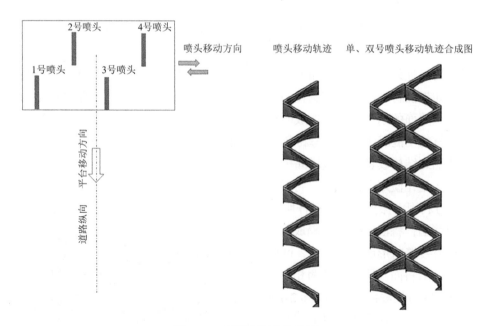

图 6.2-2 振捣棒运动轨迹图

喷头轨迹复杂，需要满足的条件可能有：1）避免喷头堵塞，喷头的喷口始终朝向喷杆移动方向的后方；2）网格侧壁为斜面，喷杆也要倾斜布设，随着喷杆向左及向右转换，呈有规律的左右往复摇摆；3）喷杆左右摇摆转换的过程还要配合有上下移动，使喷头端部轨迹在基层底平面内；4）喷杆需要上下移动，设置挡板避免喷头露出基层顶面而溢出。振捣棒及喷胶机构运动总系统图见图6.2-3。

图6.2-3 振捣棒及喷胶机构运动总系统图

双湿嵌挤工艺要求接缝料应能适应有水作业环境，具备在有水情况下保持材料强度高、固化快、弹性好、防渗透，并具有良好的黏附性、黏聚性、延展性及与水泥浆的融合性和良好的耐候性。

双湿嵌挤基层成型系统，需要应用可视化[92][93]的技术在线检测并实时控制，例如利用振捣棒正常工作产生的噪声信号，根据其能量分布特征作为分析判断标准来实现对振捣棒工作状态的判定[94]，系统是高度自动化、智能化的成套专用设备。

双湿嵌挤工艺是采用湿装配合湿接的施工方法，其优势有：1）工艺流程缩短，系统集中度高，将基块预制、安装与灌浆三道工序合并为一道工序，只需往现场运输商品混凝土和接缝料，使用大型智能设备在现场直接成型基层；2）建造成本降低，由于省略湿法生产混凝土预制件必须大量使用的成型模具或干法生产所依托的大型砖机，也不需要预制厂及养生场地，不仅省略预制工艺过程，也显著降低制造成本；3）省略钢材，与传统水泥路面比较，基层不配置钢筋，不需要设置传统接缝，进一步节省材料费、简化工艺、降低作业成本；4）质量可控性好。摒弃传统道路基层采用临时招聘人及多台套机械联合施工的模式，改为更加专业化、智能化的作业方法，由多种传感器检测、专业软件监控，能最大程度避免人为干扰，施工质量保障率高；5）作业效率高，全套设备运输到道路施工现场作业，更适合新建公路大面积快速施工；6）促进新质生产力发展，双湿嵌挤工艺是需要机器人、高分子材料、传感器及水泥混凝土四个专业协同配合集成创新的项目，对发展有自主核心技术的交通行业有积极意义，更是促进新质生产力的契机。

3. 基层湿干法成型

由于接缝结构在装配式基层中构造复杂并承担传荷作用，因此将接缝作为结构件单独研究。设计阶段的灌缝料属于材料，灌缝过程中因侧重工作性能而称之为砂浆，砂浆在基块接缝空隙内被块体塑形并凝固形成网片状的结构，又称为接缝体。接缝体网格框架的同一网孔，纵断面有一对阳斜面传荷板，横断面则有一对阴斜面传荷板，组成网孔的四片传荷板与网孔空腔形成三向嵌挤关系，在网孔空腔填充混凝土则形成三向嵌挤块体装配式基层。

接缝体的体积和重量都比主体结构小得多，方便预制件制作与安装。接缝体作为预制件相互搭接装配，可避免接缝体网格呈连续状，使温缩应力局部分散化，分布规格化，有利于预防温缩开裂。具体装配方法是先预制接缝体的传荷板，再按嵌挤结构关系装配传荷板，最后在接缝体组装的网孔内浇筑水泥混凝土。尽管成型工序与常规方法不同，一个是先预制主结构再浇筑接缝体，另一个是先预制接缝体再浇筑主体，但是，接缝体包裹基块并利用倾斜的传荷板发挥传荷作用的功能与现有基块在基层的作用完全一致。预制的结构件不论是基块还是接缝体，都需要先发挥成型模具塑形的作用，然后在成型腔内浇筑混凝土才能形成整体结构并承担荷载。基层成型工序的转变并不改变装配式基层结构特征。

预制接缝体拼装成网格框架，接缝体网格图见图6.2-4。该工艺方案提出的思考是接缝体是预制件，拼装的框架是由各个分段的传荷板组成，各个板片之间自然存在狭窄的接缝，水泥混凝土浇筑过程并不能完全填充细长的缝隙，这就打断了网格状接缝体的连续性，使温缩应力得不到可靠且持续的积累，温缩应力被分散到各个接缝板片的接缝处，因此可以预防基层整体的温缩开裂。此工艺是配合装配式基层应力分散化理念设想的一种工艺方法的探索，给预防路面的反射裂缝提供一种新的思路。

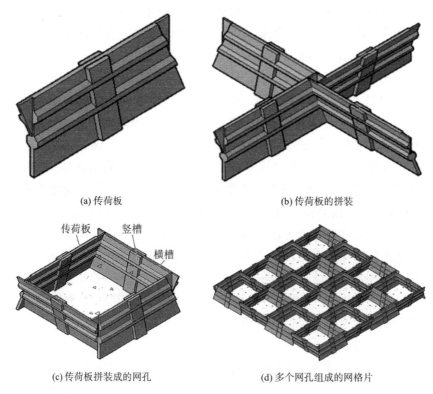

(a) 传荷板　　　　　　　　　　(b) 传荷板的拼装

(c) 传荷板拼装成的网孔　　　　(d) 多个网孔组成的网格片

图 6.2-4　接缝体网格图

4. 基层双干法成型

采用预制块体并在接缝填充河砂的工艺历史悠久，也最为常见，传统的方砖步道铺装即为干铺块体接缝填充河砂的工艺。基块虽然是专门为路面基层制作的块体，但是在特殊情况也可以作为直接行车路面临时使用。例如长春市育民路拓宽改造工程，该路是西南区域出城方向的主要通道。既有路面为单幅路，本次施工按规划拓宽为双幅路，有大量公用管线需要铺设。沿途分布有多家为汽车厂配套的零配件生产厂家、中小学校，道路终点处还有一大片正在开发的大型综合性社区。其他通行路径不仅绕行距离太远，且通行断面及路况均较差，因此要求在施工期间保证交通需要，施工必须全年作业，半幅路施工。光在进城路幅做管线铺设，完成后即回填管沟并铺设临时路面通车，然后开始出城路幅的路面施工作业。原设计临时便道采用商品混凝土直接铺设，每平方米造价 160 元。经过技术经济对比分析，选用基块铺装，并在接缝处填充机制砂，施工时段大约在当年 10 月初至 11 月末，长春初冬季节白天已经 $-15℃$，临时通车路面的铺设在寒风暴雪中进行，临时道路铺装见图 6.2-5。进城路幅临时通车，再开始对出城路幅排水系统施工，待完成管沟回填可以临时通车，便在进城路幅拆除基块，处理土基后再重新铺设基块并灌浆作为正常基层使用。该方案不仅保证建设工期，还节省造价。该路沿途厂家众多，使用基块临时铺装方法能更方便及时地完成厂家门口的铺装，对保证生产运输起到关键作用。

(a) 冬季临时路面铺装

(b) 基块接缝灌砂

图 6.2-5　临时道路铺装

利用基块作为临时通车路面使用的案例，发现有以下问题需要解决：第一是基块强度偏低，表面耐磨性较差。由于基块原本是作为路面基层使用的预制件，设计抗压强度为 30MPa，能够满足使用要求，但是作为行车路面使用，需要考虑车轮对块体顶面磨损的影响，因此利用基块铺装作为临时行车路面使用，应提高预制块的强度等级至 C50，或采取掺加纤维等耐磨损措施以提高耐久性并减少拆除后块体的破损率，提高循环利用的比例，增加经济性，临时路面的拆除见图 6.2-6。经过一年的车辆行驶，基块顶面的凸台很多已经出现较严重的磨损；第二是拆除过程造成基块破损率较高，主要原因有二，一个是基块强度低。另一个是拆除工艺需要改进，不能直接使用挖掘机的勾齿或铲斗挖取基块；第三是不同亚结构的基块作为临时通车路面使用，其稳定性有差距。例如当选用底部设有插槽的基块作为临时路面，车辆行驶过程块体出现撬动现象，造成接缝填缝砂溢出，使路面平整度差，噪声较大。因此建议当选用基块作为临时路面（接缝灌入河砂）使用时，应选用没有底部插槽的基块，以提高路面行驶的舒适性及耐久性，并减少块体边缘的破损现象。

(a) 临时路面拆除　　　　　　　　　(b) 块体顶面的磨损

图 6.2-6　临时路面的拆除

基层成型工艺研究的目的是提高效率、降低成本、改善性能。温缩开裂是可预防、可修补的，我们相信，随着结构、材料和工艺的进步，温缩应力分散化理念会在装配式基层得到应用。沥青路面装配式基层的整体性能还与填缝材料关系密切，不同的工艺路线可提供更多的技术探索空间和应用场景，装配式的特点给基层成型工艺的灵活性赋予更多变化，双湿成型、接缝体、裹砂浆片等新工艺逐渐被提出，期待能给路面施工和质量带来全新的面貌。

6.3　装配式基层沥青路面主要试验

参考公路水泥混凝土路面白改黑结构，装配式基层的沥青面层由半刚性基层沥青路面的三层，减少到二层，对于轻荷载甚至可以只铺设单层沥青。底基层材料可根据交通荷载、造价、工期的不同结合当地材料适当选择。对于大交通量及重荷载的道路，可在装配式基层与底基层之间设置 2~3cm 厚沥青混凝土层作为功能层，不但可以减少半刚性基层带来的附加温度翘曲应力，还能改善混凝土板和基层之间的接触状态，而且能大大降低雨水对半刚性底基层的冲刷破坏，更有利于降低动荷载作用下混凝土板承受的动态应力，并适当放松混凝土板和基层间的约束力，进而降低混凝土板的翘曲应力[58]，对于装配式基层还有整平的作用。综合结构计算分析成果及刚性路面典型功能层的做法，开展关于装配式基层沥青路面关键参数及结构组合的试验。

1. 基块嵌挤度试验

2013 年首次在长春市飞跃中路开展关于装配式基层基块嵌挤度数值的试验。试验目的：嵌挤作用验证、不同嵌挤度效果比较、铺装及灌浆工艺、灌浆材料试验。试验地点：飞跃中路与开运街路口为起点，终点在向南 400m 处，在东侧半幅路分别设置 4 个试验段。路面结构组合设计：4cm AC13 细粒式沥青混凝土、6cm AC16 中粒式沥青混凝土、基块厚度 40cm、钢塑双向拉力土工格栅、5cm 碎石找平层、30cm 石灰土垫层。飞跃中路施工见图 6.3-1。

(a) 基块＋格栅＋碎石垫层　　　　　　(b) 部分试验人员

图 6.3-1　飞跃中路施工

基块是混凝土预制件，顶面为粗糙面、侧面设有横槽，底部设有增阻趾，试验段分四块场地，按基块嵌挤度 1/4、1/6、1/8 分别铺装，1 号至 3 号试验区的基块接缝采用现场拌和砂浆填充，开展抗荷载能力试验；4 号试验区灌缝砂浆有外购干混砂浆产品及自制的砂浆两种，做对比试验，见图 6.3-2～图 6.3-4，基块尺寸和嵌挤度及砂浆数据见表 6.3-1。

基块尺寸和嵌挤度及砂浆数据　　　　　　表 6.3-1

试验场地编号	基块嵌挤度	基块代号	砂浆	做法
1 号	1/4	A	自制砂浆	罩面
2 号	1/6	B	自制砂浆	罩面
3 号	1/8	C	自制砂浆	罩面
4 号	1/4	A	外购、自制	不罩面

试验成果：路面整体强度随嵌挤度增加而提高，嵌挤结构有效；基块横槽作用有效，并未在接缝处出现反射裂缝；混凝土封边结构有效；自制灌缝料性能满足结构要求；外购灌浆料耐磨性能优越；可以开展进一步的道路工程试验。

需要修改或补充的内容：路面弯沉数据表明基块具有很强的承载能力，结构强度有较大富余，可适当优化，减薄；双向拉力土工格栅的作用不明显，还要继续验证；为控制接缝宽度，应在基块侧面设置定位肋；汽车起重机装配不适合大面积作业，也不适合城市道路建设。需要改进装配机械，并提高装配效率；灌浆工艺需要改进，提高灌浆作业效率；井周不能采用商品混凝土填充，需进一步改进，应使用预制件装配；碎石垫层平整度差，淘汰；底部抗滑影响平整度，取消。

(a) A 块及试验段　　　　(b) B 块及试验段　　　　(c) C 块及试验段

图 6.3-2　嵌挤度试验

(a) 吊车装配　　　　　　(b) 布料车混凝土封边　　　(c) 现场人工拌和砂浆及灌缝

图 6.3-3　工艺试验

(a) 4 号试验段　　　　　　(b) 外购砂浆　　　　　　(c) 自制砂浆

图 6.3-4　灌缝料材料试验

2. 底基层结构组合试验

试验段位置在长春市世纪大街与营口路交叉口路段东西两侧辅路。世纪大街位于长春市区的东部，是南北向交通主干路。该路南端直通世纪广场，是与四环路快速路、净月大路（长双烟一级公路进城区路段）、新城大街主干路相连的重要的交通节点。该路北端与四通路连接，是沟通市区南北方向交通的重要干道。道路横断为四幅路，中间两幅是主路，宽 12m，两侧为辅路，宽 7m，交通量大，重载车多。2010 年以来，世纪大街两侧市区开始出现大面积建筑群，大型车辆从世纪广场方向由南向北进入城区，再经由营口路转向分流，该段辅路实际是承担重荷载车辆的走廊，因此路面逐渐出现网裂、翻浆等严重病害。

世纪大街该路段被列为 2014 年道路大修项目，计划在翻建路段内开展装配式基层工程试验。根据试验计划，将世纪大街南北两侧的辅路采用不同的道路结构组合设计方案。

（1）辅路对比路段：（二灰碎石基层）

1）道路结构：4cm AC13 细粒式沥青混凝土、6cm AC16 中粒式沥青混凝土、30cm 二灰碎石基层（石灰∶粉煤灰∶碎石基层 4∶16∶80）、30cm 石灰土（5%）。

2）施工工艺：采用沥青路面半刚性基层施工工艺，各层由下向上逐层摊铺碾压施工。二灰碎石段施工见图 6.3-5。

(a) 石灰土底基层　　　　　(b) 二灰碎石基层摊铺　　　(c) 基层养生

图 6.3-5　二灰碎石段施工

（2）西侧辅路试验段（装配式基层、混合石垫层）

西侧辅路试验路段长 70m，包含营口路口附近路段。鉴于重荷载车辆多为公交车且交通量较小，因此采用单沥青面层设计，具体道路结构组合设计为：6cm AC13 细粒式沥青混凝土、30cm 预制块装配式基层，钢塑双向拉力土工格栅，2cm 石屑找平层、30cm 山皮石垫层。底基层施工见图 6.3-6，西侧装配式基层施工见图 6.3-7。

(a) 混合石垫层　　(b) 碎石填缝　　(c) 石屑找平

图 6.3-6　底基层施工

(a) 铺设土工格栅　　(b) 基块车进场卸车　　(c) 基块码垛

(d) 基块装配　　(e) 混凝土琮装配　　(f) 完成装配的基层

(g) 干混砂浆储存罐及搅拌机　　(h) 砂浆泵　　(i) 灌浆作业

图 6.3-7　西侧装配式基层施工

（3）东侧辅路试验段（装配式基层、石灰土垫层）

试验段长 100m，由于商品混凝土车由南向北在该路口右转进入市区，考虑到重荷载车辆较多，增加沥青层厚度，具体道路结构组合设计为：4cm AC13 细粒式沥青混凝土、6cm AC16 中粒式沥青混凝土、30cm 预制块装配式基层，钢塑双向拉力土工格栅，2cm 石屑找平层、30cm 石灰土垫层；基层与西侧路面相同。东侧装配式基层施工见图 6.3-8。

(a) 石灰土底基层

(b) 在石屑层上铺设土工格栅和基块

(c) 接缝灌浆

图 6.3-8 东侧装配式基层施工

（4）弯沉检测及结构数据采集

由于装配式基层与传统路面结构不同，只有创建自己的科学技术体系，才能探索自身的理论基础，并服务于工程实践。因此对东西两侧试验段路面结构从垫层、基层、灌浆后基层及路面分别进行弯沉检测，通过采集各层弯沉数据用于构建装配式基层沥青路面的计算模型。路面结构层弯沉检测见图 6.3-9。世纪大街试验段路面弯沉检测成果见表 6.3-2。

(a) 东侧垫层弯沉检测

(b) 东侧基层灌浆前弯沉检测

(c) 东侧基层灌浆后弯沉检测

(d) 西侧垫层弯沉检测

(e) 西侧基层灌浆前弯沉检测

(f) 西侧基层灌浆后弯沉检测

(g) 车辆标准荷载检测

(h) 西侧路面弯沉检测

(i) 东侧路面弯沉检测

图 6.3-9 路面结构层弯沉检测

世纪大街试验段路面弯沉检测成果表　　　表 6.3-2

基层类型	二灰碎石基层			装配式基层 石灰土垫层			装配式基层 混合石垫层		
年份/弯沉	2014 年	2016 年	2018 年	2014 年	2016 年	2018 年	2014 年	2016 年	2018 年
平均值	12.7	16.0	14.9	9.2	15.3	14.3	15.2	15.5	
标准差	2.6	2.8	4.6	0.9	2.4	1.8	3.6	2.3	
代表值	16.9	20.3	21.8	10.6	18.9	17.0	21.2	18.9	

1）路面弯沉数据分析：

世纪大街按基层及垫层类型分为 3 个试验段，二灰碎石基层、装配式基层与石灰土垫层、装配式基层与混合石垫层。由于试验段长度较短，三段长度分别为：400m、100m、70m。装配式基层弯沉检测采用密点测量方法，各测点间距 5m。根据三次检测数据，二灰碎石基层沥青路面的弯沉数据变化很稳定，各项数据均逐渐增加，弯沉代表值呈现初期下降较快，后期变化缓慢逐渐衰减的态势；其中石灰土底基层的路面弯沉增大较快，混合石垫层的路面弯沉数据逐年减小，显示出垫层弹性模量的变化对路面弯沉值的影响趋势。

采用装配式基层与石灰土垫层的路段，土基含水量的变化也会对弯沉检测结果带来不利影响。例如百汇街与文化街均在 2015 年施工，路面均采用装配式基层和石灰土垫层，其中百汇街石灰土施工时间段在 2015 年 6 月下旬，土基比较干燥。文化街石灰土施工时间石灰土施工在同年的 9 月下旬，按正常年月此时段应该是气候比较干燥的秋季，石灰土已经完成摊铺碾压和养生，正将基块运输进场，恰好遭遇台风"天鹅"袭击，石灰土被雨水浸泡，施工车辆行驶其上，车辙明显。文化街施工如图 6.3-10 所示。

(a) 雨后石灰土层　　　　　(b) 基层在泥泞中作业　　　　(c) 土基处理及基块铺装

图 6.3-10　文化街施工

文化街与百汇街路面结构相同，同年施工，路面弯沉检测时间均为 2016 年 5 月 26 日，两条路弯沉数据有较大差异。文化街路面弯沉平均值、标准差及代表值分别为 15.0、3.3、20.0；百汇街弯沉平均值、标准差及代表值分别为 11.70、3.4、16.8，数据表明采用石灰土垫层的含水量对路面弯沉值的影响十分显著，不仅如此，在弯沉检测之前，降雨也会对采用石灰土垫层的路面弯沉带来较大影响。混合石垫层如图 6.3-11 所示。

(a) 敲碎突出的块石　　　　　　(b) 铣刨作业　　　　　　(c) 铣刨后的基层顶面

图 6.3-11　混合石垫层

世纪大街混合石垫层顶面平整度极差，不得不铣掉基块顶面突出的部分，另一方面，混合石材料均匀性差，对路面弯沉造成明显不利影响。而试验路段长度较短，采集的数据量少，数据因垫层材料的均匀性可能会发生变异，也是数据不稳定的原因之一。弯沉报告分析认为：装配式基层的下层，不应使用松散的材料，例如将石屑作为找平层。也不宜直接采用粒径超大的混合石垫层。

2）铺装及灌浆总结：

世纪大街采用特别研制的螃蟹式专用铺装一体机。该设备主结构是自走式的行吊，行吊的横梁上设有能沿着横梁移动的吊具，行吊前端左右支撑柱上设悬臂吊。工作程序是运输基块的车辆倒退着进入螃蟹机桁架下方，行吊的自走机构配合横向移动的吊具能进行基块垛的卸车作业，然后利用悬臂吊进行基块的装配作业。两个悬臂吊协同作业，每小时可铺装基块 83 块（m²），不仅作业效率比飞跃中路施工使用的汽车起重机每小时吊装 30 块有明显提高，还降低设备总高度限界，符合车辆最大限高小于 4.5 米的规定，更适合在市区作业。尽管如此，由于螃蟹机的卸车与装配作业的时间必须分开进行，而且两个悬臂吊距离较近，容易发生干涉，作业过程要避让对方，因此影响铺装效率，曾经设想过对螃蟹机进行改造，即再增加一根纵梁，外形类似小龙虾，并使横梁可以沿着纵梁前后移动，如此，基块的卸车作业与装配作业便可同时进行，作业效率将会有进一步提升。即使如此，铺装效率低的问题还是没有得到根本解决。

基块外形有别于传统的砌块，其侧面均为斜面，装配基层的平面尺寸及平整度也与摊铺的基层及砌块路面不同，有自身的特点。对基块和砂浆强度数据的采集，以及对基块主尺寸、亚结构、基层宽度和平整度进行的检测具有实际意义。试验及数据采集见图 6.3-12。

(a) 基层顶面平整度检测　　　　　(b) 基层铺装尺寸测量　　　　　(c) 工艺参数采集

图 6.3-12　试验数据采集

(d) 基块亚结构检测　　　　　(e) 检测工具试验　　　　　(f) 强度检测

图 6.3-12　试验数据采集（续）

（5）试验成果：

2013 年飞跃中路及 2014 年世纪大街道路试验成果：1）验证嵌挤组装基层具有板体性，确认三向嵌挤基块结构是装配式基层的核心技术；2）获得大量和丰富的实际工程的检测数据，送哈尔滨工业大学对路面结构力学行为进行全面和深入分析；3）试验路段不同结构组合设计的实际工程，为装配式基层沥青路面的应用做出工程示范；4）结构、材料及工艺得到再次验证，这些数据为第一部装配式路面基层技术标准的编写奠定坚实基础；5）开展关于装配式基层沥青路面长期弯沉数据变化趋势的研究。计划经过长期数据积累，可根据数据拟合路面弹性模量的衰减公式，作为确定使用寿命的依据；6）组建的产、学、研相结合的科研团队，是应用型科研工作的最佳模式，成为企业科研工作的成功典范；7）通过本项目的科研试验，培育企业工程师的创新意识、科研方法和实操能力，很多参与科研的技术人员经过实际锻炼逐步成长为专业技术骨干，并为企业长期发展培养大量科研人才。

3. 单沥青面层的工程试验

试验目的：减少沥青层厚度，不仅可以减少路用沥青外购费用，还能降低能源消耗，实现低碳环保的建设发展要求。装配式基层强度高，路面弯沉小，有条件采取类似高速公路水泥混凝土路面白改黑的做法，按单层沥青设计路面。

（1）飞跃中路 4 号试验区：为方便观察基层及接缝情况，2013 年该试验区并未罩面，直到 2016 年才在基层顶面罩面 6cm 沥青层。2023 年回访，单层沥青试验段，面层良好，路面状况见图 6.3-13。

(a) 飞跃中路　　　　　　(b) 世纪大街　　　　　　(c) 锦湖大路辅路

图 6.3-13　路面状况图

（2）2014 年在世纪大街与营口路相交路口西侧采用 6cm 单面层辅路，2019 年取芯查看（图 6.3-14），沥青层厚度由于磨耗损失，还剩 4.5cm。路面没有网裂、坑槽，质量良好。

(a) 飞跃中路　　　　　　　(b) 世纪大街　　　　　　　(c) 锦湖大路

图 6.3-14　取芯查看

（3）锦湖大路

为验证装配式基层单沥青面层的最小厚度及寿命，2019 年在长春市锦湖大路试验段的铺路采用 4.5cm 最薄沥青厚度。路面组合结构为：4.5cm AC-13 细粒式沥青混凝土；粘层油 0.4～0.8L/m²；30cm 装配式基层（基块+灌浆）；30cm 级配碎石；竣工路面弯沉代表值为 0.16～0.19mm。由于多为小型车通行，路面质量良好。

沥青面层的厚度与使用功能有关，半刚性基层由于基层强度低，石灰、粉煤灰基层强度仅 3MPa，抵抗沥青层底应变的能力差，因此才不得不通过增加沥青层厚度来降低基层顶面的压强与应变，高等级道路甚至设置 3 层沥青层来进一步提高路面结构强度，属于"基层不足，面层来补"的做法。高速公路的混凝土面板已经有足够的强度，不需要依靠沥青层来补强，因此其白改黑沥青面层的主要作用是改善行车舒适性，提供磨耗和防水功能。

单层沥青材料在施工过程中，其碾压密实度与本层材料铺设厚度及底层强度密切相关，本层厚度越厚，越难以碾压密实，因此规范明确给出各层摊铺厚度限制。基层更是禁止两层厚度一起摊铺碾压，这样会造成碾压密实度达不到标准要求的情况，导致刚度和抗冻融及防水性能降低，使用寿命缩短；底层的强度也是影响其上层密实度的因素之一，例如当半刚性基层分为上下两层，这两层一般选用不同的材料配合比及碾压密实度。例如上层为 98%，下层为 96%，其下层的设计密实度低于上层，不只是因为路面结构各层弹性模量要从上向下逐层递减形成合理的梯度，还有两层采用不同材料，希望尽量避免施工方将两层一并摊铺碾压的情况。垫层一般选用石灰土或级配碎石，特别是级配碎石层强度低、刚度低、材料变异性大，导致其上面的结构层碾压密实度降低，类似于人在水泥地面走路，光着脚与穿着胶底鞋是完全不同的感觉。因此，当基层强度足够高，作为磨耗层的沥青层可以单层铺设，其厚度甚至可以比较薄，沥青层的碾压密实度越高就越耐磨，使用寿命也越长。

4. 其他试验

设计院为装配式基层暨产业化项目联合吉林大学和哈尔滨工业大学专业团队及混凝土制品企业共同开发，持续投入大量资源，参与科研试验的部门及人员众多。从一个理念出发，到实现产业化并与施工企业联合建厂，不仅实现搞科研要"出人才、出成果、出效益"的目的，还将设计院升级为高科技企业，并打造出一个全新的制造领域。十年间，针对路面反射接缝、铺装与灌浆、基块制造等工艺问题，依托大学和企业开展大量、不同方向的技术探索与工程实践。

（1）接缝插板隔断

为减少基层温缩应力，采取在基块接缝设置插板隔断接缝体连续性的试验。2019年在育民路北段200m长度范围的进城路幅一侧，使用双层塑料排水板，叠成马蹄状插入基块纵缝竖槽内，间距6m。设想使温缩应力累计的程度及裂缝宽度都能限制在沥青层材料可忍受的范围内，避免宽裂缝出现。接缝处取芯件可见双层插板（图6.3-15）。

  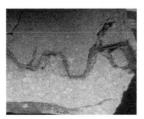

(a) 竖槽内的插板　　　　　(b) 沿纵缝设置插板　　　　　(c) 取芯件插板断面

图6.3-15　插板

（2）块体侧面喷涂柔韧性材料

为增强块体与接缝体界面的韧性和粘结强度，使用可再分散乳胶粉喷涂块体侧面，以增加界面低温韧性减少温缩开裂，达到提高耐久性的效果。2018年在丙45路开展试验。该路长540m、宽9m，全路段都采用基块侧面喷涂工艺试验（图6.3-16）。

(a) 高分子涂层试验　　　　(b) 弹性模量试验　　　　　(c) 数据分析

(d) 涂层厚度检测　　　　　(e) 试验路段　　　　　　　(f) 取芯件

(g) 可再分散乳胶粉喷涂　　(h) 聚氨酯喷涂　　　　　　(i) 材料拉伸试验

图6.3-16　喷涂工艺试验

（3）河砂填充接缝

装配式基层是独立的块体与连续的接缝体组成的结构，如果在接缝填充河砂，使温缩应力无法积累，可减少路面温缩开裂。2019年在锦湖大路开展了小面积试验。该路是八一水库堤坝后道路，冬季气温偏低、地下水位高，长期使用路面容易发生道路翻浆，该路荷载、气候及地质条件符合试验要求。试验目的：1）采用河砂填充接缝，其接缝体网格处于非连续状态，使温缩应力被分散化，验证预防反射裂缝效果；2）在基块顶面三角区内填充沥青材料，验证预防反射裂缝的效果；3）验证松散材料填充基块接缝对荷载的承受能力，验证接缝填充方法与适应荷载等级的关系；4）探索土基含水量高的路段预防翻浆的技术措施及适合海绵城市理念的路面结构。具体方案是底基层采用30cm级配碎石（含排水盲管），顶面铺设土工布，基层接缝填充河砂。施工现场见图6.3-17。

图 6.3-17　施工现场

基块接缝填充河砂并不容易，潮湿的河砂难以顺利填充接缝，人工填充密实效果欠佳，最后采用水沉工艺才使河砂填充密实。为预防基层反射裂缝，将相邻基块之间三角槽内顶部预留空隙用于填充沥青混凝土。具体做法是将8cm粗粒式沥青层分两层摊铺，下层厚度3cm填充基块三角区空隙用于预防反射裂缝，随后碾压密实，紧跟着再摊铺上层的5cm沥青层。

（4）大应变砂浆试验。

增加砂浆的应变能力，或许也是解决温缩的方法之一，相继开展掺加纤维、可再分散乳胶粉、预糊化淀粉及沥青砂浆等灌缝料的材料试验。大应变砂浆试验见图6.3-18。

(a) 纤维影像观察　　(b) 材料配方研制　　(c) 试件制作

图 6.3-18　大应变砂浆试验

(d) 沥青砂浆扩展度检测　　　(e) 涂层试件检测　　　(f) 试件强度检测

图 6.3-18　大应变砂浆试验（续）

（5）斜向铺装

实际工程中发现在曲线路段温缩裂缝比直线路段明显减少，因此 2021 年在九台路开展斜向铺装对比试验。该路为东西双幅路。东侧基层采用的是斜铺基块的装配式基层；西侧采用水泥稳定碎石基层。基块选用干法成型产品，铺装面两侧可见有大量托板。斜向铺装见图 6.3-19。

(a) 铺装完成　　　(b) 正在铺装　　　(c) 局部

图 6.3-19　斜向铺装

接缝处因弯沉差引起的裂缝，不论是水泥路面白改黑板块的接缝，还是半刚性基层沥青路面的开裂，都是比较普遍的问题，并非是装配式基层独有的病害。需要以确保块体传荷能力为前提，利用装配式结构的特点，采取提高界面粘结韧性、分散接缝体连续性的多种综合措施，才能最终解决温缩开裂难题。

如何揭示并科学描述路面材料独有的性能特征，并将之用于指导路面材料的科学设计与路面结构的科学分析，一直是道路工作者迫切希望探索的未知世界，应结合更多的力学、道路工程学、材料学及其他相关领域的知识来解决这些问题，以揭开这些一直困扰道路工程领域的科学谜团[9]。装配式基层是创新技术，无可供参考的类似工程案例，试错是解决工程问题最直接的、不可缺失的途径，任何技术进步都需要在理论与实践两个方面进行持续的探索才能实现迭代发展[95][96]。

6.4　灌缝砂浆配合比及性能研究

灌缝砂浆的研究包括砂浆配合比和灌浆工艺及设备，是根据道路施工的工期、气温、距离、效率等条件的变化逐渐展开的。关于砂浆配合比的研究，最初开展的是硫铝酸盐水泥和普通硅酸盐水泥两类试验。

2013 年 10 月进行飞跃中路试验段施工，由于当时环境温度低，工期要求紧，砂浆需满足早期强度要求。经过大量试验，研制出以硫铝酸盐水泥为主要材料的灌缝砂浆。

1. 灌缝砂浆配合比研究

基块接缝的砂浆在长期工作中，工作条件复杂，为保证砂浆性能满足工作要求，需要对砂浆性能进行试验，遴选适合的配合比。即运用试验仪器进行水泥砂浆试件的性能测试，包括抗折强度、抗压强度、劈裂抗拉强度、轴心抗拉强度、静力受压弹性模量、水泥砂浆收缩率试验、拉伸粘结强度、水泥砂浆吸水率试验；运用试验仪器进行水泥砂浆耐久性（抗渗、抗冻）测试，模拟装配式路面基层结构中的灌缝砂浆实际受力特点进行疲劳性能试验和混凝土抗折试验；依据耐久性能优选出合适的水泥砂浆配比。

（1）配合比方案设计

主要涉及水泥品种、水灰比、减水剂种类、外加剂掺量、外加剂之间的适应性等试验内容，采用多种不同水泥砂浆试件以及作为对比组的灌缝料试件。

1）基本型配合比

水：灌缝料＝0.22∶1。配合比（一）见表6.4-1。

配合比（一）　　　　　　　　　　表6.4-1

P·O水泥（kg/m³）	SAC水泥（kg/m³）	粉煤灰（kg/m³）	砂（kg/m³）	水（kg/m³）	减水剂（%）	缓凝剂A（%）	缓凝剂B（%）	早强剂（%）
250	200	200	1300	270	1.5	0.15	0.15	0.2

2）改进基本型配合比

可再分散乳胶粉掺量为1%（胶凝材料总量），配合比（二）见表6.4-2。

配合比（二）　　　　　　　　　　表6.4-2

P·O水泥（kg/m³）	SAC水泥（kg/m³）	粉煤灰（kg/m³）	砂（kg/m³）	水（kg/m³）	减水剂（%）	缓凝剂A（%）	缓凝剂B（%）	早强剂（%）
250	200	200	1300	280	1.5	0.15	0.15	0.2

膨胀砂浆＋0.15%消泡剂（磷酸三丁酯），配合比（三）见表6.4-3。

配合比（三）　　　　　　　　　　表6.4-3

P·O水泥（kg/m³）	SAC水泥（kg/m³）	粉煤灰（kg/m³）	砂（kg/m³）	水（kg/m³）	减水剂（%）	缓凝剂A（%）	缓凝剂B（%）	早强剂（%）
200	250	200	1300	260	1.5	0.15	0.15	0.2

可再分散乳胶粉砂浆＋0.15%消泡剂（磷酸三丁酯），配合比（四）见表6.4-4。

配合比（四）　　　　　　　　　　表6.4-4

P·O水泥（kg/m³）	SAC水泥（kg/m³）	粉煤灰（kg/m³）	砂（kg/m³）	水（kg/m³）	减水剂（%）	缓凝剂A（%）	缓凝剂B（%）	早强剂（%）
200	250	200	1300	260	1.5	0.15	0.15	0.2

3）可再分散乳胶粉型配合比

为简化施工程序，提高灌浆的效率，在其他性能指标不变的情况下降低灌缝材料早期强度，由 1d 抗压强度≥5MPa 变为 2d 的抗压强度≥5MPa。放弃使用价格高、早期强度好、供货不及时的硫铝酸盐水泥，改为使用普通硅酸盐水泥，并对各材料的掺量和外加剂的种类进行了调整，最终得到了远距离运输砂浆配合比，配合比（五）见表6.4-5。

配合比（五）　　　　　　　　　　　　表 6.4-5

P·O水泥（kg/m³）	粉煤灰（kg/m³）	砂（kg/m³）	水（kg/m³）	减水剂（%）	缓凝剂A（%）	缓凝剂B（%）	早强剂（%）	可再分散乳胶粉（%）
500	200	1300	270	1.5	0.015	0.015	0.1	1.5

（2）流动度试验

灌缝砂浆将用于道路基层填缝结构中，这对于砂浆的填充性、可泵性和稳定性提出了较高的要求。砂浆的流动度能够反映填缝砂浆的工作性能，一定的流动性不仅能保证砂浆完全填充基块接缝，还能保证在施工过程中的泵送效果及施工可行性。各种材料的流动性见表6.4-6。

各种材料的流动性　　　　　　　　　　　　表 6.4-6

类别	灌缝料 GF	填缝砂浆 SJ	可再分散乳胶粉砂浆 JF	消泡砂浆 P2	可再分散乳胶粉消泡砂浆 JP
初始流动度（mm）	260	280	270	300	295
30min 流动度（mm）	260	290	295	315	300

试验砂浆 30min 流动度保持性好，砂浆在施工过程中不发生硬化，能保证在较长时间内施工的可行性。砂浆的流动度大小依次为 GF＜SJ＜JF＜JP＜P2。

（3）抗压、抗折试验

抗压强度是水泥砂浆最基本和最重要的力学指标，是决定砂浆强度等级的唯一依据，也是影响其他力学指标最主要因素，抗压强度试验结果见表6.4-7。

抗压强度试验表　　　　　　　　　　　　表 6.4-7

类别	GF（灌缝料）	SJ（原砂浆）	JF（可再分散乳胶粉）	P2（消泡剂）	JP（可再分散乳胶粉＋消泡剂）
1d 抗压强度（MPa）	—	7.4	5.5	13.0	8.3
28d 抗压强度（MPa）	37.5	33.8	28.0	45.5	20.9

砂浆的抗压强度大小依次为 JP＜JF＜SJ＜GF＜P2。JF 组抗压强度略低于 SJ 组，通过牺牲富余抗压强度换取整体耐久性能的提高，是合理选择。

水泥砂浆的抗折强度也被称为抗弯拉强度。填缝处的砂浆构件需考虑其承受弯曲作用的影响，因而抗折强度成为水泥砂浆的重要性能指标，在高等级公路中更显得尤为重要。影响抗折强度的因素主要有：水泥石的强度、集料的性质和水泥石与集料的粘结力。各配合比的抗折性能情况，抗折强度见表6.4-8。

抗折强度　　　　　　　　　　　　　　　　表 6.4-8

类别	GF（灌缝料）	SJ（原砂浆）	JF（可再分散乳胶粉）	P2（消泡剂）	JP（可再分散乳胶粉+消泡剂）
1d 抗折强度（MPa）	—	1.67	1.73	2.7	2.1
28d 抗折强度（MPa）	5.3	3.8	5.2	7.9	3.7

（4）劈裂抗拉试验

水泥砂浆的劈裂抗拉强度比抗压强度要小得多，在拉伸荷载作用下裂缝更容易扩展，其对于填缝结构而言，是一项重要的力学性能指标。一般情况下，当接缝结构在荷载作用下产生拉应力或环境发生变化时，可能会产生细微的分支裂缝，当荷载进一步增大，则裂缝将扩展成宏观裂缝。抗拉强度的提高对预防裂缝的产生可起到较大的作用，劈裂抗拉强度见表6.4-9。

劈裂抗拉强度　　　　　　　　　　　　　　表 6.4-9

类别	GF（灌缝料）	SJ（原砂浆）	JF（可再分散乳胶粉）	P2（消泡剂）	JP（可再分散乳胶粉+消泡剂）
28d 劈裂抗拉强度（MPa）	4.3	3.8	2.5	4.3	2.4

（5）静弹性模量试验

弹性模量是水泥砂浆的重要力学性能之一，它反映了砂浆所受应力与所产生应变之间的关系。对于填缝结构而言，较低的弹性模量意味着具有一定的变形能力。

砂浆静弹性模量参考《钢丝网水泥用砂浆力学性能试验方法》GB/T 7897—2008 和《建筑砂浆基本性能试验方法标准》JGJ 70—2009，所求弹性模量指应力为轴心抗压强度在 40%时的加荷割线弹性模量，多次循环以同样速度加荷至破坏，取得试件的轴心抗压强度。弹性模量试验加荷制度示意图见图 6.4-1。

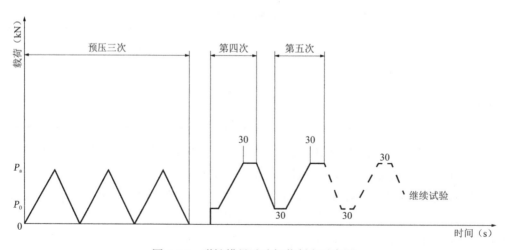

图 6.4-1　弹性模量试验加荷制度示意图

对比灌缝砂浆的静弹性模量可知，JF < GF < SJ < JP < P2，JF 组相对于 SJ 组提高了变形协调能力，各组砂浆的弹性模量均低于 C20 混凝土（25.5GPa），作为接缝材料具有合适的低弹性模量的特点。结构计算设计参考灌缝料弹性模量与基块模量之比，在 1∶3 附近。

2. 灌缝砂浆耐久性研究

结构的耐久性是指结构在自然环境、材料内部因素及外部因素的作用下，在设计要求的目标使用期（设计基准期）内，不需要花费大量资金加固处理而保持其安全、使用功能和外观要求。因此，耐久性是保证在役结构物寿命的一个决定性因素。对于装配式道路基层结构的填缝材料而言，病害主要有水侵害和振动两种，水侵害包括雨水从砂浆接缝处渗入基层内部，在荷载的反复作用下掏空底基层，进而形成空心板，最终使结构发生破坏；另一种是在震动荷载反复作用下，灌缝料内部出现细微裂缝并逐渐扩展使骨料与水泥浆分离脱落造成灌缝料结构失稳。其次，水泥砂浆的干缩率也是反映耐久性能的重要指标。此外，考虑到东北地区的气候环境，道路结构会经过反复的冻融考验，接缝处砂浆的抗冻融性能也显得尤为重要，结构在行车荷载反复作用下是否会发生破坏，其强度能否满足疲劳加载的要求，砂浆的疲劳性能也需要进行严格要求。

（1）灌缝砂浆抗渗性试验

砂浆抗渗性试验参考《聚合物改性水泥砂浆试验规程》DL/T 5126—2001，采用砂浆渗透仪来进行水泥砂浆抗渗性能的测试，抗渗性能大小依次为：SJ > JF > JP > P2，考虑到试验的实际结果，选用 SJ 及 JF 组为宜。

（2）填缝砂浆干缩性试验研究

对表 6.4-1～表 6.4-5 配合比的砂浆进行了 7d、14d、21d、28d 收缩率测试，试验结果见图 6.4-2。

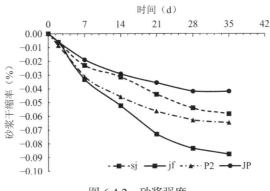

图 6.4-2 砂浆强度

混凝土的线膨胀系数约为 0.00001/℃，即每 10℃ 的变化对试件长度的影响为万分之一，此量级等于收缩率的精度。各组砂浆试件收缩率均较小，收缩率依次为 JF > P2 > SJ > JP，均小于聚合物改性防水水泥砂浆 0.15% 的要求。

（3）填缝砂浆抗冻融试验研究

在预制装配式道路基层结构中，砂浆和基块粘接成为整体替代二灰碎石基层结构，因而砂浆的抗冻性也是影响整体结构耐久性的重要因素。通过测试每 5 个冻融循环后试件的质量来计算各配比的质量损失率、通过测试试件的纵向基频来计算试件的动弹性模量，从而求得其相对动弹性模量。砂浆的抗冻性指标及抗冻性试验的结果见图 6.4-3、图 6.4-4。

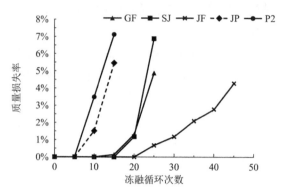

图 6.4-3　砂浆冻融质量损失率

随着冻融次数的增加，试件的质量损失逐渐增大，对比砂浆质量损失至 5% 左右的冻融次数，由此可以发现，各组试件的抗冻性能排序依次为：JF > GF > SJ > JP > P2。JF 试验组抗冻性能明显优于其他组，在冻融环境严重的地区考虑采用 JF 组为宜。

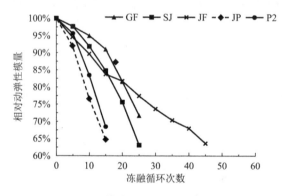

图 6.4-4　砂浆冻融相对动弹性模量变化

随着冻融次数的增加，试件的相对动弹性模量逐渐减小，对比其降低至 60% 左右时的冻融循环次数，由此可以看出，各组试件的抗冻性能依次为：JF > GF > SJ > JP > P2，这与由质量损失的分析结果一致。基于此，在冻融环境严重的地区不建议掺加消泡剂，考虑采用 JF 组为宜。

根据冻融后的强度的测定，其结果如表 6.4-10 所示。

冻融后灌缝砂强度　　　　　　　　　表 6.4-10

类别	冻融循环次数	28d 抗折强度（MPa）	冻后抗折强度（MPa）	强度损失	28d 抗压强度（MPa）	冻后抗压强度（MPa）
GF	25	5.3	4.0	24%	37.5	29.3
SJ	25	3.8	2.6	32%	33.8	27.1
JF	50	5.2	3.3	37%	28.0	17.9

续表

类别	冻融循环次数	28d 抗折强度（MPa）	冻后抗折强度（MPa）	强度损失	28d 抗压强度（MPa）	冻后抗折强度（MPa）
JP	15	3.7	3.3	11%	20.9	16
P2	15	7.9	6.5	18%	45.5	36.5

由强度损失可以看出，各组冻融次数依次为：P2＜JP＜SJ＜GF＜JF，所用次数越短，其冻融性能越差。即 JF 组抗冻性能最强。

（4）填缝砂浆抗压疲劳试验研究

抗压疲劳变形试验方法是在每 1×10^5 次重复加载后，停机测量砂浆立方体试件的累积变形，并通过 MTS 试验机的自动位移测量记录，继续加载进行抗压疲劳变形试验，直到试件破坏为止。若加载至 2×10^6 次，试件仍未破坏，可停止试验。砂浆抗压疲劳试验结果如图 6.4-5 所示。

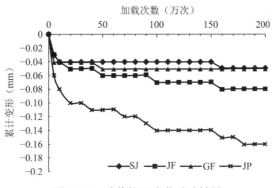

图 6.4-5　砂浆抗压疲劳试验结果

SJ、GF、JF、JP 组的疲劳试验结果显示，四组试件在应力比 0.66 的情况下进行 200 万次循环加载，荷载采用正弦波，均未发生破坏。其累计变形大小依次为：SJ＜GF＜JF＜JP，试件前 10 万次加载变形较快，后期变形较慢，抗疲劳能力均符合要求，可选用 SJ、JF 组。

（5）性能比选及优化

SJ 组抗折、抗压、抗劈裂强度较高，干缩率较小，但其弹性模量较高，抗渗性能好，抗冻融能力较强，抗疲劳变形能力强。

P2 组抗折、抗压、抗劈裂强度强，干缩率小，吸水率较小，但其弹性模量高，抗渗性能一般，抗冻融能力低。

JF 组抗折强度高，抗压强度、抗劈裂强度较低，弹性模量小，抗渗性较好，抗冻融能力较强，干缩性能满足规范要求，抗疲劳变形能力较强。

JP 组抗折强度、抗压强度、劈裂抗拉强度一般，弹性模量一般，抗渗性能较低，抗冻融能力差，发生了一定的疲劳变形但依然满足要求，其干缩率小。

综上所述，JF 组相对于原 SJ 组，牺牲了一定的抗压强度、劈裂抗拉强度，但其弹性模量变低可带来更好的变形能力，且抗冻能力有所增加。在应力比 0.66 的情况下，抗压疲劳 200 万次均未发生破坏。建议选用 JF 组。

6.5 灌浆设备试验

工艺装备的研究分为三个阶段：第一阶段是在现场使用立式搅拌机配合人工灌缝；第二阶段是在现场竖立干粉砂浆储罐、泵送管道灌浆；第三阶段是在商品混凝土厂拌和砂浆，使用商品混凝土罐车运输到现场，组合式砂浆泵车多管道灌浆。

1. 搅拌机械配合人工灌浆

该工艺适合场地狭小的路段，灌缝料原料在现场采用简单搅拌机械配合人工灌浆。砂浆原材料的选择主要考虑早期强度的要求，选用硫铝酸盐水泥（SAC）、亚泰鼎鹿 P·O 42.5 普通硅酸盐水泥；采用普通天然砂，最大粒径 4.75mm，实测堆积密度 $1380kg/m^3$；灌缝砂浆材料配合比设计要同时满足工艺性和工作性双重指标，工艺性是短期指标，主要是指流动度、初凝时间等与灌浆过程直接相关的参数；工作性是长期指标，砂浆工艺性与工作性能相互关联，提高砂浆的流动性，需要提高水胶比，而水胶比的变大，会造成强度和黏聚力的降低，影响使用寿命。现场拌和砂浆能满足低温、早强的要求，并且砂浆材料从拌和到完成灌缝的时间最短，砂浆性能随时间延长的损失最小，工艺性能更容易得到保证。尽管该工艺能适合小面积灌浆作业，然而，毕竟道路是长条形的构筑物，当灌浆面积较大或距离较长，如果仍采用这种工艺，作业效率将难以满足较大面积道路的工期要求。

2. 干粉砂浆储罐 + 泵送管道灌浆

为满足环保及较大灌浆面积的要求，对现场拌和及灌浆工艺进行改进，采取非现场拌和的工艺，以便提高拌和效率。因此选用干粉砂浆材料方案。该工艺要求厂拌的干粉砂浆所使用的水泥、砂等原材料烘干后使用。

工艺装备的迭代是随着施工逐渐改进的，文化街、百汇街的灌浆设备采用干粉砂浆储罐配合泵送管道灌浆的工艺。虽然，采用干混砂浆储罐的灌浆方法，比现场人工搅拌方便，材料配合比也更稳定，但是，也发现一些问题。例如，砂浆输送管为 2 节共 40m 长度的胶管，输送距离长，管道压力大，管道内存砂浆重量大，容易堵塞，人工移动长管道费力。特别是干混砂浆储罐（体积 $22m^3$），在施工前临时竖立在现场，还要受架空电线的制约，如果道路长度超过 80m，必须移动储罐、搅拌机等整套设备，作业效率降低。难以满足长距离道路快速施工的需求，还需进一步改进。

3. 移动式平台多管灌浆

2016 年北四条路的装配式基层施工，灌浆工艺在三个方面得到改进：第一是灌浆使用的灌缝料由干混砂浆（干料）改为预拌砂浆（湿料），材料配合比控制更加精确，拌和更加均匀；第二是灌缝料的运输方式也摒弃干混砂浆使用的储罐，改为商品混凝土罐车运输，罐车不但是砂浆的运输工具，同时还承担拖挂多管灌浆作业车的移动，达到移动式灌浆的目的；第三是灌浆方法由固定位置作业，改为跟随罐车移动作业，可以实现长距离道路灌浆。章鱼式灌浆车设置有一个可移动的平台，采用与罐车拖挂的方式连接，使多管灌浆作业车能跟随罐车沿着道路移动，平台上安装有一个大型的储罐和多个砂浆输出管道的接口，有多路径输出砂浆的通道。试验过程发现该灌浆车难以正常进行灌浆作业，原因是砂浆在多管灌浆作业车的储罐内，容易因砂粒沉淀造成管道的堵塞，管道内的砂浆依靠重力流动，只能流淌很短的距离。因此，储罐内需要设置搅拌机以避免砂浆离析，增加砂浆泵提供管道内砂浆的输出压力，保证长距离输送砂浆的能力，并增设移动电源。章鱼式灌浆车作业见图6.5-1。

(a) 章鱼式灌浆车试验　　(b) 灌浆车与混凝土罐车的对接　　(c) 灌浆作业

图 6.5-1　章鱼式灌浆车作业

2016年天波路道路装配式基层施工，使用改进的灌浆车，该车延长章鱼车移动平台长度，将搅拌机、砂浆泵都安装在平台上，后面再拖挂一台移动式柴油发电机，灌浆现场呈现出砂浆罐车、灌浆泵车、发电车三车前后接龙式跟随作业的场景，初步实现灌浆车移动式作业的目的。随后由单台砂浆泵增加到两台砂浆泵输送灌缝料，明显提高灌浆效率。本次灌浆工艺的进步，给未来灌浆作业方式和应用带来巨大影响，为快速灌浆奠定工艺基础。龙式灌浆车作业见图6.5-2。

(a) 天波路灌浆作业　　(b) 菜市北街灌浆作业　　(c) 东岭南街作业

图 6.5-2　龙式灌浆车作业

灌浆作业车快速迭代升级，2018年再次改进，是在运送砂浆的罐车后方拖挂移动平台，其上集成砂浆搅拌机、发电机组、砂浆泵组及输送管道。该组合式灌浆车由运送砂浆的罐车拖挂移动，系统集成度更高、作业效率明显提升。现在灌浆车已经发展到有3台砂浆泵，8条输送管道，工作效率更高，最佳状态仅需1h便可将16m³灌缝料泵出，完成约640m²基层的灌浆作业。集成拖挂式灌浆车作业见图6.5-3。

(a) 货车载运式灌浆作业　　(b) 集成拖挂式灌浆作业　　(c) 增强版集成拖挂式灌浆作业

图 6.5-3　集成拖挂式灌浆车作业

任何结构体的成型都必须通过适当的工艺方法，使用恰当的设备或工具来实现，最好的工艺设备配置原则是：选用通用机械，优点是市场有现货且数量充足，采购或租赁方便，任何地区的道路工程，在当地都能提供所需机械设备；价格低廉，不会因设备价格因素影响工程建造成本；不需要专门的培训，操作简单便捷、高效。装配式基层的施工设备包括起吊基块使用的挖掘机、吊装夹具、集成式灌浆车、双参数塞尺。工艺设备及工具见图 6.5-4。

(a) 挖掘机吊装铁链挂专用夹具　　　(b) 灌浆车　　　(c) 双参数塞尺

图 6.5-4　工艺设备及工具

6.6　基块及灌缝砂浆未来展望

在"双碳"背景下，如何将固废应用于基块制作中将是一个非常有意义的课题，其中建筑垃圾、矿渣、钢渣、煤矸石、废弃混凝土都是研究的方向，其中细化的研究方向如下：

1. 废弃物替代水泥

废弃物可以替代水泥作为混凝土中的一种主要成分，以达到节约资源、减少环境污染的目的。目前，常用的废弃物材料有矿渣、钢渣、煤矸石、废弃混凝土等。这些废弃物可以通过适当的处理和改性，使其成为一种优质的水泥替代材料。

2. 废弃物作为混凝土中的骨料

废弃物也可以作为混凝土中的骨料，以提高混凝土的性能。例如，废弃混凝土可以破碎后作为新混凝土的骨料使用，矿渣和钢渣可以作为混凝土中的粗骨料使用。这种利用方式可以减少废弃物的数量，同时提高混凝土的强度和耐久性。

3. 废弃物作为混凝土中的掺合料

废弃物还可以作为混凝土中的掺合料，以提高混凝土的性能。例如，矿渣和钢渣可以作为混凝土中的粉状掺合料使用，煤矸石可以作为混凝土中的膨胀剂使用。这种利用方式可以减少废弃物的数量，同时提高混凝土的抗裂性和抗渗性。

4. 废弃物与混凝土的协同利用

废弃物与混凝土可以进行协同利用，以达到更好的效果。例如，利用矿渣和钢渣作为粉状掺合料，并将废弃混凝土作为骨料使用，可以形成一种新型的混凝土材料，具有较高的强度和耐久性。这种协同利用方式可以最大程度地利用废弃物资源，同时提高混凝土的性能。

废弃物在混凝土中的应用技术具有广阔的发展前景。随着社会的发展和经济的增长，废弃物的产生量将不断增加，如何有效地利用这些废弃物成为当前重要的问题。同时，水泥作为混凝土中的主要成分，其产量也在不断增加，如何寻找一种有效的水泥替代材料也成为当前的热点问题。因此，废弃物在混凝土中的应用技术将会得到更广泛的应用和研究。预计未来将会有更多的废弃物材料被应用到混凝土中，并形成一些新的混凝土材料，从而为建筑工程的可持续发展做出更大的贡献。

同样，随着材料领域的不断细化研究，未来灌缝砂浆也将向着"私人定制"方向发展，针对不同结构需求及功能要求研制不同配合比，于细微处显芳华。长寿命装配式基层结构有着巨大的材料拓展潜力和应用前景。

7 施工工艺

长春市政院于 2015 年完成《预制装配式道路基层工程技术规程》DB22/JT135—2015（吉林省地方标准）的编写，内容涉及沥青路面装配式基层的设计、施工、验收，并于当年完成科技成果鉴定，首次系统研究嵌挤混凝土预制块路面基层结构，提出的装配式路面基层成套技术填补国内外空白；该技术结构利用有限元等计算方法对嵌挤混凝土预制块路面基层结构的安全可靠性进行验证；编制的地方标准对实际工程有指导意义，并且可以利用工业及建筑废弃物，社会效益、经济效益和环境效益显著，应用前景广阔，成套技术总体达到国际先进水平。

在技术推广阶段根据实际应用过程中发现的问题，于 2018 年对第一版规程进行修编，新版规程为《装配式路面基层工程技术标准》DB22/T 5006—2018。为满足向全国推广的要求，于 2021 年发布《沥青路面装配式基层技术规程》T/CECS 769—2020（团标）和《沥青路面用装配式基层混凝土基块》T/CUA 03—2021（团标），至此完成装配式基层技术规程地方标准和适应于全国通用的团体标准的出版，形成齐全的技术体系，为装配式基层技术在全国的推广使用奠定技术基础。

7.1 施工工艺

沥青路面装配式基层施工采用由厂家为道路施工方提供一站式的"交钥匙"服务模式。即供货厂家不仅提供基块及混凝土琮的产品，还将产品运输到施工现场，组织人员使用挖掘机挂专业夹具进行基块铺装，随后再使用组合式灌浆机进行灌浆作业。这种覆盖装配式基层施工作业全程的服务，既可避免道路施工中标单位没有装配式基层施工经验及专业设备，难以顺利、高效、经济地开展施工作业的弊端，也能明晰基层施工的具体单位及划分质量责任，有利于保障基层作业质量，这种专业化的分工及建造模式更有利于促进新技术的健康发展。

基层成型按作业先后顺序有基块的卸车与码垛、基块与混凝土琮的安装及灌浆工序。基块生产厂家应与道路施工方积极配合，共同编制施工组织计划，使各工序相互协调、顺利开展作业，尽量避免施工方因不熟悉装配式基层技术规范和基层施工管控环节，造成不同工序作业在时间及空间发生互相干扰，对施工进度和质量造成不利影响。

装配式基层作业典型工艺流程：

1. 基块进场

基块运输一般采用大型车辆载运,在载运车厢上,基块每垛 4 块,按 2 纵向安放基块垛。应对基块垛采取必要的加固措施,并注意控制车速防止发生基块滑落引起交通事故;使用叉车进行卸货及码垛作业,合理的码垛方案是保障铺装效率的必要条件。道路施工方(甲方)与基块供货厂家(乙方)在基块进场前要协商配合作业的环节包括:1)基本情况:确定道路施工具体位置、进场通道、基块及混凝土琮供货型号和数量;2)进场时机:下基层施工进度及基块进场时间、铺装顺序;3)特殊要求:应急工程,低温时段施工。大量工程的实践表明,基块及灌缝料从厂家运输至施工现场的效率是大型工程施工组织的关键环节,可采取多厂家联合供货的方式,尽量提高基块运输效率。基块进场及铺装见图 7.1-1。

(a) 平板车运输

(b) 叉车卸车

(c) 按铺装面积码垛

(d) 人机协同铺装

图 7.1-1　基块进场及铺装

2. 基块铺装

为保证铺装宽度及基块铺装的规整,需要在铺装面标记中线和边线。在道路平曲线路段,当曲线半径较大时,可采用以直代曲的铺装方式,分段在横向预留楔形间隙;道路平曲线小半径路段,可以采用在两段直线铺装的接缝位置预留三角形空隙的方式铺装;对于圆广场环形路面的铺装,应采取直线铺装。

作业顺序可灵活运用,一般按铺装基块→砌筑路缘石→混凝土封边→灌浆的顺序作业。也可采用铺装基块→灌浆→砌筑路缘石→混凝土封边的顺序作业,使铺装与灌浆作业更紧凑。铺装作业应根据铺装道路的宽度及长度合理规划铺装方案。每个铺装班组配备 4 人,其中 2 人操作夹具、1 人清扫铺装地面的残渣、1 人使用撬杠调整基块接缝间隙。铺装效率平均为每小时 150 块/班组,一般每个道路断面配置 2 个班组,每天铺装 3000 块。当前的最高纪录是 4 个班组分段作业,每天铺装 6000 块。有条件的工程,还可以采取多分段铺装作业,以提高基块铺装及灌浆效率。

混凝土琮安装,与标准型基块配合的混凝土琮组件,外框尺寸为 2760mm,基块铺装时遇到既有圆形检查井,应视井位将基块铺装面预留 3 块×3 块的空间,使既有检查井置于方框内。混凝土琮的安装可使用挖掘机起吊,月牙形与圆环形件安装的先后顺序可不分先后,都需通过转动的方法调整月牙形件或圆环形件完成适配,使圆环中心孔位置与检查井孔对齐,最后安装四角的三角形构件。混凝土琮安装图见图 7.1-2。

(a) 安装混凝土琮

(b) 井筒与混凝土琮间隙抹灰

(c) 灌浆

(d) 采用有围裙的井具

(e) 调高及安放密封圈

(f) 大流动度早强砂浆填充

图 7.1-2 混凝土琮安装图

根据不同等级路面沥青层厚度的不同,井具底面与混凝土琮之间一般留有 20~50mm 高差,此间隙能给填缝砂浆提供自流平条件。在完成井具调高之后应使用砂浆填缝。填缝砂浆技术要求:砂子的粒径<22mm、扩展度≥200mm、初凝时间≤1h、24h 强度≥5MPa,灌浆应均匀,缝隙填满,达到稳定井具快速施工要求,待砂浆强度达到 5MPa 即可进行沥青层摊铺作业。

3. 灌浆作业

在灌浆作业前,应对铺装基层进行检查,对基块接缝宽度小于 20mm 的需使用撬杠进行调整,并清除缝隙内的夹渣及确认封边情况。第一车砂浆进场需确认供货厂家及砂浆型号和用途,然后与砂浆厂技术人员共同检查砂浆的流动度。砂浆采用商品混凝土罐车运输,砂浆运输时间应控制在 1.5h 以内。10m³ 的砂浆,最佳灌浆时间建议控制在 30min 以内,12m³ 的砂浆,最佳灌浆时间建议控制在 45min 以内。每立方米砂浆可完成 36~40m² 铺装面积的灌浆。

灌浆作业注意事项:遇到高气温季节,应在基块接缝处使用小型喷水枪喷水湿润基块表面,预防干燥的基块吸收砂浆水分,影响砂浆工作性能;雨季基块接缝内有大量存水,要将接缝内存水排出,防止出现砂浆离析导致强度降低的情况;有些施工方会安排在基块铺装后,灌浆前的时间段进行路缘石的砌筑,应将砌筑的混凝土材料存放在铁板等遮盖物之上,避免混凝土残渣进入基块接缝,堵塞灌浆通道;大纵坡路段灌浆可采用调整砂浆流动度以及从上坡开始灌浆、多点灌浆等方法来适应道路纵坡灌浆需要；装配式基层完成铺装和灌浆，砂浆养生达到强度即可进行沥青层施工。在罩面前，先喷洒粘层油（不撒钉子石，基块顶面有粗糙度结构）随后罩面。灌浆质量可通过表面情况检查，见图7.1-3，灌浆的顶面是利用灌缝料的流动度在重力作用下填满接缝空隙，禁止采取抹灰的方式将表面抹平。

图 7.1-3　正常灌浆表面

灌浆作业常见质量缺陷：1）灌缝料流动度太大，灌浆表面会出现漏斗状孔，表明基块接缝空隙还没有被砂浆填满。需要及时补充灌浆。2）砂浆流动度不足，容易发生砂浆填充不饱满的情况。必要时应更换灌缝料。3）接缝内有夹渣。需人工清除杂物。灌浆表面的缺陷见图 7.1-4。

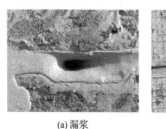
(a) 漏浆

(b) 空洞

(c) 夹渣

图 7.1-4　灌浆表面的缺陷

砂浆养生期内应封闭交通，避免重荷载车辆对砂浆与基块粘结强度造成不利影响。根据砂浆留样试件抗压强度检测数据，达到 5MPa 可以罩面，轻荷载及交通量可以罩面后立即通车。对于中等及以上荷载或交通量的路面，应等待砂浆强度达到 10MPa 再通车。寒冷地区低温时段灌浆一般不需要特别保温措施，灌浆顶面如有轻微冰冻现象，应使用扫雪车清除扫掉以后再沥青罩面。常温型水泥基灌缝料的配合比见表 7.1-1。

常温型水泥基灌缝料的配合比　　　　表 7.1-1

P·O 42.5 水泥（kg/m³）	粉煤灰（kg/m³）	砂（kg/m³）	水（kg/m³）	外加剂（kg/m³）	可再分散乳胶粉（%）	早强防冻剂 NaCl（%）
300	300	1400	260-270	1.5	2	0.1

注：低温季节灌浆应增加水泥掺量并根据气温选择抗冻剂

装配式基层灌浆作业是唯一的湿法作业环节，灌浆作业的缺陷有发现难、定性难和处理难的特点。首先，灌浆是自流平性质，如果在灌浆位置采用人为的干扰，比如采用抹灰的方法，将灌浆面抹平，则难以发现接缝下部是否填充饱满；其次，目前，灌浆质量仅依靠目视检查，病害存在于接缝内部，难以对病害影响范围和性质做出准确的判断，即便是使用雷达、超声波等设备进行检查，不但时间长、费用高，也未必适合基层顶面作业；最后，即使发现并确认病害基本情况，也没有适合的补救措施，难以对接缝内的封闭或半封闭空洞进行有效的填充处理。因此，必须十分重视灌浆作业环节，在管理和设备两方面协力发挥作用，时刻关注砂浆流动度并提高灌浆泵车的效率，才能保障灌浆质量。

7.2 典型工程案例

根据道路交通荷载等级的不同，沥青路面装配式基层组合设计可以采取保持基层结构不变，通过变换沥青层及底基层材料与厚度的方法进行匹配。装配式基层既有优点，也有以下弱点：一是基层刚度大而柔性较差，接缝砂浆为水泥基材料，抗拉强度低、脆性大容易发生开裂；二是分散的块体铺装结构，当遇到松散或软弱的底基层，仍然可能表现出杠杆效应，这些都是需要在实际工程中尽量避免的。装配式基层的底基层如果选用级配碎石，在较重交通荷载作用下，松散的级配碎石受基块杠杆效应影响，发生挤压变形，使相邻基块弯沉差增加容易引起路面开裂，因此，对于中等及以上交通荷载等级的道路，应选用水泥稳定碎石作为装配式基层的下层结构更有利于延长道路使用寿命。从结构组合设计的可靠性考虑，装配式基层沥青路面，并不适合作为节省一次性造价的减量结构使用，更适合路面总厚度较大、各功能层配置齐全、底基层弹性模量较高、全寿命周期建设及维护费低的路面结构组合，而这恰好是耐久性好的长寿命路面对结构的要求。

1. 道路结构组合设计

沥青层根据荷载等级，轻荷载选用单层，中等及以上荷载等级选用两层沥青层。下基层：轻荷载可以选用级配碎石或石灰土，中等及以上荷载选用水泥稳定碎石，厚度可根据道路等级选用一层或两层。对于重荷载道路，应在基层与下基层之间设置一层沥青砂，作为防水、减震、整平层使用，可提高路面的耐久性。装配式基层沥青路面结构组合见表 7.2-1。

装配式基层沥青路面结构组合　　　表 7.2-1

道路等级	支路	区间路及次干路	重荷载次干路及主干路	快速路
上沥青面层	4cm AC-13 细粒式沥青混凝土	5cm AC-16 细粒式沥青混凝土	5cm AC-16 细粒式沥青混凝土	5cm AC-16 细粒式沥青混凝土
下沥青面层	6cm AC-16 中粒式沥青混凝土	8cm AC-25 中粒式沥青混凝土	8cm AC-25 中粒式沥青混凝土	8cm AC-25 中粒式沥青混凝土
基层	30cm 装配式基层	30cm 装配式基层	30cm 装配式基层	30cm 装配式基层
隔离层			2cm，AC-5 沥青砂	2cm，AC-5 沥青砂
底基层	30cm 石灰土 或 20cm 级配碎石	20cm 水泥稳定碎石 （5%）	20～30cm 水泥稳定碎石 （5%）	15cm 水泥稳定碎石（6%） 15cm 水泥稳定碎石（4%）
垫层		30cm 石灰土	30cm 石灰土	15cm 级配碎石
路面弯沉值	0.16～0.19mm	0.09～0.12mm	0.07～0.09mm	0.06～0.08mm

沥青路面装配式基层是使用基块铺装并在接缝灌浆及在四周封边形成的平面结构。主干路典型路面组合设计为：5cm + 8cm 沥青面层、30cm 装配式基层（基块 + 灌浆）、2cm 沥青砂、30cm 水泥稳定碎石（两层）、15cm 级配碎石、土基。根据有限元软件对路面的计算分析结果，采用标准型基块铺装的主干道沥青路面装配式基层，基块弹性模量取值 27～30GPa，砂浆弹性模量取值 6～9GPa，接缝宽度为 30～50mm，嵌挤度取不大于 0.3；基块为素混凝土预制件，标准型主尺寸：1015mm × 855mm × 300mm，抗压强度等级为 C30，体积为 0.25m³，重量约为 580kg，投影面积为 0.92m²。

（1）轻交通荷载、中等交通量：

工程案例：长春市文化街、百汇街等支路及区间路。这类道路交通以小型车为主，由于采用石灰土垫层已经能够满足设计荷载及交通量要求，因此路面结构设计策略可考虑提高经济性的权重，选用低弹性模量材料。文化街施工见图 7.2-1。

(a) 石灰土层　　　　　　(b) 基块铺装　　　　　　(c) 第一代混凝土琼

图 7.2-1　文化街施工

（2）中等荷载及交通量路段

浦东路、大连路等为城市次干道。路面结构的下基层选用水泥稳定碎石，一方面是为提高下基层弹性模量使各层弹性模量梯度得到合理匹配，另一方面也是保障耐久性，增加板体性和抗雨水冲刷能力。例如大连路重荷载比例较大，路面结构还设有沥青砂层，该层的作用第一是整平，基块铺装的底面平整能保证沥青层的平整度，而沥青层厚度的均匀性和密实度有利于延长沥青面层的使用寿命；第二是减震，行驶的汽车是冲击荷载，减震有利于保护强度仅有 3MPa 的半刚性底基层，并减少装配式基层接缝的应力集中，对提高路面耐久性有积极作用；第三是防水，路面裂缝是雨水进入的通道，防水是防冻融冻胀的必要条件，还能减少雨水对半刚性底基层的冲刷作用。因此主干路、快速路及有重荷载的道路，铺设沥青砂层是十分必要的。水泥稳定碎石摊铺见图 7.2-2。沥青砂层见图 7.2-3。

图 7.2-2　水泥稳定碎石摊铺　　图 7.2-3　沥青砂层

（3）重交通及特重交通

机场快速路、南四环快速路是承担城市重交通的道路，路面结构组合设计策略是以提高结构可靠性和耐久性为重点。沥青砂层的设置是必选项，参考水泥路面结构，高速公路水泥混凝土路面板下面一般采用 AC13 细粒式沥青混凝土作为隔离层铺设，厚度为 4cm。基块下部设置适度的减震层以缓解车轮荷载的冲击作用，但是如果该层过于柔软，将增加基块接缝处的垂直应力和应变量，对预防路面裂缝不利，因此，平衡各影响因素，并未使用细粒式沥青混凝土材料，而是选用粒径更细，层厚更薄的沥青砂层作为隔离层。对于底基层的设计，还采取上下两层水泥稳定碎石水泥含量不同的设计，避免两层厚度一次摊铺，是工程设计阶段提前参与施工阶段质量管控的预防措施，对提高工程质量保障率有积极意义。

（4）曲线及环形广场道路

基块是矩形预制件，铺设长而直的基层最方便，遇有城市环形广场的铺装，应使用方格网装配法，即在广场路面规划横竖垂直交叉的方格，按方格装配基块。也可以理解为：不管基层平面如何变化，都按横平竖直的装配方法施工，环形路铺装的外侧边缘均呈现三角形的锯齿样式。图 7.2-4 为长春市世纪广场环路基块铺装。为缩短建设工期，采用两个作业面同时铺装，每个作业面配置 2 台挖掘机一前一后呈梯形布置，看上去类似收割麦子的机队，日完成基块铺装 6100 块（m²）。世纪广场环路按方格式铺装法，环路连续铺装无接缝。在道路相交路口也采用方格式铺装，图案类似在方格网状平面图上绘制圆环。

(a) 世纪广场效果图及实景

图 7.2-4　长春世纪广场环路基块铺装

图 7.2-4　长春世纪广场环路基块铺装（续）

在道路平曲线半径较大路段的基块装配，可选择短直线铺装法——以直线代曲线，在适当铺装长度预留楔形窄缝，窄缝在半径外侧的最大宽度不宜大于1m，窄缝内也可以先使用商品混凝土或大块石填充窄缝，然后再灌浆。实际案例见银砂路、海口路、公平路，曲线段基块铺装见图 7.2-5；对于平曲线半径较小的道路，还可以采用折线铺设方法，在适当距离预留三角形间隙，实际案例见昂昂溪路，该路曲线半径较小，两个直线段呈折角状，接缝处可见多个三角形空隙，使用商品混凝土或大块石填充空隙。

(a) 折线法铺装　　　　　　(b) 楔形窄缝鸟瞰图　　　　　　(c) 楔形窄缝局部图

图 7.2-5　曲线段基块铺装

2. 生产阶段

（1）建筑垃圾再利用

旧路翻建会挖除大量旧路材料，其中沥青层被作为循环材料加以利用，半刚性基层都被丢弃或作为垫层使用。经过大量配合比试验，证明可以用于制作基块，在装配式基层使用。建筑垃圾在道路结构中的应用见图 7.2-6。

图 7.2-6　建筑垃圾在道路结构中的应用
1—AC-13；2—AC-20；3—装配式基层（基块制作可选回收的水泥稳定碎石掺入，比例 15%～30%）；
4—AC-5；5—下基层可选：石灰土、级配碎石、水泥稳定碎石（可掺入一般质量建筑垃圾）；
6—土基处理（掺入次等级建筑垃圾）；7—原状土基

路基具有足够的刚度和耐久性是长寿命路面的基础条件。对于市政道路多为低路基，防水问题更加突出，城市道路的路基一般低于道路两侧的地面，如果有软土路基将会被挖除，并采用符合路基填土要求的土料置换，能有效地改善土体的物理性质，提高地基的承载能力。软土路基含水量较高，通常采用山皮石、混合石、碎石等换填，造成工程渣土外弃和外进山皮石双重资源的浪费，这种取材方式对环境造成严重破坏，而经年累月的修路，山皮石资源逐渐匮乏，获取也变得愈加困难。

如果修路的外弃土被送至处理厂，对土料含水量过大的采取翻松、晾晒、风干或掺入干土、石灰、水泥、碎石等措施处理，然后装袋，在厂区叠压码垛固结后备用或将适合碾压的土料装袋送现场铺设碾压密实。使用这种加工成袋的土制品，替代山皮石来换填路基软土，能有效控制土质、含水量、松铺厚度、路基强度，既可避免施工期间降雨对土基施工作业的影响，还能预防路基受地下水的侵害和冻融引起道路翻浆，从而增加路基的耐久性，其优势一方面是充分利用土资源，可实现道路取土、用土的平衡；另一方面是为无废城市服务，袋装处理土将给建筑垃圾利用提供适合收纳的产品。

据中国环联公布的数据，2023 年我国建筑垃圾占城市垃圾总量的 40%以上，建筑垃圾年产生量超过 30 亿吨，预计 2025 年将达到 40 亿吨。建筑垃圾一般分为 5 类，分别为工程渣土、工程泥浆、工程垃圾、拆除垃圾、装修垃圾。事实上，装修垃圾和拆除垃圾仅是建筑垃圾的一小部分。在大规模兴建基础设施的城市，其中工程渣土、工程泥浆占比通常超过建筑垃圾总量的半数以上，随着基础设施建设速度的放缓，工程渣土极有可能成为稀缺资源。利用建筑垃圾可节省宝贵的一次性资源，保护环境。建筑垃圾利用产业分为：收集、处理和利用三个阶段，在收集阶段主要依靠政府的鼓励政策促进市场发育；在处理阶段主要依靠技术分选"红"与"灰"，使处理制品按强度及粒径分级备用；在应用阶段主要依靠适合的产品。沥青路面装配式基层，将不同的功能由不同的结构层来分担。基层顶面有沥青层保护，对基层没有耐磨、防水及抗老化要求，从而使该层材料的选用有更大的范围和可能。道路有巨大的面积和功能各异的结构层，各层对材料性能要求不同，比较适合分级利用建筑垃圾。强度高的用在上层、差的逐次降低应用结构的层位，可以最大程度地收纳建筑垃圾。

（2）基块循环利用

例如长春市育民路扩建改造工程，该路地处长春市西南城区，两侧有多家企业、学校及正在开发的大片居民区，因此为保证施工期间的交通功能，采用半幅路施工方式。施工组织方案是先在道路进城方向的一侧铺设排水管道，管沟回填后简单处理路基，铺装基块并在接缝灌填机制砂掺加石粉形成临时行车路面通车，即先作为可重复利用的装配式便道使用。便道具体结构：30cm 基块铺装 + 接缝填充机制砂掺加石粉，垫层采用 30cm 大粒径级配碎石（混合石）铺设，使用 1 年以后，拆除便道，基块就地循环利用。育民路临时行车路面见图 7.2-7。

(a) 基块铺装　　　　　　　　(b) 接缝填砂　　　　　　　　(c) 临时通车

图 7.2-7　育民路临时行车路面

育民路另半幅路管线施工完毕，将临时通车铺装的基块拆除，然后使用高压水枪清除表面残渣，剔除并更换严重缺棱掉角的块体，在路侧码垛备用。再对路基重新进行土基处理，摊铺碾压底基层，最后铺装回收的基块并灌浆作为正式道路使用。如果使用商品混凝土建造临时通车便道，在拆除后材料只能废弃，该路采用装配式临时通车道路铺装面积达 7 万 m^2，只增加拆除临时路面、清洗基块及重新铺装灌浆的费用，基块再次循环利用铺装基层，不仅缩短建设工期、节省筑路材料，还能降低工程造价。基块循环利用见图 7.2-8。

(a) 临时通车路面拆除并筛选备用　　(b) 清洗基块表面残渣　　(c) 基块重新铺装并循环利用

图 7.2-8　基块循环利用

3. 建设阶段

（1）工期短

城市道路交通量大，堵车几乎是常态，道路翻建往往都趁节假日进行抢修，例如 2023 年谊民路抢修工程。具体施工计划：第一天拆除旧路、处理土基、摊铺级配碎石垫层；第二天，装配基块、灌浆、封边；第三天，砌筑路缘石、检查井调高、清理杂物、放线；第四天早晨，喷洒粘层油、沥青层摊铺。谊民路抢修工程见图 7.2-9。

(a) 第一天　　　　　　　　　(b) 第二天

(c) 第三天　　　　　　　　　(d) 第四天早晨

图 7.2-9　谊民路抢修工程

世纪广场卫星路口南侧辅路施工为缩短建设工期，底基层与基层施工采用水泥稳定碎石摊铺碾压、基块进场、基块铺装各工序跟进式的作业模式。底基层与基块施工见图 7.2-10。

(a) 直线段施工　　　　　　　(b) 曲线段施工

(c) 多工种交叉作业　　　　　(d) 土基和垫层及基层跟进式作业

图 7.2-10　底基层与基块施工

对于城市交通繁忙路段的抢修有工期要求。对抢修工程，装配式基层的下基层一般采用水泥稳定碎石。水泥稳定碎石摊铺碾压密实、无车辙，即可直接铺装基块并灌浆，灌浆后经短暂养生，轻荷载道路测试砂浆抗压强度达到 5MPa 即可罩面通车，或保障施工作业车辆行驶；对于重交通荷载的道路，测试砂浆试件抗压强度达到 10MPa 可罩面通车。

与传统半刚性基层施工相比，抢修工程底基层水泥稳定碎石的养生有更佳的保护条件。首先，在沥青砂层摊铺作业阶段，沥青搅拌料运输车或基块运输车辆低速进入现场，胶轮在低速行驶中可避免对水泥稳定碎石层的冲击作用，相当于对底基层重复碾压密实；其次，在基块铺装阶段，基块单块面积为 0.92m^2，是单侧轮迹面积的 12 倍。采用挖掘机行驶在基块顶面进行装配作业的方法，基块可将车轮荷载分散，对底基层顶面的压强明显减低，因此基块铺装过程不会对水泥稳定碎石层强度的形成造成不利影响；最后，在灌浆阶段，基块接缝灌浆可增加水泥稳定碎石层的表面湿度，相当于养生阶段的洒水作用，其灌浆形成的密封条件也有利于减少水分挥发和保持温度的双重作用，对下面层养生更为有利，是多个工序处在同一个时间段的平行作业模式。

道路结构各层有各层的质量管控要求，水泥稳定碎石层应满足设计配合比、碾压密实度、取芯完整性及弯沉值达标。对于中等荷载及轻荷载路面，抢修工程可以使用水泥稳定碎石做下基层，碾压密实即可铺装基层，灌浆达到强度即可罩面。对于重荷载路面，有条件的还是应尽量给予水泥稳定碎石层足够的养生时间。如果采用底基层摊铺碾压密实紧接着便摊铺沥青砂，随后开始基块装配及灌浆作业的跟进式作业，仍然可以在底基层作业完成的第 7 天取芯，在基块顶面接缝处采用长钻头，对基层及底基层一同取芯，可同时检查灌浆充满度和底基层的质量。装配式基层是要解决本层养生期长、质量可控性差的问题，不能替代其他层的施工及质量问题，土基及底基层的质量将决定路面的使用寿命和长期的维护成本，因此必须保障底基层及土基的施工质量。

（2）临时通车路面

案例 1：临时通车便道。城市道路工程建设，为保障施工期间的交通，作业面受到限制。既有道路工程施工往往需要设置临时通车便道或采取半幅施工的方式保持车辆通行，就需要铺设施工便道。传统临时便道结构一般采用商品混凝土现场浇筑的方式，使用完成便拆除废弃，不仅浪费材料，还增加建设成本。采用基块作为临时通车便道，可以回收利用，既能缩短便道施工周期，还节省材料费。水泥路面施工便道废弃见图 7.2-11。

(a) 临时便道水泥路面拆除　　(b) 打碎的商品混凝土便道　　(c) 水泥路面便道废弃

图 7.2-11　水泥路面施工便道废弃

案例 2：冬季抢修。哈尔滨某立交桥下道路是使用基块作为临时行车路面的案例，由于周边物流企业众多，必须保证桥下辅路通车，采取基块铺装并在接缝填充机制砂的方案，实现冬季临时通车的目的。基块铺装方式见图 7.2-12。

(a) 哈尔滨临时通车路面　　(b) 基块铺装并在接缝填充机制砂　　(c) 生态大街临时铺装路面

图 7.2-12　基块铺装方式

案例 3：高速公路改线的导行道路。长春市绕城高速公路改造的导行道路，采用装配式基层沥青路面，取得良好使用效果。目前，装配式基层主要在市政道路领域应用。由于公路与市政道路隶属于不同的行业管理部门，在公路的应用仅有二级公路、一级公路及高速公路改线的临时道路。高速公路改线临时路见图 7.2-13，就技术本身而言，不可否认市政道路在路基与两侧地面高差、排水方式、荷载特征等方面与高速公路有较为明显的差别，但高速公路也有路基填土高、路面范围没有管线干扰、工期相对较长、路肩更宽、质量管控更好的优势。道路应用技术的实践永远先于理论，只要遵守试验、总结、完善、推广的步骤，采取有针对性的技术措施，循序渐进地开展新技术的实践，装配式基层完全可以在高速公路的收费站、服务区、匝道，甚至主线得到应用。

图 7.2-13　高速公路改线临时路

（3）低温季节施工

我国地域广阔，不仅气候环境跨越温带、寒带，还有高山台地和青藏高原地区，道路建设不可避免涉及低气温施工问题。例如长春市地处东北严寒地区，按现行规范要求进入 9 月末气温降低已经不能使用传统基层施工。采用装配式基层沥青路面的工程，很多都在 11 月初施工。当时，白天及夜晚的气温变化跨越 0℃，装配式基层使用的灌缝料根据灌浆作业时段的最低气温适当掺加抗冻剂的措施，仍然可以正常施工。世纪广场低温季节道路施工见图 7.2-14。

(a) 灌浆　　　　　　　　(b) 喷洒粘层油　　　　　　　　(c) 沥青罩面

图 7.2-14　世纪广场低温季节道路施工

九台路、菜市北街、开运街、同康路、世纪广场等道路灌浆作业均在 11 月中旬，仍然可以进行灌浆作业，养生一周，罩面通车。低温季节道路基层铺装见图 7.2-15。

(a) 伊通河西岸河堤路　　　　　(b) 九台某公路铺装　　　　　(c) 九台某公路灌浆

图 7.2-15　低温季节道路基层铺装

抚松县 G331 国道地处永冻土路段，在锦江村附近有块石路。据当地老乡介绍该路段原来是古河道，四周山势陡峭，山水汇集到这里，夏季有很浅的小河，冬季是冰冻路面，下面有几米深的冰常年不化，后来变成乡村土路，再后来在这里修建公路。由于该路段地下水位高、水量丰富，道路修建以混合石填筑路基、混江砂作垫层，块石铺面。块石路夏季年年翻浆，路面平整度极差，车辆行驶在该路段颠簸严重，影响当地交通。为此，吉林省交通规划设计院与长春市政工程设计研究院联手提出装配式基层沥青路面解决方案，为预防道路翻浆，在混江砂顶面铺设一层土工布作为反滤层隔离细颗粒，然后铺设装配式基层并罩面沥青层。该道路结构对高寒冰冻地区的道路修建具有积极探索的意义。G331 国道施工见图 7.2-16。

(a) G331 国道位置　　　　　(b) 原有的块石铺面　　　　　(c) 沥青路面装配式基层施工

图 7.2-16　G331 国道施工

（4）主干路、重荷载、长寿命道路

长春市世纪大街与哈尔滨大街连接段工程，设计车速为 80km/h，有多家物流企业，重载车辆较多。2019 年建设，道路结构组合设计为：上面层：5cm，AC-16 中粒式沥青混凝土；下面层：8cm，AC-25 粗粒式沥青混凝土；上基层：30cm，装配式基层；隔离层：2cm，AC-5 沥青砂；下基层：15cm + 15cm，水泥稳定碎石；垫层：30cm，级配碎石。采用多工序跟进式作业，土基处理、级配碎石摊铺碾压、水泥稳定碎石摊铺碾压、基块铺装及灌浆、养生 2 天即可罩面。该路铺装路面基层总面积为 60000m^2。路面竣工弯沉代表值为 0.06～0.08mm。世纪大街与杨浦大街立交工程见图 7.2-17。

(a) 基块铺装与罩面作业　　(b) 基块铺装、灌浆、罩面跟进式作业　　(c) 隧道路段

图 7.2-17　世纪大街与杨浦大街立交工程

长春市世纪大街快速路工程系统性强，是连接长春东南区域世纪广场、净月大街、新城大街、南四环快速路、东三环路等城市交通主干线的重要节点，有交通流量大、重载车多的特点。工程主要包括高架桥及道路工程，是以装配式结构为重点的双碳工程，道路总铺装面积约 45 万 m²，道路全部采用装配式基层沥青路面，2023 年底已经竣工。主干路工程见图 7.2-18。

(a) 景阳大路　　　　　　(b) 世纪大街　　　　　　(c) 卫星路段施工

图 7.2-18　主干路工程

长春南四环快速路扩宽改造工程，计划工期 2023 至 2024 年，单项工程铺装基块最大面积达到为 60 万 m²。该快速路是大型、重载车的重要通道，本次改造由原来的双向 6 车道，拓宽至双向 10 车道。路面结构为：上面层：5cm，AC-16 中粒式沥青混凝土；下面层：8cm，AC-25 粗粒式沥青混凝土；上基层：30cm、装配式基层；隔离层：2cm，AC-5 沥青砂。与机场快速路不同的是道路结构的下基层为两层水泥稳定碎石，其水泥含量和压实度分别为 6%、98% 和 4%、96%，垫层采用山皮石，使路基更加稳固和耐久。该工程道路结构全部采用装配式基层。快速路基层铺装见图 7.2-19。

(a) 净月大街　　　　　(b) 东南湖大路延长线　　　　　(c) 南四环快速路

图 7.2-19　快速路基层铺装

(d) 常德路　　　　　　　　(e) 正阳广场　　　　　　　　(f) 世纪大街

图 7.2-19　快速路基层铺装（续）

吉林市新生街，长春市大连路等道路虽然规划等级为次干路，然而沿途有钢材市场、物流园区、水果批发市场，长期以来都是长途货运的中转和集散地，大型车占比较大，传统道路基层使用水泥稳定碎石（砂砾），难以满足重荷载交通耐久性实际需要，选用沥青路面装配式基层应用效果良好。重荷载道路基层铺装见图 7.2-20。

(a) 吉林市新生街钢材市场道路　　(b) 吉林市果品批发市场道路　　(c) 长春市大连路

图 7.2-20　重荷载道路基层铺装

（5）一级公路

长双烟一级公路，是长春市连接双阳区直至烟筒山的一条道路。沿途有多家水泥厂及采石场，是供应长春建材的重要运输干道。该路段原路结构是半刚性基层沥青路面，由于城市的发展，市区面积逐渐向外扩大，靠近市区的公路被划归市政部门管辖，然而道路的主要功能并未改变，仍然是建材运输的主要通道，该路段重载车多、交通量大。一级公路旧路结构见图 7.2-21。

(a) 旧路二灰碎石基层　　　　(b) 旧路多次补强维护　　　　(c) 旧路沥青面层

图 7.2-21　一级公路旧路结构

2017 年市政部门对该路段进行局部翻建和扩宽改造，道路经过多次补强维护，基层二灰碎石厚度在 18～26cm 不等，路面有多次沥青罩面，最厚达到 22cm。经多年高强度使用路面多处出现翻浆，2021 年设计统一路面结构，采用装配式基层大修（翻建）。一级公路装配式施工见图 7.2-22。

(a) 基块铺装

(b) 基块铺装及灌浆

(c) 罩面沥青面层

图 7.2-22 一级公路装配式施工

4. 服役阶段

（1）强度高、可维护

基块强度达 30MPa，是传统半刚性基层强度 4～5MPa 的 6 倍，基层强度高的优势不只是抗雨水冲刷能力、抗冻融能力提高，在服役期间还有可维护性好的特点，这与水泥混凝土路面很相似，不仅如此，基块铺装基层沥青路面出现的裂缝还有位置固定、损害有限、可以维护三个特点。基块长与宽的比例为 1.0∶0.8，长与厚的比例为 1.0∶0.3，基块所受拉应力很小，经过 10 年百余条道路约 150 万 m² 实际路面的检验，并未发现有基块开裂的情况，其裂缝只在基块接缝处产生，路段个别位置即便出现方格网状裂缝，网格尺寸也不会随着时间延长发生变化，因此，裂缝更适合通过浇筑沥青等材料封堵裂缝，预防雨水侵害。

（2）管沟的开挖与恢复

城市是人类居住和工作高度集中的区域，随着城市居民生活及生产需求的发展和变化，各种市政公用设施的逐渐完善，管道扩容、新建或改建工程不可避免，即城市是活的。例如电话线的铜线变光纤、汽车加油站变充电站、雨水与污水管道由合流改为分流制等，频繁的公用管线增容及改建未必是规划滞后，反而可能是城市繁荣富有生命力的表现。采用装配式基层修建的路面，将来如果需要铺设管线，管道爆管抢修是否对三向嵌挤结构造成破坏、该怎样处理是市政部门关心的实际问题。

装配式基层是使用基块铺装的，基块平面尺寸大约 1m，根据管道开挖宽度取半米的方式，例如开挖的管沟宽度为 2m，只要按直线挖 2.5m 宽度，其中必然有两排基块的宽度，拆除 2 排基块，再去掉两边剩余的部分破碎的块，即完成管沟开挖，铺设管道，随后按规范回填密实，再铺装 2 排基块并灌浆，两侧多出的部分使用商品混凝土填充，即完成管道沟部分路面基层的恢复。窄管沟的回填，例如电缆沟可以直接使用商品混凝土填充。管沟开挖图见图 7.2-23。

(a) 窄管沟

(b) 宽管沟

（c）斜向开挖管沟

图 7.2-23 管沟开挖图

（3）补强延寿

道路工程的全寿命周期，从道路竣工开始，之后经多年使用各层逐渐出现不同程度的损坏，然后通过不断地维护甚至补强恢复功能，保持路面使用状态，直至结构功能明显降低即达到使用寿命终点。及时恰当地维护或补强是道路延长使用寿命的必要措施。装配式基层结构强度高、板体性好，但是沥青面层会出现类似桥面的点状坑槽、推移等病害；其底基层和土基的弹性模量也会发生衰减、变形而引起基层出现裂缝，甚至导致路面弯沉值及平整度降低，这时就需要对路面及时采取补强措施。

装配式基层的优点有，基层弹性模量不容易随使用时间的延长而明显衰减，块体也不会断裂；基层病害可以通过补强及维护恢复强度从而继续延长使用寿命。例如长春市西安桥因铁路电网调高，原桥梁需要抬升1.7m，两侧引道也同期做相应抬高。为保障主要干道的交通，原计划当年12月采用装配式基层快速铺装道路结构保证冬季临时通车，第二年春季，再拆除临时铺装的基层并重新按正常道路施工。初冬季节对路基使用混合石填筑，不可避免地受冰冻及雨雪影响，材料含泥量含水量均较高、土基密实度低，设计采用装配式基层于2021年12月中旬铺装并灌浆，12月21日灌浆，白天气温−17℃，夜晚气温−25℃。采取灌浆后并不等待砂浆养护，立刻用温拌沥青罩面，厚度12cm，随即开放交通的施工方案。西安桥引道装配式基层冬期施工见图7.2-24。

(a) 基块铺装　　　　　　　　(b) 灌浆　　　　　　　　(c) 灌浆顶面

图7.2-24　西安桥引道装配式基层冬期施工

2022年春季为保证道路使用寿命，将冬季临时施工的路面先铣刨沥青面层，对基层顶面进行检测，根据弯沉检测数据大部分路段弯沉值为0.21～0.28，个别路段弯沉值偏大。对于弯沉值超过0.36mm的路段，采取拆除路面及基层并重复利用基块翻建路面；对弯沉值超过0.17mm的路段，为修复因冬期施工雨雪渗入土基或垫层形成冻块，融化后造成较大的路面沉降，采取在垫层深度进行注浆补强的方案。冬期施工路面基层的补强见图7.2-25。

(a) 铣刨面层检查基层灌浆质量　　(b) 垫层深度砂浆泵注浆补强　　(c) 引道通车

图7.2-25　冬期施工路面基层的补强

具体方法是先在基层隔块打孔，孔深约为基层下 0.5m。然后采用泵送注入水泥净浆，水泥用量约 20kg/m^2，水灰比约 1∶1，注浆并养生 2 天弯沉值即可提升到 0.15mm，达到临时路面基层结构经过补强可以正常使用的目的。2023 年 2 月检测路面，注浆补强路段质量好。

综上所述，沥青路面装配式基层能够适合多种不同类型的应用场景，通过对设计方法、施工工艺、补强处理到管线挖掘的恢复，各技术要点的全面阐述涵盖基层结构服役的一生。

8

发展与展望

回顾人类发展历史，任何一个有重大作用的新技术的发现，其影响往往不局限于技术应用场景本身，还将给社会带来积极和长远的影响。三向嵌挤块体在诞生与应用的第一个十年，使砌块的应用范围从步道和行车道，拓展到装配式路面基层这个崭新的建造领域，为城市道路抢修提供服务，目标是从无到有地突破，要能用；第二个十年，以编块的发现为标志，按杠杆交叉叠压互别方式重新梳理的砌块已发生质的蜕变，并衍生出不同系列，其丰富的成型工艺始终遵循干湿组合多变，目标是从单一到富丰的拓展，要好用。

8.1 交通发展现状

道路工程通常包括道路的基础理论，以及道路的规划、设计、施工、运营、管理和养护维修等专业技术。道路结构的进步依赖交通工具的发展，而交通工具的进步依赖于交通需求，需求拉动创新、推动进步与发展。

截至 2022 年末统计数据，全国铁路营运里程 15.5 万 km；公路里程 535.48km，十年增长 112 万 km；高速公路里程 17.73km，邮政邮路 4.4 万条，1142.5 万 km、其中快递服务网络 21.2 万条，网络长度（单程）4870.4 万 km，比上一年都在增长。公路营运汽车 1222.08 万辆，其中货车 1166.66 万辆。铁路运输向重荷载铁路方向发展，每列车的运载能力由 5000t，增大到 20000t，提升了 4 倍；货车 1166.66 万辆，比上年专业货车增加 3.05 万辆、增加 5.05%；牵引车增加 7.05 万辆、增加 2.03%；挂车增加 2.11 万辆。

交通工具的进步是动态发展的。20 世纪 50 年代第一批驶下生产线的解放牌汽车为 CA10 型，自重 3900kg，装有 90 匹马力、四行程六缸发动机，载重量为 4t，最大时速 65km。现在的解放 J6P，牵引总质量 40t，比过去增长 10 倍；最高车速 125km/h，比过去增加 2 倍；最大马力 460 马力，比过去增加 5 倍；随着公路运输的发展，载重量、轴次都在增加，而重载铁路的建设，交通需求的增长，使公路重载交通系统建设，逐渐具备可行性，或许正在酝酿之中，道路结构也必将随之做出相应的改变。城市道路或者也要适当考虑给重载车辆留条通道，比如将公交车道与重载车道合并使用，采用时间分开、空间重合的方式。

不仅如此，据统计 2022 年底我国共有高速公路 17.7 万，每年还要新增 5000 公路，其中 95% 是沥青路面，即便按设计 15 年寿命估算，每年高速公路有约 1 万公里需要大中修，要使用 4000 万 t 沥青和 2 亿 m³ 的石料，石料的使用造成巨大的环境污染和一次性资源的消耗，路面翻建还造成交通拥堵和事故。提高沥青路面使用寿命已成为中国公路交通领域刻不容缓的重要任务[9]。

沥青路面的结构发展趋势有渐变和增强的特点。主要在沥青面层和基层及底基层和土基四个方面变化明显。首先是沥青面层的厚度从薄层到比较厚，现在又有再回到薄层的趋势，其材料从普通沥青混凝土，逐渐升级为改性沥青混凝土，甚至沥青玛蹄脂等高性能材料，并增加融雪、降噪等新功能；其次是基层结构的变化，基层结构从最初的非整体性的碎石基层，升级为含有石灰及水泥的半刚性基层，并且不断增加基层厚度和水泥含量，现在更是有逐渐向刚性基层发展的趋势。鉴于我国资源禀赋的特点，半刚性基层的面世能极大地提高道路结构的承载能力，适应当时交通需求的发展。交通运输的巨大需求，又快速拉动车辆技术的进步。经过几十年的发展，尽管车辆轴载相同但是轴数增加，后轴为双轴或三轴的车辆，轴间距为1.2m，在如此近的间距内有多个车轮组快速先后碾压路面，对路面产生的破坏是显而易见的，最直观的结果就是路面发生网裂、翻浆，最终导致使用寿命缩短；因此，设计师们开始增加基层总厚度，从最初的仅仅15cm，逐渐加到多层，总厚达到60cm，为进一步增大基层的强度甚至使用水泥混凝土、连续配筋混凝土等刚性基层来满足承担巨大的交通荷载的需求。

需要特别指出的是沥青路面大量的工程实践和科学研究显示，路面基层应按模量梯度划分为多层结构，其中上基层主要作为承担荷载的结构层，在各基层中作用最大、强度最高，下面其他各层发挥传递及扩散荷载的作用，其强度逐层降低。例如当上基层选用刚性基层时，下基层通常设置有碾压混凝土（贫混凝土）以适配上基层的模量，避免车轮荷载退出时层间出现瞬时板底脱空现象，采取路面全厚度各层技术指标综合协调的措施是长寿命道路的最佳策略[9]。

不论施工阶段土基层碾压的密实度有多高，地下水还是会回来的。长寿命道路的建造必须注意提高土基的刚度，其中重要的方法是控制土基含水量或采取材料技术措施减弱含水量对土基的不良影响，即有排水与防水措施。传统土基层的排水措施是设置碎石垫层。鉴于碎石属于一次性资源，根据非必要不选用的原则以及考虑到碎石的微观杠杆效应对基层的逆板体性影响，可以选用断面有槽的塑料板替代碎石透水层作为土基的防水措施，例如高速公路设计通常采用在路基下0.7~1.5m位置设置沥青隔离层防水。构建长寿命路基是长寿命路面的基础条件，对于城市道路，可将路基分层，采取不同的强化措施，提高刚度及隔水、抗水性能。

长寿命路面要在理论、材料、工艺、管理等各方面开展研究与实践，需要有目标、有计划地逐个解决，最终达到延长路面使用寿命的终极目标。道路工程建造分为设计与施工两个阶段，设计蓝图绘制得再精美，仍然需要经历气候多变、过程漫长、环节众多且管控困难的复杂施工及长期服役阶段。因此，在设计阶段应采取一切可行的方法将关键质量管理窗口前移，例如采用装配式结构等措施，在源头把控建造质量。为尽量避免施工阶段的各种不利因素对道路质量造成的影响，还应采取我国学者提出的道路工程四化建设，注重优面层、强基层、稳土基和实时检测，对半刚性基层、底基层要进行车辙检测，达到碾压无痕迹，同条件养生试件强度检测，弯沉达到设计指标，取芯完整、足尺无瑕疵，并将责任具体落实到设计、施工、主管部门操作者。

道路建设的高质量是长寿命的必要条件，但是显然还不够充分。道路从竣工开始服役，要经历服役、服役状态逐渐下降，定期维护提高品质再继续服役的多次循环，直到多年后，采用表面维护的方法也不能恢复路面使用性能，才达到使用寿命的终点。在道路的设计、建造、维护及管理的多方面都应注重高质量建设，即按道路全寿命周期建设与维护的管理模式才是充分保证道路高质量和长寿命的有效措施。在工程管理方面也会随着技术和政策的加持，改变道路招标和竣工验收的方式，例如在设计投标阶段要求申报的造价及评标方案均以道路工程全寿命周期建造及维护费作为评标指标；在施工阶段，要求投标单位按道路设计寿命的 70%的年限保证质量等管理措施，全方位地开展高质量道路建设。

可以将装配式基层沥青路面解读为小板替换大板、斜面替代传力杆，并设有沥青磨耗层的装配式水泥混凝土路面。装配式基层沥青路面，拥有砌块路面工厂化生产预制件质量保障率高的工艺性，并继承水泥混凝土板基层白加黑路面的板块传荷能力高、抗雨水冲刷及抗冻融能力强、耐久性好的结构优势，装配式基层具备局部强度高而整体显示半刚性的刚柔并济的特征。该路面结构具有哪些特点，通过它的表现能够观察到，关键在于它能给社会带来哪些好处、对行业发展有何积极意义，未来可能会在哪些新领域获得应用，就像一个新生儿从诞生之日起，仅仅过去十年就已经展示出他独有的魅力，因此我们当然要陪伴他成长壮大、期待他有更出色的表现。装配式基层与半刚性基层性能对比见表 8.1-1。

装配式基层与半刚性基层性能对比 表 8.1-1

道路基层类型	半刚性基层	装配式基层
基层强度	3～5MPa	30MPa
质量保证率	低	高
气候条件	受高低温、降雨影响	5℃以上均可按常规作业
基层作业效率 5000m²	2 周+	铺装+灌浆+养生，5d
设计使用年限	15 年	30 年
基层病害处理	—	注浆、填缝
长期效果	翻建次数多	基层可补强延长寿命
翻建材料利用	丢弃	回收利用
政策	环保要求高	装配式建筑、建筑垃圾利用、低碳
修路对交通影响	大	小
全寿命周期费用	高	低

8.2 经济效益评价

装配式基层的应用在经济效益、社会效益和环境效益方面都有积极作用。经济效益分析涉及道路工程本身、预制厂家以及参与主体的收益。道路工程本身即包括建设期和运营期，经济评价的运营期按 30 年计算。项目开始于 2013 年，评价期为 30 年，即 2013 年至 2043 年。

分析装配式基层和半刚性基层沥青结构的经济性，从国家经济的大方向看，首先面对的问题是物价上涨，人工费、主要材料以及机械台班的上涨，2009 年定额与 2019 年定额人工、主要材料、机械与 2023 年市场价格对比见表 8.2-1。

2009 年定额与 2019 年定额人工、主要材料、机械与 2023 年市场价格对比　表 8.2-1

序号	名称	单位	定额价				市场价			
			2009年定额	2019年定额	差值（元）	差值率（%）	2013年	2023年	差值（元）	差值率（%）
1	市政综合工日	工日	50.00	130.00	80.00	160%	78.00	160.00	82.00	105%
2	水泥 32.5MPa	kg	0.33	0.36	0.03	9%	0.48	0.42	−0.06	−13%
3	中（粗）砂	m³	50.00	107.00	57.00	114%	75.00	143.70	68.70	92%
4	山皮石	m³	39.00	83.00	44.00	113%	55.00	92.23	37.23	68%
5	碎石综合	m³	47.00	115.00	68.00	145%	80.00	148.50	68.50	86%
6	生石灰	t	150.00	252.00	102.00	68%	210.00	425.00	215.00	102%
7	装配式基块	m²					260.00	159.00	−101.00	−39%
8	粗粒式沥青混凝土	m³	780.00	905.17	125.17	16%	1130.00	938.00	−192.00	−17%
9	中粒式沥青混凝土	m³	780.00	948.28	168.28	22%	1230.00	1035.00	−195.00	−16%
10	料石 25×15	m	41.73	47.00	5.27	13%	53.00	61.00	8.00	15%
11	履带式推土机 75kW	台班	652.16	1127.99	475.83	73%	782.59	1240.79	458.20	90%
12	履带式推土机 60kW	台班	433.05	771.99	338.94	78%	519.66	849.19	329.53	96%
13	履带式挖掘机 1m³	台班	991.94	1246.03	254.09	26%	1190.33	1370.63	180.31	38%
14	光轮压路机 12t	台班	407.34	706.11	298.77	73%	488.81	776.72	287.91	91%
15	光轮压路机 15t	台班	485.11	835.50	350.39	72%	582.13	919.05	336.92	89%
16	光轮压路机 8t	台班	298.23	541.71	243.48	82%	357.88	595.88	238.01	100%
17	汽车式沥青喷洒机	台班	486.70	1090.63	603.93	124%	584.04	1199.69	615.65	146%
18	轮胎式装载机 1.5m³	台班	607.98	828.88	220.90	36%	729.58	911.77	182.19	50%
19	洒水车 4000L	台班	457.16	625.67	168.51	37%	548.59	688.24	139.65	51%
20	自卸汽车 10t	台班	763.13	1012.90	249.77	33%	915.76	1114.19	198.43	46%

从数据分析，2013 年和 2023 年比较，除个别材料价格下降外（由于基块原材料优化和生产规模扩大，价格下降），总体来说，材料费、机械费及人工费都以不同的幅度增长。若按市场价格人工占比 10%，机械占比 20%，材料占比 70% 考虑，可得出综合上涨率为

50%。

装配式基层沥青路面设计寿命是30年，路面结构组合设计：5cm AC-16 细粒式沥青混凝土、8cm AC-25 中粒式沥青混凝土、30cm 装配式基层、2cm 沥青砂、20cm 水泥稳定碎石（5%）、15cm 级配碎石，结构厚80cm。对比路面为半刚性基层沥青路面，设计寿命为15年，路面结构组合设计：5cm AC-16 细粒式沥青混凝土、6cm AC-20 中粒式沥青混凝土、7cm AC-25 粗粒式沥青混凝土、3层各20cm 水泥稳定碎石、15cm 级配碎石，结构厚93cm。两类道路结构均按全寿命周期及维护费进行对比分析，由于装配式基层沥青路面的设计寿命是半刚性基层沥青路面设计寿命的2倍，因此，在长达30年的时间内，半刚性基层沥青路面需要在第15年进行路面翻建。两类路面均需在使用第10年对沥青面层进行中修，铣刨一层，罩面一层。即装配式基层沥青路面分别在第10年、20年中修，半刚性基层沥青路面分别在初次建设的第10年及翻建后的第10年罩面。两类路面的中修均采用铣刨一层，罩面一层的方法。

对比2013年（2009年定额）与2023年（2019年定额）的工程费用，得出过去十年工程费用的上涨率半刚性基层为10%左右，装配式基层为6.8%左右，铣刨罩面为0.4%左右，拆除旧路为13%左右，2013年与2023年相同道路结构费用对比见表8.2-2。

2013年与2023年相同道路结构费用对比　　　　表8.2-2

项目	工程费用（元/m²）			
	装配式基层（厚80cm）	半刚性基层（厚93cm）	铣刨罩面	拆除旧路
2013年	523.32	458.65	112.11	89.35
2023年	559.05	504.56	112.56	101.01
增长值	35.73	45.91	0.45	11.66
增长率（百分比）	6.83%	10.01%	0.40%	13.05%

用过去10年的上涨率来推算未来20年的人工、材料、机械的综合上涨率以及工程费用的综合上涨率，全寿命周期情况下，半刚性基层每平方米造价1493.16元，装配式基层每平方米造价830.29元，装配式基层每平方米可节省662.87元。路面全寿命周期建设及维护费对比示意图见图8.2-1。

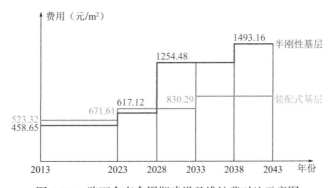

图8.2-1　路面全寿命周期建设及维护费对比示意图

仅以世纪大街快速路系统工程及南四环快速路拓宽改造工程为例，两项道路工程都采用装配式基层设计，建设工期2022年至2024年，总铺装面积为116万m^2，全寿命周期费可节省建设及维护费约76892.92万元。

装配式基层现在的价格是批量生产的初期，生产厂家效率还有较大提升空间，随着大面积推广及生产链进一步优化必然会逐渐降低成本。同时据现有数据分析，人工费、运输费、吊装费在成本中占较大比重，而随着铺装与灌浆技术发展，必将极大地提高装备智能水平，明显降低装配式基层沥青路面全寿命周期的建造及维护费用。

8.3 社会效益分析

随着城市的高速发展，城市道路的车流量与人流量日趋增加。在道路维护作业中，必然会占用部分车辆或行人通行的通道，影响城市交通，引起交通滞缓乃至拥堵，影响了人们的正常出行。装配式基层结构使用年限长，减少了维修次数也间接地改善了城市交通，减少了人们的出行成本，极大地提高了社会效益。

1. 解决城市道路施工中长期占道问题

装配式基层采用工厂预制成型、现场拼装的形式进行铺筑，据相关统计，装配式基层一天铺装可达3000～6000块（m^2），同时工厂预制的成型方式将半刚性基层施工时的养生时间由15d缩短为2～3d，因此装配式基层所带来的快速施工能很大程度上解决长期困扰城市道路建设中的长期占道问题，缓解城市交通拥挤的同时促进城市的快速发展。

2. 推动装配式路面结构在道路基层的发展

由于基层结构对道路承载能力及结构整体性的影响较大，而装配式结构本身的拼接性能使其在道路中的应用大多停留在面层或仅在轻交通道路。装配式基层结构凭借其特殊的几何构型加强了基块间荷载传递能力，提高了装配式基层结构受力的连续性及均匀性，使其能够在道路基层结构中使用。针对装配式基层沥青路面结构的力学行为特点，以保证基层结构承载能力及预防病害为原则所开展的关于装配式基层沥青路面的相关研究，为装配式基层沥青路面结构设计提供理论支持，必将推动装配式路面结构在道路基层方面的发展。

3. 节省一次性资源推动城市环境治理问题的解决

混凝土基层设计寿命为30年，从长远看大面积推广装配式基层可以减少石料矿产的消耗，延长一次性资源的可开采年限，符合节省矿产资源的国家长期政策；同时，该基层材料在拆除后其自身可以循环利用，预制块是素混凝土，因此可以省去水洗、磁选、风吹等杂物分离工艺，是处理工艺最简单、成本最低的回收材料，基层体积80%能回收利用，有利于环境保护，符合循环经济发展模式；基块制作原材料来源多样化，既可利用混凝土制作，也可利用建筑废弃材料、粉煤灰、矿渣、二灰碎石等再回收资源制作，不仅减少对一次性资源的消耗，也符合利用建筑废弃物的政策；基块预制可大量消化粉煤灰，按长春市年产50万m^2粉煤灰，每平方米预制块使用50kg估算，年可利用粉煤灰2.5万t。预制件成型工艺摒弃现场大量湿作业的传统基层施工模式，可避免现场作业引起的粉尘，能减少雾霾，有效降低传统基层施工过程中对环境造成的污染。

4. 促进全产业链经济发展

装配式基层推广的积极作用首先是有利于道路行业高质量发展，由低价竞争转向创新发展的模式，该技术的应用对推动道路建造材料行业整体的升级换代发挥重要作用，已经使多家砌块及水泥制品企业成功转行；其次是每个预制厂家所必须装备的大型砖机或数千套模具以及夹具、灌浆车等设备的供应已经开始带动机械行业的创新；最后灌浆材料与灌浆工艺的技术进步还会给化工材料提供新的拓展应用领域，对道路、建材、化工行业的发展都有积极意义。

一个新的道路基层结构的面世，从设备更新到生产线的改造能激活很多相关产业，涉及砖机制造、预拌砂浆、模具制造、建筑化工、垃圾分选、机器人等多个行业的创新联动。还能促进交通、机械、化工、机器人、智能识别、传感器等多个行业的发展，政策扶持覆盖装配式建筑、无废城市、双碳建设、智能交通、长寿命道路等多个领域，有着巨大的市场能量和技术发展潜力，给交通行业的智能化提供积极的推动作用。

8.4 提升民族自豪感和创新的自信心

中国有五千年悠久的历史和优秀文化的积淀，文明遗产并非只是摆在博物馆用来崇拜的古董，他有着悠久文化历史经典和博大精深的技术内涵，是世代传承并且可以继续发扬的智慧宝库。中国榫卯承载中华东方智慧，巧思妙想延续千年跨越古今，榫卯的使用也由宫阙及桥梁拓展至道路修建，而最初用于祭祀的玉琮也蝶变为混凝土琮，修炼成为大众服务的预制件。编块及混凝土琮的发明应用均与我国古代有关，具体内容如下：

1. 技术发明与古代有关

榫卯结构不仅历史久远而且应用广泛，银锭扣是广泛应用于古代石桥的连接件，装配式基块基层是榫卯在道路主结构的应用，基块是借鉴银锭扣的双燕尾榫结构通过拆分、扭转、相贯的步骤，演变成具有三向嵌挤功能的新银锭扣块体，是中国人使用中国技术的再创造。

2. 原理论证与古代有关

基块结构原理的论证，从组成银锭扣的燕尾榫开始，以竹篾编织与《清明上河图》汴水虹桥结构继承性的探索做引导，通过补充编木拱桥结构发明编木穹顶，最后利用穹顶接触面结构由搭接、企口到斜面的转换完成三向嵌挤块体属于编织类的论证，原理论证的全过程完整体现出有中国特色的技术创新，还借此破解唐代山文甲的结构原理，为深入挖掘我国古代璀璨的文化遗产，增添鲜活的案例。

3. 产品命名与古代有联系

不仅创新结构的发现与古代有关，产品命名也与古代联系。编块的论证继承和发展了我国古代编织结构系列，使品种更丰富、应用更广泛，其命名也延续编织结构类型的规则，完美实现继承与创新的结合，混凝土琮也是借用古代玉琮来命名的。银锭扣与玉琮一个是用于国家重要基础设施的紧固件，一个是为帝王江山社稷而精心打造祭祀用品，作品可谓是独具匠心。编块与混凝土琮的发现、论证与命名都借鉴中国古代文明，必然坚定我们源远流长的历史自信、荣耀自豪的文化自信，更有从李春等古代鲁班到当年以屠呦呦、袁隆平等科学家为代表的创新自信。中华民族不但能打造辉煌的过去，还将创造一个更加伟大，文明，智慧的未来。老祖宗留下来的经典工艺，不只是用来欣赏和崇拜，更应是激发灵感的来源，让我们用传承和创新向传统文化的精粹致敬。

8.5 科学与体系创新

20世纪60年代，基于装配理念的现代联锁基块路面在世界范围内开始推广。由于基层结构对道路承载能力及结构整体性的影响较大，而装配式结构本身的拼接性能使其在道路中的应用大多停留在面层或仅在轻交通道路。由银锭扣拆分的燕尾凭借榫上下叠压、十字交叉的特殊几何构型，巧妙地建立块体间三向嵌挤结构，是装配式基层板体性核心技术，它攻克装配面分散块体之间应变协调性难题，从而使装配面具有连续、均匀和稳定的荷载传递能力，并彻底解决半刚性基层内碎石骨架嵌挤概率性弊端，是观念的创新。对该结构所属类型的论证和编块系列的发现，不仅奠定装配式基层稳定性基础，还能根据编织规则开发出一系列新块体用于装配式基层，使块形多样化、结构谱系化、性能差异化，为道路建设服务。该研究对科学与技术体系的主要贡献有：

（1）装配式基层开世界之先河。与国内外道路装配式结构比较，发明的三向嵌挤块体突破板块接缝传荷关键的核心技术，攻克块体装配面传荷可靠性核心问题。编块不仅继承编织具有的节点十字交叉和上下叠压、荷载一分为二和分级传递的结构特征，使装配面获得竖向互锁、平面联锁的性能，极大地提高铺装结构板体性，由此攻克块体装配面传荷可靠性这一核心问题，还将天然碎石嵌挤的概率性转变为人工石嵌挤的确定性，并使基层由垂直面多粒径骨架嵌挤关系演变为单层厚度的嵌挤结构，其骨架嵌挤关系和嵌挤程度及填充骨架的接缝体尺寸与形态都具有可设计性、可靠性和确定性，是具有颠覆性的技术创新，实现装配式基层从0到1的质变，填补装配式基层结构的空白，探索出一条属于中国的道路结构发展之路。

（2）编块结构奠定装配式基层理论基础。编块结构的研究经过模型分析认为编织是利用杠杆三点别压原理装配的结构，编织面的节点由十字交叉杠杆组成，其输入端与输出端数量相等且间隔分布。三向嵌挤新银锭扣所受荷载按应力定向、分级、多路、环绕的规律传递，使点荷载逐渐扩散到全面积，与编织面具有相同的结构原理，证明新银锭扣块体归属于编织类，命名为编块；编块是由偶数边块体组成的具有三向嵌挤功能的系列块体的统称，编块装配的平面具有竖向互锁及平面联锁结构，使装配式基层具备类似板体的整体性；编块装配面可以采用图形法对板体性、相邻块体应变协调性和受力动态图进行基本性能的分析与判断；该研究成果为装配式基层发展确定技术路线、奠定装配式基层理论基础；对三向嵌挤块体装配式结构原理及类型的研究，是要从根本上解决单层块体铺装的骨架嵌挤稳定性问题。半刚性基层中碎石骨架嵌挤有概率问题，装配式基层骨架嵌挤必须是参数可设计且是稳定的，这是装配式基层具备承载能力的核心。三向嵌挤块体装配式基层的结构原理及所属类型的研究成果，是在基层原理方面具有颠覆性创新技术。而编块系列的发现，拓展出一个专属于装配式基层的块形系列，对道路行业有着积极的引领作用。

（3）装配式基层沥青路面结构设计首创完整的科学技术体系。从装配式基层结构受力分析验证装配式基层的板体性、与半刚性基层的对比分析建立关系式，最后使用商业软件计算，形成完整的科学体系。具有编织结构的三向嵌挤块体装配面能提高装配式基层竖向荷载传递率，同时在缝隙间填筑低模量砂浆进一步分散受力及提高基块间的嵌挤作用，组合体在受力时越来越接近于一个连续板件。装配式基层与传统半刚性基层具有相似的力学行为，在一定条件限制下，优化后装配式基层沥青路面结构与半刚性基层沥青路面结构具有等效性，能利用现有的道路结构计算软件进行路面结构计算。获得最佳半刚性等效厚度与半刚性基层模量拟合曲线及公式：$h_{i\min B} = -0.0932E_{iB} + 559.11$；$h_{i\min Q} = -0.05E_{iQ} + 360$；因此在进行装配式基层路面结构设计时，可基于弹性理论进行装配式基层沥青路面结构设计。装配式基层的刚度略大于半刚性基层，因此所得计算弯沉值需要乘以小于1的修正系数：$K_{水} = 0.408$、$K_{级} = 0.426$、$K_{土} = 0.614$ 可得实测弯沉值，计算过程选取的参数变化范围对实际弯沉值的影响约为$K_{水} \pm 11.6\%$、$K_{级} \pm 9.8\%$、$K_{土} \pm 6.2\%$；该研究成果关于沥青路面装配式基层结构设计方法的研究对道路行业的装配式结构技术发展有引领作用，达到国际领先水平。

（4）温缩应力分散化理念的尝试。装配式基层沥青路面结构继承传统梁柱式建筑榫卯特有的伸缩性，能够克服温缩应力的连续性积累，而斜面嵌挤结构也更加适应路面因温度、湿度、沉降及荷载不均的工况，是解决温缩难题的新思路。

8.6 建造与施工体系的创新

沥青路面半刚性基层通过现场摊铺碾压成型，施工时间长、质量管控难、受气候影响大、使用寿命短，并且基层的病害只能翻建难以维护。装配式基层的应用，可实现预制化成型、工厂化制造、机械化施工，颠覆现场摊铺碾压的湿法成型工艺。

（1）装配式路面基层填补国际国内装配式基层建造工艺的空白。装配式基层的创新与实践是装配式建筑工艺首次扩展到道路工程主体结构的应用。编写的技术标准将推动我国乃至世界沥青路面装配式基层的设计、施工与验收方法的更新换代，基层成型工艺的预制化、工厂化的作业，有效提高基层施工质量保障率和服役期的耐久性，是具有重大历史意义的进步。

（2）可维护基层构建全周期建造与运营模式。装配式基层能实现道路全寿命周期设计与施工及维护一体化的建设与运营模式。装配式基层从设计到施工，实现在图纸上所见即为实际产品所得的结构、实现设计与建造的完美统一，是道路四化建设的典范；预制块装配的基层可通过注浆进行补强延寿，能实现在路面设计时就全面规划沥青路面整体结构在其全寿命周期内应开展的小修、中修和大修周期，从而有效提高沥青路面整体结构的设计寿命[9]，这是沥青路面技术创新的重大成果。

（3）拓扑成型改变传统基层建造工艺。基块及基层结构的一系列成型工艺的提出，使装配式基层利用工艺的变化，完善性能，颠覆传统沥青路面半刚性基层仅能采用摊铺碾压工艺成型的模式，装配式结构灵活变化的工艺是建造的灵魂。接缝体概念的提出使装配式基层成型工艺得到拓展。智能设备所带来的基块快速制造、快速铺装及灌浆工艺也为高质量长寿命、降低道路工程全寿命周期建设及维护费奠定坚实的产业基础；双湿嵌挤工艺能更有利于公路大面积施工并明显降低造价；裹浆片工艺将给道路预防温缩开裂提供新思路。新工艺能实现基层刚柔并济的最佳状态，为应急抢险道路、长寿命道路、利用建筑垃圾的低碳道路、重复使用的临时行车路面及以装配式基层为载体的收集能量的路面和智慧交通服务。

（4）催生新质生产力。装配式基层的产业链，涉及砖机与模具制造、基块铺装及灌浆设备研制、灌缝料、建筑化工、垃圾分选、传感器、智能施工、机器人等多个行业的创新联动；道路行业可充分利用装配式建筑这根杠杆，撬动质量管控理念和企业发展策略及建设管理模式的转变，达到新增产值、拉动人员就业、引导企业创新升级，换道超车，促进可持续发展的经济结构、对促进交通行业发展和推动新质生产力有积极意义。

（5）带动工程管理模式的嬗变。正如考古学家张光直所说，中国在石器时代与青铜器时代之间，有一个"玉琮时代"，即社会分工已经普遍，陶器生产者与专业的农民分离出来集中在作坊制玉，同时分离出来的还有专门的族群事务管理者，以玉器为代表的礼器等制度化发展特征，是制度文明肇始的端倪。因此寄望于装配式结构的推广应用，在改变生产方式的同时也使工程管理模式随之发生嬗变，以产品建造方法的进步带动施工监管方法的更新。

沥青路面装配式基层的研发与应用是关于路面结构的重大科技创新，该技术颠覆传统半刚性施工方法是基层建造工艺的质变，首创的编块系列及原理论证奠定装配式基层理论基础，对装配式基层力学行为的分析及设计方法的研究形成科学的技术体系。该项目开发出的专利、标准、专著、论文、商标形成完整的知识产权保护体系，还注重创新技术的产业化建设，积极服务道路工程，具有显著的经济、社会和生态环境效益。沥青路面装配式基层成套技术的研究与应用极大地提升创新的自信心，科研过程处处填空白、步步有创新，编块论证过程本身即为创新的过程，是运用系统工程学、哲学和辩证法的成功案例、更是打破专业壁垒跨行业融合创新的成功案例、是使用创新的颠覆性技术发展新质生产力的典型案例，是在科学体系、设计体系和建造体系三个方面同时开展的探索与实践，也是产、学、研联合开展应用型科研的成功案例。

装配式路面基层诞生刚满十年，科研人员本着敬业、合作、创新的企业精神，开发授权专利 50 余项，编写企标、地标、团标，申报商标，由此构建较为齐全的技术体系，并与配套企业积极合作实现产业化，累计完成铺装面积已超过 235 万 m^2，应用工程案例覆盖各等级市政道路。一个新技术的推广，不仅需要科研人员的努力，还需要广大技术人员对新结构及理论有系统、全面、正确的认识。出版《沥青路面装配式基层技术发明与应用》的主要目的是探索装配式基层的结构特征、传荷方式及板体稳定性原理，为装配式基层奠定理论基础；通过对产业链系统和全面的介绍，方便基块生产及基层施工人员熟悉工艺，为道路建设服务；新的基层结构类型，并不是对传统结构的替代，而是对基层结构类型的丰富与性能的互补，每一种结构都有适合自己的环境和使用条件，应与其他路面各自发挥所长，各美其美地发展，共同为交通行业服务。未来，还可以在路面各层拓展装配式结构，充分利用建筑垃圾，并基于装配式基层在智慧道路、能源采集、智能制造等方面有广泛的发展前景。作为道路行业第一个装配式基层，其理论研究与工程实践对装配式基层的技术进步提供可行的研究方向与评价方法，具有积极的引领作用。也希望以此书为引玉之砖，启发更多的读者参与到满怀激情的创新活动中，充分展示自己的聪明才智，在各自的领域开辟出有中国特色的创新之路。

参 考 文 献

[1] 任福田, 肖生秋, 薛宗慧. 城市道路规划与设计[M]. 北京: 中国建筑工业出版社, 1997.

[2] 中华人民共和国交通运输部. 公路沥青路面设计规范: JTG D50-2017[S]. 北京: 人民交通出版社, 2017.

[3] 冯德成, 郑天鸣, 高畅. 沥青路面低温开裂预估模型及其适应性分析[J]. 公路交通科技. 2007, (3): 1-4.

[4] 刘福明. 长寿命沥青路面损伤行为及其结构寿命合理匹配研究[D]. 广州: 华南理工大学. 2010.

[5] 郑建龙. 长寿命路面的技术体系及关键科学问题与技术前沿[J]. 科学通报. 2020, 65(30): 3219-3227.

[6] 平数江. 基于复合式基层的耐久性沥青路面结构研究[D]. 西安: 长安大学. 2009.

[7] 赵树志, 潘枫, 郭高. 预制装配式基层结构与二灰碎石基层结构全寿命周期造价分析与预测[J]. 市政技术. 2017, 9: 32-35.

[8] 李孟洵. 路面刚度与振动加速度关系模拟分析[D]. 重庆: 重庆交通大学, 2016.

[9] 郑健龙. 基于结构层寿命递增的耐久性沥青路面设计新思想[J]. 中国公路学报. 2014, 27(1): 1-7.

[10] 张云龙. 长寿命沥青路面合理结构研究[D]. 西安: 长安大学, 2008.

[11] 候荣国, 赵晓晴, 王选仓, 等. 长寿命路面结构设计与寿命预估[J]. 长安大学学报(自然科学版), 2008, 28(2): 22-25.

[12] 王冀蓉. 重载道路长寿命沥青路面设计轴载分析[D]. 长沙: 长沙理工大学, 2010.

[13] 李小满. 武汉市快速路与主干路长寿命路面结构研究[D]. 武汉: 武汉工程大学, 2014.

[14] 刘朝晖, 郑健龙, 华正良. CRC + AC 刚柔复合式路面结构与工程应用[J]. 公路交通科技, 2008, 25(12): 59-64.

[15] 胡长顺, 王秉纲. 复合式路面设计原理与施工技术[M]. 北京: 人民交通出版社, 1999.

[16] 陈亮亮, 冯德成. 美国连续配筋水泥混凝土路面技术实践[M]. 北京: 人民交通出版社, 2017.

[17] 王鹏飞. 连续配筋混凝土刚柔复合式长寿命沥青路面研究[J]. 交通标准化. 2011, 236(1): 139-141.

[18] 龙岩. 应用中国典型道路的道路耐久性试验研究[J]. 中南大学学报(自然科学版), 2019, 50(11): 2722-2731.

[19] 孙立军. 现代联锁块铺面[M]. 上海: 同济大学出版社, 2000.

[20] Chris Olidis, Swan D. J., Athar Saeed. Precast Slab Literature Review Report: Repair of Rigid Airfield Pavements Using Precast Concrete Panels—A State of the Art review[R]. 2010, AFRL-RX-TY-TR-2009-4588.

[21] 杨莉. 水泥混凝土路面接缝传力杆工作性能研究[D]. 南京: 南京理工大学. 2016.

[22] 贺凯涵. 混凝土快速预制拼装技术研究[D]. 重庆: 重庆交通大学. 2018.

[23] 邓淞尹. 页岩气钻前工程混凝土预制路面板力学性能与施工技术研究[D]. 绵阳: 西南科技大学, 2021.

[24] 刘泽鑫. 装配式水泥混凝土路面板块结构设计与数值模拟优化[D]. 西安: 长安大学, 2021.

[25] 庞旭. 装配式水泥混凝土耐久性路面技术研究[D]. 天津: 河北工业大学. 2018.

[26] 王轩. 装配式水泥混凝土路面板力学响应分析与接缝优化[D]. 武汉: 湖北工业大学. 2020, 6.

[27] 翁兴中. 机场水泥混凝土道面维修理论和方法[M]. 西安: 陕西科学技术出版社. 2019.

[28] 苏海花. 装配式预应力水泥混凝土道面足尺寸试验研究[J]. 公路. 2020, 4: 29-35.

[29] 刘朝阳, 郑健龙, 华正良. CRC+AC 刚柔复合式路面结构与工程应用[D]. 长沙: 长沙理工大学, 2008.

[30] 赵队家, 刘少文. 重载交通水泥混凝土路面结构设计申俊敏[M]. 北京: 人民交通出版社, 2012.

[31] 吕大伟. 高速公路水泥混凝土路面加铺沥青层综合技术研究[D]. 西安: 长安大学, 2014.

[32] 吕植. 良乡县志[M]. 成文出版社, 1924 年.

[33] 吴静波. 赵州大石桥(上、下)[M]. 赵县: 赵县文物局, 2003.

[34] 郭高, 徐俭, 赵健淳. 嵌挤组装式混凝土砌块道路基层的结构外形及嵌挤度[J]. 市政技术, 2014, 32(02): 34-36.

[35] 郭高. 嵌挤混凝土预制块基础结构: 201320024576.2[P]. 2013-01-17.

[36] 吉林省住房和城乡建设厅. 预制装配式道路基层工程技术规范: DB22/T 5006—2018[S]. 长春, 吉林人民出版社, 2018.

[37] 郭高等. 预制装配式路面基层成套技术[R]. 吉林省科技厅, 2015, 5.

[38] 莫品疆. 混凝土预制块体路面在农村公路中的应用研究[D]. 重庆: 重庆交通大学, 2014, 05, 30.

[39] 马健生, 孙大伟, 余地, 等. 装配式道路基层结构填缝材料配比设计及性能分析[J]. 公路, 2017, 62(10): 17-21.

[40] 王景鹏, 王源琳, 黄百花, 等. 嵌挤式道路基块结构受力分析[J]. 市政技术, 2015, 33(6): 21-23.

[41] 姚涛. 砌块基层结构设计及工程应用[D]. 长春: 吉林大学, 2016.

[42] 蒋帅, 陈明, 肖杰, 等. 装配式基层道路结构接缝荷载应力分析[J]. 公路工程, 2019, 44(3): 240-245.

[43] 郭梓烁. 装配式基层沥青路面的结构设计方法及结构优化研究[D]. 哈尔滨: 哈尔滨工业大学, 2020.

[44] 郭高, 战宏宇, 王景鹏, 等. 装配面沥青路面装配式预制混凝土块基层结构类型的探源[J]. 建筑砌块与砌块建筑, 2021, 1(214): 22-24.

[45] 郭高. 装配式路面基层的诞生—银锭扣的蝶变[M]. 长春: 吉林大学出版社, 2018: 51-57.

[46] 孙珊珊. 基于闵可夫斯基和理论的扩展离散元模型及其应用[D]. 大连: 大连理工学院, 2017, 3.

[47] 王火明. 混凝土预制块路面力学行为及结构设计方法研究[D]. 重庆: 重庆交通大学, 2014, 03, 15.

[48] 夏道天. 基于面层蠕变特性的组合式基层沥青路面力学性能研究[D]. 合肥: 安徽建筑大学, 2018, 12, 5.

[49] 钱学森. 创建系统学[M]. 北京: 上海交通出版社, 2007.

[50] 马毓蔓. 马陆篾竹编织工艺及传承研究[D]. 北京: 北京理工大学, 2016.

[51] 刘文思. 民间传统竹编包装设计研究[D]. 武汉: 湖北大学, 2020.

[52] 刘建新. 闽浙木拱桥受力行为研究[D]. 福州: 福州大学, 2011.

[53] 郭高. 一种叠压型装配式路面: 201821608285.7[P]. 2018-09-30.

[54] 郭高. 具有定位功能的嵌挤组装式混凝土砌块: 201520870951.4[P]. 2015-11-04.

[55] 徐世烺, 混凝土断裂学[M]. 北京: 科学出版社, 2011.

[56] 王火明, 凌天清, 肖友高, 等. 刚柔复合式路面界面层强度特性试验研究.[J]. 重庆交通大学学报(自然科学版). 2009, 28(6): 1033-1036.

[57] 熊攀辉. 机场水泥混凝土道面快速修复技术研究[D]. 沈阳: 沈阳建筑大学, 2017.

[58] 田波. 水泥混凝土铺面工程[M]. 北京: 人民交通出版社. 2020, 5.

[59] 郑选荣. 沥青混凝土加铺层反射裂缝的形成与扩展研究[D]. 西安: 西安科技大学, 2005.

[60] 郭高, 刘秀丽, 李敬成. 阻隔路面加铺层反射裂缝的结构[J]. 市政技术, 2014, 32(1): 27-29.

[61] 邱臻. 榫卯式预制混凝土节点受力性能试验研究[D]. 烟台: 烟台大学, 2018, 06.

[62] 中国工程建设标准化协会. 沥青路面装配式基层工程技术规程: T/CECS 769—2020[S]. 北京: 中国计划出版社, 2020.

[63] 郭高, 刘召起, 闫秀梅. 检查井周边预制异形快结构的研制与应用[J]. 市政技术, 2015, (2): 34-35.

[64] 吉林省住房和城乡建设厅. 装配式路面基层构造: 吉 J 2018—041[S]. 长春: 吉林人民出版社, 2018.

[65] 刘钟文. 城市道路检查井存在问题与防治策略刍议[J]. 中华民居. 2014, (2): 261-263.

[66] 张健强. 城市道路检查井沉陷的病害分析及施工技术研究[J]. 城市道桥与防洪. 2010-9-9: 271-274.

[67] 孙立军. 港区联锁块铺面结构设计方法[J]. 同济大学学报(自然科学版), 1996, (1): 17-22.

[68] Miura Yuji, Takara Masayuki, Tsuda Tokihiro. Structural Design of Concrete Block pavements by CBR Method and its Evaluation[R]. Proceeding of 2rd International Conference on Concrete Payers Paving, 1984: 152-156.

[69] Sukumar N, Moes N, Moran B, et al. Extended finite element method for three-dimensional crack modelling[J]. Interational Journal for Numerical Methods in Engineering, 2000, 48(11): 1549-1570.

[70] 谭忆秋, 陈凤晨, 董泽蛟, 等. 基于光纤光栅传感技术的沥青路面永久变形计算方法[J]. 大连海事大学学报, 2008, 34(4): 119-122.

[71] Arjun Siva Rathan R. T., Sunitha V. Development of design procedure for interlocking concrete block pavement[J]. International Journal of Pavement Engineering. 2022, 23(14): 5015-5029.

[72] 刘伟, 高爽, 张再晴, 等. 沥青路面装配式基层结构计算分析[J]. 北方建筑, 2022, 7(6): 11-15.

[73] 郑选荣. 沥青混凝土加铺层反射裂缝的形成与扩展研究[D]. 西安: 西安科技大学, 2005.

[74] 刘朝晖, 张景怡, 周婷, 等. 刚柔复合式路面层间 SBS 改性沥青适用性评价[J]. 公路, 2013, (8): 144-148.

[75] 谭忆秋, 石昆磊, 李丽敏, 等. 高粘性沥青应力吸收层防治反射裂缝研究[J]. 哈尔滨工业大学学报, 2008, (2): 242-245.

[76] 李盛, 刘朝晖, 李宇峙. CRC+AC 复合式路面结构层厚度对温度效应及车辙变形的影响[J]. 2012, 25(1): 21-28.

[77] 贾志清. 北方沥青路面低温抗裂性研究[D]. 西安: 长安大学, 2006, 5.

[78] 金光来. 基于扩展有限元的沥青路面疲劳开裂行为的数值研究[D]. 南京: 东南大学, 2015.

[79] 郭红兵, 陈栓发. 设置 OLSM-25 防裂层的沥青路面细观结构数值分析[J]. 长安大学学报(自然科学版), 2015, 35(3): 34-39.

[80] 廖卫东. 基于应力吸收层的旧水泥混凝土路面沥青加铺层结构与材料研究[D]. 武汉: 武汉理工大学, 2007.

[81] Hossain N, Singh D, Zaman M, et al. Performance monitoring of field test section to evaluate rutting behavior of different pavement layer[J]. International Journal of Pavement Research and Technology, 2019, 12(5): 519-526.

[82] 牛林, 夏正斌, 柯志烽, 等. 可再分散胶粉在水中再分散稳定性的研究[J]. 新型建筑材料, 2010. 37(9)58-60+64.

[83] 雷学通. 道路灌缝材料低温粘附性试验方法和影响因素研究[D]. 哈尔滨: 哈尔滨工业大学, 2014.

[84] 王亚玲, 张尚昆, 颜祖兴, 等. 土工格栅加筋水泥稳定碎石材料的疲劳试验[J]. 长安大学学报(自然科学版), 2006, 26(2): 18-21.

[85] 蒋应军. 重载交通水泥混凝土路面材料与结构研究[D]. 西安: 长安大学, 2005.

[86] 张闻. 路面裂缝修补材料及技术应用研究[J]. 四川水泥, 2018(9): 131.

[87] 郭高, 张东方, 张旭, 等. 刚柔复合式路面基层混凝土与接缝材料双湿嵌挤工艺[J]. 市政技术, 2021, 39(2): 22-27.

[88] 张肃军. 灌缝材料粘附性的影响因素分析[J]. 中国建材科技 2018, 27(5): 21-23.

[89] 游胜勇, 戴润英, 董晓娜, 等. 有机硅改性聚氨酯水泥砂浆材料的制备及性能研究[J]. 混凝土与水泥制品, 2018(3): 64-67.

[90] 马强. 滑模摊铺机振捣棒的有效作用范围研究[J]. 公路交通科技(应用技术版), 2013. 9(3): 47-50.

[91] 贾莉, 郭海军, 蔡梦克, 等. 滑模摊铺机振捣棒组对混凝土振动液化的影响[J]. 建设机械技术与管理. 201629(10): 51-53.

[92] 田正宏, 张未名, 何勇. 混凝土振捣 3D 可视化质量监控系统研究应用[J]. 施工技术, 2018, 47(11): 62-65+73.

[93] 田正宏, 边策, 毛龙, 等. 混凝土振捣动态可视化监测系统开发研究[J]. 建筑材料学报, 2013. 16(3): 508-513.

[94] 郭小青, 李东新, 田正宏, 等. 基于噪声信号的振捣棒工作状态判定方法[J]. 国外电子测量技术, 2016, 35(8): 15-18.

[95] 战宏宇, 张旭, 迟文仲, 等. 装配式基层设置涂层与插板预防温缩裂缝试验[J]. 北方建筑. 2021, 6(6): 9-14.

[96] 郭高, 战宏宇, 张旭, 等. 提升装配式路面基层耐久性的技术验证[J]. 北方建筑. 2021, 6(4): 9-14.

[97] 郭高, 战宏宇. 三维嵌挤装配混凝土预制块在道路工程的应用[J]. 建筑砌块与砌块建筑, 2019(1): 9-14.